BLUE BOOK

智 库 成 果 出 版 与 传 播 平 台

广州蓝皮书

BLUE BOOK OF
GUANGZHOU

广州市社会科学院／研创

广州数字经济发展报告
（2020）

ANNUAL REPORT ON GUANGZHOU'S DIGITAL
ECONOMY(2020)

主　　编／张跃国　许　鹏
执行主编／覃　剑　蒋　丽

社会科学文献出版社
SOCIAL SCIENCES ACADEMIC PRESS（CHINA）

图书在版编目（CIP）数据

广州数字经济发展报告 . 2020 / 张跃国，许鹏主编
. −− 北京：社会科学文献出版社，2020. 8
（广州蓝皮书）
ISBN 978 − 7 − 5201 − 7074 − 1

Ⅰ．①广… Ⅱ．①张… ②许… Ⅲ．①信息经济 − 经
济发展 − 研究报告 − 广州 − 2020 Ⅳ．①F492

中国版本图书馆 CIP 数据核字（2020）第 146459 号

广州蓝皮书
广州数字经济发展报告（2020）

主　　编／张跃国　许　鹏
执行主编／覃　剑　蒋　丽

出 版 人／谢寿光
责任编辑／丁　凡

出　　版／社会科学文献出版社·城市和绿色发展分社（010）59367143
　　　　　地址：北京市北三环中路甲 29 号院华龙大厦　邮编：100029
　　　　　网址：www. ssap. com. cn
发　　行／市场营销中心（010）59367081　59367083
印　　装／天津千鹤文化传播有限公司

规　　格／开　本：787mm × 1092mm　1/16
　　　　　印　张：16. 75　字　数：249 千字
版　　次／2020 年 8 月第 1 版　2020 年 8 月第 1 次印刷
书　　号／ISBN 978 − 7 − 5201 − 7074 − 1
定　　价／128. 00 元

本书如有印装质量问题，请与读者服务中心（010 − 59367028）联系

广州数字经济蓝皮书
编辑委员会

主要编撰者简介

张跃国　文学学士，法律硕士，广州市社会科学院党组书记、院长，广州大学客座教授。研究方向为城市发展战略、创新发展、传统文化。曾任中共广州市委政研室副主任，多次主持或参与中共广州市委全会和党代会报告起草、广州市五年发展规划纲要研究编制、广州经济形势分析与预测研究、广州城市发展战略研究、广州对标世界银行评估标准全面优化营商环境研究、广州南沙新区发展战略研究和规划编制以及市委、市政府多项重大政策文件制定起草。

许　鹏　经济学博士，教授，博士生导师，广州市社会科学院党组成员、副院长，曾获国家统计局优秀教师、教育部新世纪优秀人才、广州市金融高级管理人才等荣誉。研究方向为风险管理与金融统计，主持承担"货币与金融统计体系国际接轨""金融状况指数体系的构建与应用"等国家社科基金项目，出版了《货币与金融统计学》《宏观经济与金融数据质量评估》《新常态下的区域金融发展》等多部著作，有多项研究成果获得国家部委和省级政府科研成果奖。

覃　剑　经济学博士，研究员，广州市社会科学院区域经济研究所副所长（负责人）、广州粤港澳大湾区研究院常务副院长，羊城青年文化英才，广州市宣传思想文化战线第二层次优秀人才培养对象，广东省、广州市青年联合会委员，研究方向为城市与区域经济。主持广东省、广州市哲学社会科学规划课题多项，出版著作3部，先后在《经济学动态》、《暨南学报》（哲学社会科学版）、《现代城市研究》等刊物发表论文40余篇。参与《广州市国土空间总体规划（2018～2035年）》，广州建设国际大都市、国际航空枢纽、国际航运枢纽等多项战略性课题研究。研究成果得到省、市领导多次批示，曾获广东发展研究奖等奖项。

蒋　丽　理学硕士（英国）和哲学硕士（香港），广州市区域经济研究所经济学副研究员，广州市宣传思想文化战线第三层次优秀人才培养对象，研究方向为区域经济和产业经济。主持广东省和广州市哲学社会科学规划课题3项，出版著作5部，其中独著3部。先后在《城市规划学刊》《经济地理》《现代城市研究》《热带地理》《规划师》《企业经济》等刊物发表论文40余篇，多次参加国际性学术会议并宣读文章。参与《南沙新区发展规划（2011～2025）》、国家中心城市建设等多项战略性课题研究。研究成果曾获全国规划设计、广州市哲学社会科学和广州市委统战部二等奖等奖项。

摘　要

数字时代已经到来，发展数字经济将是全球经济社会变革的必然趋势。为更好分析把握和科学研判数字经济发展趋势，推动广州数字经济发展，广州市社会科学院编写了《广州数字经济发展报告（2020）》蓝皮书，旨在为社会各界提供数字经济发展、数字城市建设的前沿信息和决策参考依据。

本书总报告为编撰单位组织课题组撰写，主要是跟踪研究广州上一年度数字经济发展的基本情况和研判当前及未来数字经济发展的形势。数字经济篇从整体上呈现数字经济的发展情况；数字产业篇具体呈现一些数字经济行业的发展情况；数字转型篇从企业、行业等多角度呈现经济社会数字化转型及其影响情况；数字治理篇从技术、主体、载体和对象等方面呈现数字治理的成效进展与存在的问题。另外附录部分收录了一些与数字经济发展密切相关的政策文件。具体来看：

第一篇为总报告：基于已有的相关研究，建立了数字经济的概念边界，即将数字经济划分为数字基础设施、直接数字经济、间接数字经济、数字生态环境四大方面，并围绕数字经济的四大构成内容分别梳理分析广州所取得的成效与面临的挑战，提出相应的对策建议。

第二篇为数字经济篇：收录了"广东数字经济高质量发展的对策研究"、"广州数字经济发展的系统分析"和"数字经济的市场监督管理研究"三篇文章，这些文章从不同视角对数字经济发展进行了分析，并给出了对策建议。

第三篇为数字产业篇：收录了"广州互联网产业的发展态势与对策研究"、"广州智能网联汽车产业发展概况与展望"、"广州数字贸易发展态势与对策分析"和"广州医疗机器人产业发展态势与对策分析"四篇文章，

分别对互联网、智能网联汽车、数字贸易、医疗机器人产业的发展现状和趋势形势进行了分析展望。

第四篇为数字转型篇：收录了"以数字经济推动广东产业转型升级的路径选择"、"数字化转型进入'深水区'的破局路径"、"数字时代金融资源配置研究"和"大数据视角下广州城市新活力的评价与比较分析"四篇文章，分别对产业数字转型及其影响进行了分析。

第五篇为数字治理篇：收录了"大数据支撑公共危机应对——科学、效率与平衡"和"广州城市治理数字化研究"两篇文章，分别对数字技术应用、城市数字治理等问题进行探讨。

第六篇为附录：收录了《国家数字经济创新发展试验区实施方案》《广州市加快打造数字经济创新引领型城市的若干措施》《广州人工智能与数字经济试验区建设总体方案》《广州市加快 5G 发展三年行动计划（2019~2021 年)》《广州市深化"互联网+先进制造业"发展工业互联网的行动计划》五份与广州数字经济发展密切相关的政策文件。

关键词：数字经济　数字产业　数字转型　数字治理　广州

Abstract

The digital age has come, the development of digital economy will be the inevitable trend of global economic and social change. In order to better analyze and scientifically judge the development trend of digital economy and promote the development of Guangzhou's digital economy, Guangzhou Academy of Social Sciences edits Annual Report on Guangzhou's Digital Economy (2020). It can provide the lastest information and decision reference for the development of digital economy and the construction of digital city for various circles of society.

This book composes of a general report and four sub-reports. The general report is written by Research Group of Guangzhou Academy of Social Sciences. It is to track the situation of Guangzhou's digital economy development in the last year and to predict the trend of that in this year and in the future. Sub-reports are composed of four parts: digital economy, digital industry, digital transformation and digital governance, in the "Digital economy" the overall development of digital economy is presented; Digital industry part analyses the development of some special digital economy industries; Digital transformation discusses the economic and social digital transformation and its influence from the perspectives of enterprises and industries; Digital governance studies the progress and problems of digital governance in terms of technology, subject, platform and object. Additionally, some policy documents and major events closely related to the development of digital economy are included in the appendix part.

Part 1 is the General Report. It builds the conceptual boundaries of the digital economy based on the relevant research. The digital economy is divided into four aspects: digital infrastructure, direct digital economy, indirect digital economy and digital ecological environment. It further analyses achievements and challenges in the development of Guangzhou's digital economy on the basis of four aspects and puts forward corresponding countermeasures.

Part 2 is Digital Economy Reports, including three articles: Study on Countermeasures of High Quality Development of Guangdong's Digital Economy, Systems Analysis of Guangzhou's Digital Economy, Research on Market Supervision and Management of Digital Economy. These articles analyze the development of digital economy from different perspectives and give countermeasures and suggestions for it.

Part 3 is Digital Industry Reports, including four articles: Development Situation and Strategy of Guangzhou's AI Industry, Development Overview and Prospect of Guangzhou's Intelligent Networked Automobile Industry, Analysis on Development Situation and Countermeasures of Guangzhou's Digital Trade, Analysis on Development Situation and Countermeasures of Medical Robot Industry in Guangzhou. These articles respectively analyze the development status and trend situation of Internet, artificial intelligence, intelligent connected vehicle, digital trade, and robot industry.

Part 4 is Digital Transformation Reports, including four articles: The Way to Promote the Transformation and Upgrading of Guangdong's Industry with Digital Economy, Research on Allocation of Financial Resources in the Digital Age Comparison and Evaluation of the New Vitality of Guangzhou City from the Perspective of Big Data. These articles analyze the industrial digital transformation and its influence.

Part 5 is Digital Governance Reports, includingtwo articles: Social Crisis Response on the basis of Big data technology: Science, Efficiency and Balance, Research on Governance Digitzation in Guangzhou. These articles discuss the application of digital technology and urban digital governance.

Part 6 is Appendix, including five files: Implementation of the National Digital Economy Innovation and Development Pilot Zone, General Scheme of Construction of Artificial Intelligence and Digital Economy Test Zone in Guangzhou, Some Measures to Accelerate the Construction of Digital Economy Innovation Leading City in Guangzhou, Guangzhou Three-year Action Plan to Accelerate the Development of 5G (2019 – 2021), Guangzhou's Action Plan for Deepening Industrial Internet Development of "Internet + Advanced Manufacturing". These articles discuss the application of digital technology and urban digital governance.

Keywords: Digital Economy; Digital Industry; Digital Transformation; Digital Governance; Guangzhou

前　言

进入 21 世纪以来，以大数据、人工智能、物联网、云计算等为代表的数字经济风起云涌，美国、德国、英国、韩国、日本等发达国家纷纷把发展数字经济上升至重塑先进生产力和生产关系的国家战略高度加以重视和推动。当前，我国经济正处在转变发展方式、优化经济结构、转换增长动力的攻关期，推动互联网、大数据、人工智能和实体经济深度融合是深化供给侧结构性改革实现经济高质量发展的着力点。习近平总书记多次对发展数字经济做出重要指示，要求把发展新一代人工智能等数字经济作为事关我国抓住新一轮科技革命和产业变革机遇的战略问题进行考量。党的十九大四中全会把数据作为一种生产要素，充分体现了对经济发展新趋势和新特征的高度关注。《中共中央国务院关于构建更加完善的要素市场化配置体制机制的意见》则再次明确要加快培育数据要素市场，旨在全面释放数字经济发展潜能。在此背景下，上海、北京、深圳、杭州、广州等城市积极谋划布局发展数字经济，试图抢占未来发展先机。总体上，数字经济发展正处在起步阶段，任何国家、地区和城市都可以在这一领域有无限的想象空间和发展机会。

改革开放以来的前 40 年，广州推动产业体系从轻型工业体系向重型工业体系再到综合产业体系演进，为国家中心城市建设提供了坚实基础。站在新的历史起点上，迈向下一个新的 40 年，世界多极化、经济全球化、社会信息化、文化多样化深入发展，广州要建设国际大都市，推动综合城市功能、城市文化综合实力、现代服务业、现代化国际化营商环境出新出彩，必须根据世界经济发展大势做好预见和迎接数字经济新时代到来的准备，加快推动数字技术和实体经济深入融合，不断催生出新的经济形态和产业门类，加速新旧产业更迭，源源不断地为城市发展注入新的活力和动力，实现老城市新活力。事实上，2018年3月7日，习近平总书记在参加十三届全国人大一次会议广东代表团审议时要求广东"要着眼未来发展，把新一代信息技术、高端装备制造、绿色低碳、生物医药、数字经济、新材料、海洋经济等战略新兴产业发展作为重中之重，构筑广东产业体系新支柱"，为开创广东、广州建设现代化经济体系标定了航向，提供了遵循和指引。近年来，广州市相继制定并出台了《广州市信息基础设施建设三年行动方案（2018~2020年）》《广州市深化"互联网+先进制造业"发展工业互联网行动计划》《广州市加快5G发展三年行动计划（2019~2021年）》《广州市加快打造数字经济创新引领型城市的若干措施》等政策措施，进一步明确了发展数字经济的战略宏图和行动路线，坚定了广州抢占新一轮发展大机遇大变革的决心和信心。可以预见，数字经济必将成为广州经济发展的新增长点，成为引领广州构建现代化产业体系动力源和迈向国际大都市的重要支撑。

数字经济是一种新经济新业态，社会各界对其概念理解和评价方法尚未能形成共识。结合实践决策需要，笔者认为数字经济由数字基础设施、直接数字经济、间接数字经济和数字生态环境等几个有机联系、不可分割的部分共同构成。在数字经济社会，经济体系、组织体系和社会结构都将发生深刻变革。因此，推动数字经济发展，既不是简单的数字基础设施建设和软硬件部署，也不仅仅局限于一般意义上的产业数字化和数字产业化，而是一场宏大、复杂、全新的系统工程，是一场预见未来、深刻全面的经济社会变革，涉及生产力和生产关系、经济发展和运营治理、发展理念和文化认同等多个方面，必须通过加强顶层设计和战略规划，对城市经济社会各个领域发展做出统筹设计、综合研判，唯有系统性、整体性、协同性推进才能最终形成主动迎接和推动数字经济发展和数字变革的强大合力。主动顺应时代，围绕5G网络建设、5G产业发展、智能化改造、数字新兴产业发展、智慧城市建设等各个领域，广州数字经济发展正呈现出良好发展态势，城市数字变革正在稳步向前推进。然而，要更好拥抱未来，广州还需要不断跟踪数字经济发展动态和规律特征，持续适应调整和明确明晰数字经济发展的中长期战略目标、战略理念、战略路径，进一步凝聚社会共识，形成推动城市数字变革的战略决心和雄心。

　　鉴于发展数字经济对广州增强未来发展潜力和提升在全球城市体系位势的重要性，按照市委市政府的部署要求，近年来广州市社会科学院开始谋划并持续加强对广州数字经济发展、城市数字变革的相关研究，呈送的多份相关决策咨询报告获得省、市领导高度关注和肯定性批示。为更好把握数字经济时代发展脉搏，观察、展望、研判数字经济发展未来与趋势，主动适应新形势、新要求，洞悉广州发展数字经济面临的新机遇与风险挑战，更好地为广州市委市政府提供决策服务，广州市社会科学院从 2020 年起特地编撰出版《广州数字经济发展报告》蓝皮书，聚焦研究广州数字经济发展的进程成效，并以此为契机为关注数字经济的社会各界人士搭建一个交流对话平台。需要指出的是，数字经济正处于创新活跃、快速演进的阶段，对数字经济的理解和认识需要根据实践不断矫正深化，加上编者水平有限，本蓝皮书创立之初定有许多不完善之处，敬请各界人士多多批评并提出宝贵意见。

目 录

Ⅳ 数字转型篇

Ⅴ 数字治理篇

Ⅵ 附录

皮书数据库阅读**使用指南**

CONTENTS

I　General Report

II　Digital Economy Reports

Ⅲ   Digital Industry Reports

Ⅳ   Digital Transformation Reports

V   Digital Governance Reports

总 报 告

General Report

B.1
登高望远推动广州数字经济出新出彩

广州市社会科学院课题组*

摘　要：　全球范围内，数字化转型和变革正在加快推进，数字新技术
持续催生引领未来的新产业、新业态、新企业，推动各领域
的金字塔形层级结构向扁平化方向发展，深刻改变和重塑传
统的经济社会结构。数字经济包括数字基础设施、直接数字
经济、间接数字经济和数字生态环境等部分，广州发展数字
经济既有基础也有挑战。登高望远、重构未来，广州必须主
动迎接数字经济时代的到来，牢牢把握新一轮科技革命和产
业变革新机遇，抓住百年未有之大变局，顺势而为、前瞻部

*　广州市社会科学院课题组：覃剑，广州市社会科学院研究员，博士，研究方向为城市与区域
经济；巫细波，广州市社会科学院副研究员，研究方向为区域经济、汽车产业、空间计量与
GIS 应用；葛志专，广州市社会科学院助理研究员，研究方向为区域经济；蒋丽，广州市社
会科学院副研究员，研究方向为区域经济和产业经济；程风雨，广州市社会科学院副研究员，
博士，研究方向为城市经济学。

署，谋划数字变革的新战略，前瞻培育数字经济的新势力，加快打造数字经济的新平台，精准培育数字经济的新市场，大力推动数字基础设施建设，优化数字经济发展的新环境，抢占数字经济发展的制高点，努力建设数字经济创新型城市，让老城市焕发新活力，实现城市全球竞争力的全面提升和超越。

关键词： 数字基础设施　直接数字经济　间接数字经济　数字生态环境　广州

工业革命300多年来，技术变革是永恒的主题。在新一轮科技革命和产业变革背景下，5G、物联网、人工智能、云计算等智能技术加速创新发展，数据成为驱动经济发展的战略要素资源，基于数据的生产、组织、消费深刻地影响和改变传统产业结构和经济体系。作为新兴的经济形态，数字经济正在显著改变工业经济时代形成的产业形态、技术路径、商业模式，全方位重构产业的生产主体、生产对象、生产工具和生产方式，重新定义产业链、价值链、供应链和创新链。不重构，无未来。登高望远，广州必须牢牢把握数字引领变革的新征程新机遇，乘势而上、顺势而为、前瞻部署，推动思维重构、战略重构、技术重构、能力重构、产业版图和组织架构重构，抢占数字经济发展的制高点，夯实经济社会新一轮发展根基，让老城市焕发新活力。

一　数字经济内涵与构成

随着信息技术的发展，信息和数据作为生产要素进入经济体系当中并逐渐发挥关键作用，数字经济由此兴起和发展。目前，数字经济已然成为一个国家和地区经济发展活力和潜力的象征。事实上，自泰普斯科特于1996年在其出版的《数字经济时代》一书中正式提出数字经济概念以来，数字经济发展迅速引起理论界和实务界的高度关注，全球范围内也掀起了一股研究数字经济的浪潮，一些研究机构和学者对数字经济的内涵和范畴进行了分类解析，如表1所示。

表1　部分学者和研究机构发布的数字经济发展指标

机构/作者	出版物	指标构成
第一财经、阿里研究院	《中国主要城市数字经济发展报告(2019)》	数字基础设施、数字商业指数、数字产业指数、数字政务指数、数字民生服务指数
国家工业信息安全发展研究中心	《2019京津冀数字经济发展报告》	数字基础设施、数字产业、产业数字化转型、公共服务数字化变革、数字生态环境
中国信息化百人会	《2017中国数字经济发展报告》	基础型数字经济、福利型数字经济、融合型数字经济、效率型数字经济、新生型数字经济
赛迪研究院	《2019中国数字经济发展指数白皮书》	基础指数、产业指数、融合指数、环境指数
上海社会科学院	《2018全球数字经济发展报告》	数字基础设施、数字产业、数字创新和数字治理
阿里研究院、毕马威	《2018全球数字经济发展指数报告》	数字基础设施、数字消费者、数字产业生态、数字公共服务、数字科研
腾讯研究院	《数字中国指数报告(2019)》	数字产业、数字文化、数字生活、数字政务
新华三数字经济研究院	《中国城市数字经济指数白皮书(2019)》	数据及信息化基础设施、城市服务、城市治理、产业融合

资料来源：作者自编。

可以看出，全球范围内数字经济发展日新月异，但各国学者对数字经济的内涵构成分歧较大，对其发展水平测度评价的标准仍然无法统一。借鉴已有的相关研究，课题组认为数字经济大致由数字基础设施、直接数字经济、间接数字经济和数字生态环境四个主要部分构成（见图1）。

（一）数字基础设施

数字基础设施包括5G基站与网络、人工智能、工业互联网、数据中心、物联网等，是数字经济新技术、新产业、新业态发展的基础。从历史经

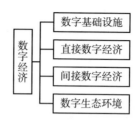

图1 数字经济构成

资料来源：作者自编。

验来看，任何一轮技术革命大致可以分为两个阶段：第一阶段是新基础设施的"安装期"，第二阶段是新技术潜力充分发挥的"发展期"或"黄金期"。继第三次技术革命之后，以人工智能为驱动的第四次技术革命，正在引领人类社会进入数据驱动、智慧共享的发展轨道。目前，全球范围内作为第四次技术革命基础支撑的数字基础设施正处在"安装期"和"导入期"，且其紧迫性越来越显著。根据美国思科公司和国际数据公司2019年联合发布的《准备应战，蓄势待发，观望等待：亚太地区全数字化转型就绪性技术展望》，缺乏适当的IT基础设施以及基础设施老化已经成为采用AI或物联网等未来新技术的障碍，现有的网络尚无法满足云、移动化、物联网和新业务模式应用的需要。不仅如此，在当前全球经济面临衰退的大背景下，数字基础设施建设本身也将成为新经济的重要增长点。事实上，根据华为《全球联接指数（GCI）2017》报告，信息和通信技术基础设施投资所带来的经济倍增效应日益明显，2025年每增加1美元的投资将拉动5美元的GDP增长。

（二）直接数字经济

从技术范式到经济范式的维度看，直接数字经济主要是指以数字技术为基础而形成的以信息产业为核心的经济形态。当前，各界公认的数字技术主要领域包括云计算、大数据、区块链、人工智能等新一代信息技术，主要业态包括电子信息制造业、信息通信业、软件服务业等。随着数字技术的更新迭代演变，新的信息产业业态将不断产生，从而使直接数字经济的范畴也不断拓展。在这一演变过程中数字技术的创新促使经济形态内涵不断丰富，其必然是一个动态变化的过程。然而，数字技术本身与产业运行往往是融为一体的，特别是在技术应用领域，云计算、大数据、区块链、人工智能等数字技术与工业时代的制造业、服务业等相对的传统产业相互结合而产生新的经济形态，因而通过采用传统的经济统计方法难以精确统计数字经济的规模和分析其结构，直接数字经济在国民经济分类中还难以直接体现，统计方法仍在探索研究中，国内外研究机构和组织往往将其作为信息产业的一部分，以便间接估算数字经济的增速、规模、结构等。基于实际演变情况，为便于较为清晰地梳理和研究，课题组将直接数字经济的研究范围界定为云计算、大数据、区块链、人工智能等行业，以及与其密切相关的电子信息制造业、信息通信业、软件服务业等。

表 2　直接数字经济行业分类

领域	细分行业
ICT 制造业	集成电路、电子元器件、新型显示、传感器、存储、工业互联网平台、5G 移动通信、人工智能、VR 等
新型行业	云计算、大数据、物联网、人工智能等新技术、新业态
信息服务业	信息传输、软件和信息技术服务业

资料来源：作者自编。

（三）间接数字经济

间接数字经济是指以数字技术或者数字要素赋能或者投入生产和服务活动过程中，推动生产方式变革从而实现生产效率提高的经济活动。间接数字经济集中体现为产业数字化转型。近年来，随着大数据、云计算、人工智能、区块链和5G等新兴技术的快速发展和产业化，数字技术与实体经济加速融合推动产业迅速转型升级，引发各领域、各行业的业务形态变革和产业结构调整，间接数字经济正迎来爆发式增长。根据 Gartner 对全球 3000 位企业首席信息官调研形成的《2019年全球首席信息官议程调查》，2019年实现规模数字化的企业比例将从2018年的17%快速增长到33%。而根据中国信息通信研究院发布的《中国数字经济发展与就业白皮书（2019年）》，近年来我国产业数字化发展迅速，2018年产业数字化部分规模达到24.9万亿元，增长率超过20%。在数字经济体系当中，产业数字化规模远远高于数字产业化规模，其占数字经济的比重达到79.5%，占GDP比重达到27.6%，其对数字经济增长的贡献度达到86.4%。从行业来看，服务业数字化程度最高，其数字化规模占服务业增加值比重达到35.9%，其次为工业数字化，其规模占工业增加值比重为18.3%，农业数字化规模占农业增加值比重达到7.3%。

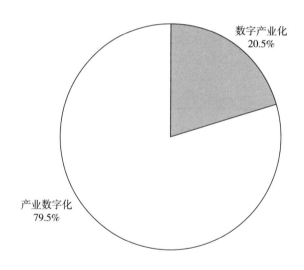

图2 2018年我国数字经济结构

资料来源：中国信息通信研究院《中国数字经济发展与就业白皮书（2019）》，2019。

（四）数字生态环境

良好有序的发展环境是推进数字经济持续发展的重要基础。数字经济涉及的环节庞大复杂、各环节之间紧密交织，数字基础设施建设、数字技术创新及应用、数字经济延伸拓展、数字经济对生产生活方式的影响亦非单一性、线性的，因此必然需要相应的规则、制度、政策予以支撑，才有可能建构数字经济良性循环发展的有机整体。广义上，可以把支撑数字经济发展和运行的各类规则、制度、政策、机制等统称为数字生态环境。随着数字技术和数字经济的不断发展，相应的发展环境也处于动态变化之中。良性的发展环境也对数字技术和数字经济的健康发展起到积极促进作用，可以降低创新成本和风险，保障数字经济与经济社会融合发展的良好秩序，降低各类交易成本。狭义上，可以根据数字经济系统的主要环节，把数字生态环境主要分类为创新环境、政策环境、市场环境和治理环境，四类环境各有侧重、相互交叉。

表3　数字生态环境简要分类

环境类型	参与主体	主要环节
创新环境	企业、研发机构	产学研合作、人才环境、市场竞争秩序、投资、产权、激励制度、风险投资制度、技术标准
政策环境	政府部门	产业政策支持、公共数据开放、数据平台管理、政府监管等
市场环境	企业、行业组织	数字交易规则和服务、价格机制管理和监督、数字要素有效流通等
治理环境	公民、市场主体、政府、行业组织	法律框架、行业监管、数据风险防范、伦理道德安全、全球合作等

二　广州数字经济发展成效与面临的挑战

（一）数字基础设施发展成效与面临的挑战

1. 发展成效

（1）网络基础设施建设水平位居全国前列

近年来，广州数字信息基础设施建设水平稳步上升，按照新华三连续三

年公布的《中国城市数字经济指数白皮书》，从2018年开始广州信息基础
设施建设水平一直位于全国城市前列（见表4）。事实上，广州是我国三大
信息枢纽之一，天河二号超算中心的计算能力全球领先，六次蝉联世界超级
计算机第一名，亚太信息引擎数据中心、广州云谷南沙数据中心、下一代互
联网国家工程中心、粤港澳大湾区创新中心等一批云大数据中心建设稳步推
进，南沙区正布局建设国际IPv6根服务器等重大项目。网络和信息安全保
障体系进一步完善，政务信息安全和保密安全的准入控制机制基本建立，重
要政务信息系统和涉密信息系统的安全防护能力大幅提升。近年来，广州突
出抓好光纤网络、4G信号覆盖工程、公共区域无线局域网建设，光网城市
建设全面推进，宽带无线网络升级加快，积极打造珠三角世界级宽带城市群
和全国信息化先导区，2018年广州市宽带建设发展水平在广东省的综合排
名从第21位提升到第11位，光纤接入用户占比达91.6%，同比提高24.3
个百分点。积极开展城中村宽带光纤化网络改造，成功推行"村社自建、
电信运营企业和第三方投资建设相结合"的模式。广州全市互联网国际出
口带宽已经超2000G（占全国58%），是我国大陆最大的互联网出口城市。
积极推进超高速无线局域网小区试点应用和4K电视网络应用，4K试点示
范城市、超高清视频产业基地加快建设。

表4　广州数字及信息基础设施指数排名

年份	分数	排名
2017	76.0	12
2018	88.7	4
2019	87.4	5

资料来源：新华三数字经济研究院发布的《中国城市数字经济指数白皮书》。

（2）5G网络建设加快推进

作为全国首批5G建设试点城市之一，广州以实现5G网络走在全国前
列为目标，先后出台实施了《广州市信息基础设施建设三年行动方案
（2018～2020年）》《广州市加快5G发展三年行动计划（2019～2021年）》

《2019年度广州市5G网络建设工作方案》等政策措施，加快推进5G试验验证，推动4G向5G的平滑演进及规模组网。按照计划，广州在2019年建设1万座5G宏基站，建成全国领先的5G网络，率先实现5G试商用。其中，广州电信建成2500座5G基站，广州移动建成4500座，广州联通建成3000座（见图3）。而到2021年，广州将建成5G基站6.5万座。实际上，2019年广州5G基站建设数量已经达到20246座（包含室分系统和共享站点），其中，广州电信7386座，广州移动6048座，广州联通6812座，室外站点15969座，建成数量位居全省第一，超额完成原定计划目标。

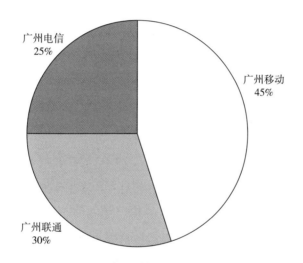

图3 2019年广州市三大电信运营商5G宏基站数量占比

资料来源：《广州市加快5G发展三年行动计划（2019～2021年）》。

广州市、区主要的行政文化商业核心区域已经基本实现5G规模组网建设，白云机场、广州南站、火车东站等重要交通枢纽，广深铁路、穗莞深城轨等重要交通线路，花城广场、天河体育中心、天河路商圈、北京路步行街、广州塔景区、琶洲会展中心等热点区域的5G网络部署已经完成。新一代信息技术价值创新园、天河软件价值创新园、白云湖数字科技城、黄埔港粤港澳大湾区现代服务创新区、琶洲粤港澳大湾区人工智能与数字经济创新试验区、花果山"互联网+传媒小镇"、番禺区汽车城、科学城、中新广州知识城、生物岛、长洲岛等具有应用需求的产业园区基本完成5G网络部署建设。网络与应用协调发展，基本实现主城区和重点区域5G网络连续覆盖（见表5）。

表5　2019年广州各区5G宏基站分布

单位：座

序号	区名	数量	序号	区名	数量
1	越秀	1040	7	花都	340
2	海珠	1660	8	番禺	1880
3	荔湾	50	9	南沙	220
4	天河	2670	10	从化	100
5	白云	510	11	增城	220
6	黄埔	1310	合计		10000

资料来源：《广州市加快5G发展三年行动计划（2019～2021年）》。

（3）新型数字基础设施建设有序推进

加快推动工业互联网建设，2019年广州出台实施《广州市深化"互联网+先进制造业"发展工业互联网的行动计划》，明确提出要引进建设一批工业互联网平台和企业，率先打造形成国内领先的工业互联网基础设施体系。截至2019年底，广州先后引进了浪潮广东、亚信全球数据总部、COSMOPlat、树根互联、机器人南方总部、机智云、阿里工业云总部、航天云网、腾讯云平台等一批具有较大影响力的工业互联网平台，建成广东工业互联网创新中心；与北京、上海、武汉和重庆一起建成我国工业互联网标识解析国家顶级节点，成为广东省工业互联网最丰富的城市。作为广州智能制造发展先行区，黄埔区专门出台了促进工业互联网产业发展办法，着力推动工业互联网产业发展，成功创建广东省工业互联网产业示范基地。积极建设国家超级计算广州中心等高性能计算中心，面向人工智能和5G应用场景，谋划设立基于GPU（图形处理器）的人工智能、区块链算力中心。规划布局高密度数据中心、边缘数据中心等下一代数据中心建设，提升数据感知、数据分析和实时处理能力。推进城际高速铁路和智慧城市轨道交通建设，着力打造粤港澳大湾区数字轨道枢纽城市。加快布局建设国家重大科技基础设施。聚焦海洋、生物、空天、信息等领域，积极引进重大科技基础设施，布局建设粤港澳大湾区国际科技创新中心、南沙科学城，提高设施建设数字化程度。以"一杆多用，共建共享"为理念启动智慧灯杆试点建设，广州按照"把住增量，消化存量"的原则，从道路新建、城市更新改造两个方面着手推广智慧灯杆，做到智慧灯杆部署的三个"一步到位"：在新建道路上的部署一步到位，结合城市更新改造计划的部署一步到位，重要交通枢纽、重要区域、重要商圈、重要产业园区的部署一步到位。截至 2019 年底广州全市 8 个试点区域全部进入建设阶段。

表6　2019 年广州智慧灯杆建设

单位：个

类别	广州信投	广州城投	广州铁塔	广州供电局	合计
新建（改造）	1217	1180	780	980	4157

资料来源：《广州市加快 5G 发展三年行动计划（2019～2021 年）》。

2. 面临的挑战

（1）信息基础设施提质升级压力大

广州建城历史较长，许多老旧基础设施已经无法满足当前城市数字化、智能化变革的需要，亟须结合城市空间、产业和人口布局进行重新谋划。一些通信管道资源属于不同经营主体，尚未能完全共享。区域之间、城乡之间的基本公共服务水平差异较大，城中村治理管理面临较大难度，智慧城市建设不够均衡，数字化治理能力有待提升，这些因素对信息基础设施建设和信息化应用的整体推进产生了一定的制约作用。另外，由于数字基础设施建设成本大、涉及因素多，企业并不太愿意主导推进。因此，在财力有限的前提下，政府协同企业采取有效方法建设新基础设施、升级老旧基础设施，将对广州城市数字变革产生基础性、关键性、长期性影响。

（2）相关配套政策措施还不够完善

当前及未来一段时间，数字基础设施建设将成为经济新增长点和实现经济中长期发展的重要支撑，国内外各个城市也正在以前所未有的力度推动这项工作。近期以来，广州虽然高度重视数字基础设施建设，但一些具体的相关配套政策措施还不够完善，如5G基站等新型基础设施建设的用电成本、租金成本、场所开放等问题需要同步解决；新型技术设施关键技术研发、应用推广、场景试验，还有待提升，尤其是工业互联网、政务服务、教育、医疗、农业等重点领域的5G融合应用和5G示范应用等还有较大潜力可挖。

（3）信息数据开放共享程度还有待提高

受信息数据安全、信息数据标准、信息数据应用范围等因素的影响，目前广州信息数据开放共享尚处于审慎探索阶段，信息数据要素交易市场和交易规则还不够完善，跨行业、跨部门、跨组织的信息数据资源融合和协同开发利用程度还不够高，数据加工智能化水平还有待进一步提高，高端数据应用与服务水平有待提升，信息数据资源潜力挖掘与社会化利用水平还有待寻找新的途径来提升，这也在一定程度上影响了智慧城市和数字城市的建设进程，不利于社会公共服务的效率提升和成本降低。

（二）直接数字经济发展成效与面临的挑战

1. 发展成效

广州是广东、珠三角数字经济发展的核心城市之一，在全国数字经济版图中与北京、上海、深圳同处于第一梯队。当前，广州数字经济正进入快速发展新阶段。因暂无准确统计数据，所以只能推算，如果以珠三角数字经济规模占GDP 44.3%这一平均水平计算，那么2019年广州数字经济规模已经超过1万亿元。[1]

（1）电子产品制造业

电子产品制造业是数字经济的基础支撑，也是直接数字经济中的核心行业之一。电子产品是数据资源的最基本载体，是各类软件技术、信息技术得

---

[1] 根据中国信息通信研究院发布的《中国数字经济发展与就业白皮书（2019年）》，数字经济包括数字产业化和产业数字化两大部分。

以实现传播的基本渠道和介质。

电子产品制造业是广州的三大支柱产业之一，广州早在2008年即入选国家首批信息产业高技术产业基地，近年来随着信息与通信技术的不断创新升级，广州电子产品制造业加速升级迭代，呈现出许多新动能、新示范，为广州数字经济的良性发展奠定了基础。目前已经形成以千亿级新型显示产业为引领，以新型显示、超高清视频、新一代移动通信、集成电路、金融电子等产业为多极支撑的业态格局。2019年，全市规模以上电子产品制造业企业各月份产值保持较为平稳增长态势，除了2月和4月产值不足200亿元外，其他月份平均产值超过230亿元（见图4），全年累计产值达到2643.07亿元，同比增长5.2%。

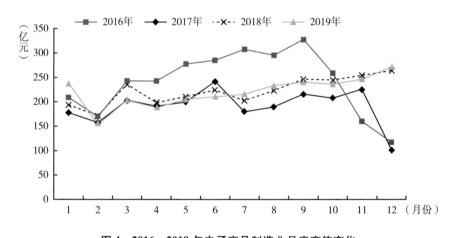

图4　2016～2019年电子产品制造业月度产值变化

资料来源：广州市统计局。

在超高清视频产业方面，广州正在努力打造"世界显示之都"，多项指标创下新纪录，在全国率先研发出第一台超高清超高速摄像机，4K超高清视频板卡出货量连续多年全球第一，新型显示模组市场占有率全球第一，4K电视销量全国第一；率先研发出全国第一台5G+8K摄录一体机；打造了首个新型显示国家级制造业创新中心。先后承办两届超高清视频产业发展大会，率先培育了全国首批4K电视网络应用示范社区，并推出视频产业的顶层规划，出台了《广州市关于加快超高清视频产业发展行动计划（2018～2020年）》，提出构建超高清视频全产业链的整体计划，一批重大项目已经顺利部署，乐金8.5代OLED项目、超世堺10.5代液晶显示器项目、创维超高清基地、维信诺第6代柔性模组等引领型项目或竣工或有序推进。2019年，全市液晶显示屏产量同比增长12.5%，以新型显示为代表的超高清视频产业实现产值超过1600亿元，预计2020年产业规模将突破2500亿元。

表7 2015～2019年广州电子产品制造、软件信息服务业投资增速与部分行业对比

单位：%

分行业投资	2015年	2016年	2017年	2018年	2019年
全市固定资产投资	10.6	8.0	5.7	8.2	16.5
其中：全市工业	10.2	-5.4	3.1	53.8	9.1
电子信息产品制造业	-17.0	14.8	161.8	169.7	-33.5
信息传输、软件和信息技术服务业	17.7	-24.1	23.3	-29.6	6.6
汽车制造业	17.5	13.7	-31.3	1.6	56.0
石油化工制造业	-1.2	-35.4	-35	6.4	57.2

资料来源：广州统计信息网。

在集成电路产业方面，广州"一核、一基、多园区"①的产业布局正加快形成，又一个千亿级产业集群正努力打造，2019年，以粤芯项目为龙头，12英寸芯片实现量产，该项目成为广东省唯一实现量产的12英寸芯片生产线，以高端模拟芯片、汽车电子、生物医疗检测、5G前端模块等国内较稀缺的产品为主要方向，将有效带动上下游企业形成千亿规模产值，芯片制造、设计、封装测试、配套产业等全链条环节基本形成，同时广州还拥有安凯微电子、慧智微电子、泰斗微电子、飞虹微电子、润芯信息技术、风华芯电等一批细分行业骨干企业。

---

① "一核、一基、多园区"是指以黄埔区广州开发区为核心，大力引进集成电路制造项目，建设集成电路产业园。

在新一代通信及卫星导航产业方面，广州基本形成了从芯片、模组、软件到终端产品和行业应用的比较齐全的产业链，成功汇聚了130多家以北斗导航业务为核心的科技型企业，拥有广东省北斗卫星导航产业（广州）基地，集聚了海格通信、南方测绘、中海达、工信部电子五所和杰赛科技等一批龙头企业和领军企业，京信通信的移动通信天线产能全球第一、市场占有率第二，润芯北斗射频芯片技术水平及市场占有率位居全国第一。

（2）智能装备

在智能装备与机器人领域，广州数控、广州启帆等企业入选"中国机器人TOP10"，全市实现了产业年产值超500亿元，形成了涵盖上游数控机床与电主轴、减速器等关键零部件，中游工业机器人本体，下游细分领域系统集成与检验检测的智能制造产业体系。广州智能装备与机器人产业链条齐全，拥有华南地区最大的系统集成综合服务商、国家机器人检测与评定中心，综合检验检测能力居华南第一。以中国（广州）智能装备研究院、黄埔机械谷智能产业园等园区为载体，在汽车、机械制造与加工、家电家具、电子信息等行业领域大力推进工业机器人及智能装备的示范推广应用，共有12家企业成为广东省机器人骨干企业（全省38家），8家企业入选广东省机器人重点培育企业名录（全省28家）。

（3）信息传输、软件和信息技术服务业

广州是"中国软件名城"，先后被授予国家软件产业基地、国家网络游戏动漫产业发展基地、国家软件出口创新基地、国家863软件专业孵化器基地等称号，软件和信息技术服务业收入近年来保持较快增速，2017～2019年增速分别为16.5%、15.5%和18.5%。根据国家工信部数据①，2019年1～11月，广州软件和信息技术服务业营业收入达到4178.2亿元，同比增长18.8%，利润总额616.24亿元，成为全市规模以上服务业中拉动力最强的行业。在国内主要城市中，广州软件和信息技术服务业收入规模排名第四，仅次于深圳、南京、杭州（见表8），但增速明显高于这三个城市，呈

---

① 工信部：《2019年软件和信息技术服务业统计公报》。

现较快发展态势，利润规模排名第三。具体到细分行业，其中软件产品收入达到1019.34亿元（排名第四），信息技术服务收入达到2979.02亿元（排名第三），信息安全收入达到75.43亿元（排名第三），嵌入式系统软件收入104.4亿元（排名第九）。

表8　2019年1～11月广州与国内主要城市软件和信息技术服务业收入对比

城市	机关企业数量（个）	软件和信息技术服务业收入（亿元）	增速（%）	利润总额（亿元）	其中:软件产品收入（亿元）	信息技术服务收入（亿元）	信息安全收入（亿元）	嵌入式系统软件收入(亿元)
深圳	2000	6065.64	11.2	1221.67	949.11	3749.7	27.92	1338.91
南京	2100	4520.41	14	527.2	1401.5	2526.8	50.03	542.07
杭州	701	4453.98	15	1302.54	1154.63	3082.88	4.84	211.62
广州	2189	4178.2	18.8	616.24	1019.34	2979.02	75.43	104.4
成都	1775	3034.96	12.5	393.58	1010.8	1834.34	85.4	104.43
济南	1857	2573.83	15.8	144.14	1027.29	1444.14	18.65	83.76
青岛	1830	2268.11	16.6	187.07	716.86	766.5	50.15	734.6
西安	707	2091.67	17.9	145.21	601.21	1289.1	5.87	195.49
武汉	2403	1969.2	17.9	201.8	890.99	984.65	11.21	82.36
厦门	1851	1499.98	15.2	99.87	311.82	889.96	9.67	288.53
沈阳	1163	979.14	87	55.27	499.63	372.05	101.58	5.87
宁波	710	751.54	26.5	109.17	132.58	327.91	2.25	288.8
大连	452	512.99	21	31.78	211.35	284.95	13.31	3.38
长春	431	137.38	10.7	21.97	46.75	52.99	1.63	36.01
哈尔滨	300	77.2	-9.2	9.8	26.69	41.96	1.04	7.5

资料来源：工信部发布的《2019年软件和信息技术服务业统计公报》。

"名企""名园"效应明显，全市信息和软件服务企业总数近40万家，占全市高新技术企业总数的30%，拥有网易、多益网络、酷狗、佳都、UC、中移互联网、广电运通、视源股份、机智云、汇量科技、奥飞数据、虎牙直播等众多知名企业和细分行业单打冠军。工信部发布的 2019 年中国软件业务收入前百家企业名单中，广州 6 家企业上榜（见表 9）。基本形成"双核（天河软件园、黄埔软件名城示范区）、两区（琶洲人工智能与数字经济试验区、白云湖数字科技城）、多点（南沙国际人工智能产业园、越秀黄花岗科技园、荔湾电子商务、番禺思科智慧城等）"的软件产业布局。

表 9　2017～2019 年广州入围中国软件业务收入前百家企业名单的企业

企业	2019 年排名	2018 年排名	2017 年排名
广州广电运通金融电子股份有限公司	35	81	53
广州佳都集团有限公司	49	41	33
广州海格通信集团股份有限公司	71	83	57
广州品唯软件有限公司	76	—	—
广州杰赛科技股份有限公司	—	98	—
北明软件有限公司	43	52	49

资料来源：工信部发布的《中国软件业务收入前百家企业发展报告》（2017 年、2018 年、2019 年）。

（4）人工智能

人工智能在新一轮科技革命中居核心地位，是直接数字经济的核心领域。截至 2018 年底，全球共成立人工智能企业 15916 家，我国人工智能企业数量为 3341 家，位居世界第二。广州早在 2018 年就提出要打造人工智能千亿级产业集群，打造影响全球、引领全国的产业集聚区，并提出到 2022 年全市人工智能产业规模年均增长将达 15% 以上，总规模将近 1200 亿元。目前，广州人工智能产业综合实力在全国处于第一梯队，特别是在机视觉、服务机器人、语音及自然语言处理等细分领域拥有较强的比较优势。人工智能产业主要分布在黄埔区、天河区、南沙区范围内。黄埔区人工智能产业集群在国家级开发区中稳居第一方阵，规模以上工业总产值超过 500 亿元，集聚了以索答科技、讯飞启明、广电运通、杰创智能、广州数控、高新兴等为代表的人工智能领域的企业近 300 家。南沙区人工智能产业虽起步晚，但发展迅猛，南沙国际人工智能研究院、AI 产业高级研究院、AI 视觉图像创新研发中心、小马智行自动驾驶研究中心及自动驾驶体验中心等一批项目落

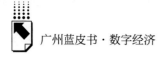

户，人工智能产业高地逐渐形成。

（5）大数据

大数据是数字经济的核心内容和发展的重要驱动力，数字经济是大数据价值的全方位体现。近年来，广州大数据技术、产业与服务已经成为新兴热点，并由此产生新产业、新消费、新组织形态，涌现出一批行业领先的数据技术企业，如鼎甲、三盟、蓝盾、广电运通、中国电信广东公司、南方电网传媒等，这些企业入选工信部2018年大数据产业发展试点示范项目，汇量信息、万丈金数、互动派、佰聆数据、拓尔思、思迈特等13家企业进入2019年广东省大数据领域软件业务收入前20家企业名单。京华信息科技、佳都新太、虎牙信息科技等21个案例入选"2019年广东省优秀大数据案例TOP30"。有米科技、酷狗、工信部电子五所等6家单位的案例成功入选2019中国国际大数据产业博览会"百家大数据优秀案例"。国家超算广州中心服务用户总数已超过3000家，在大气海洋环境、天文地球物理、工业设计制造、新能源新材料、生物医药材料、智慧城市云计算等大科学、大工程、新产业领域取得了一系列重大应用成果。

大数据产业园区和平台建设提质。黄埔区、番禺区被列为广东省大数据综合试验区培育对象（数量占全省的1/3），独角兽牧场、天河大数据产业园共2个大数据创业创新孵化园入选省级第二批大数据创业创新孵化园项目；天河区"互联网＋"、黄埔"互联网＋电商"、海珠T.I.T"互联网＋创意"共3个省级"互联网＋"小镇错位发展，航天云网"工业大数据应用技术国家工程实验室"、亚太信息引擎、中国电信沙溪云计算中心、广州云谷南沙数据中心、中国移动（广州）数据中心等一批云计算和大数据中心进展顺利，大数据已经成为广州数字经济的重要支撑，也带动了创业创新浪潮、产业转型升级、经济提质增效。

（6）区块链

区块链是数字经济的基础设施之一，促进了数字、数据的资产化。广州将区块链作为未来重点发展产业之一，从产业培育、成长、应用以及技术、平台、金融等多个环节给予支持。2020年广州制定出台《推动区块链产业创新发展的实施意见（2020～2022年）》，标志着区块链产业发展的政策、人才、技术、产品、应用等要素环节已经基本实现全覆盖。产业集聚在黄埔区、天河区、越秀区、荔湾区、海珠区、南沙区，培育了网融信息、方欣科技、秒钛科技等一批区块链企业。广州市区块链产业协会已经拥有IBM、阿里健康、广电运通等超过150家会员单位。2019年底广州已获国家工信部批准建设"区块链发展先行示范区"。2018年广州市黄埔区获工信部批准创建全国首个以区块链为特色的中国软件名城示范区，集聚了100多家区块链领域的企业。区块链技术已经在多项应用场景中成功应用，如率先打造了国内领先的"税链"区块链发票平台及"政策公信链"政务应用，"区块链+智能停车""区块链+物流供应链"等应用示范项目。

2. 面临的挑战

当前，全国人均GDP超过1万美元，中国是全球最大的需求市场，广州也进入中等发达经济体行列，市场需求广阔。当前数字经济还处于数字时代的初级阶段，新技术新应用的供给质量成为矛盾的主要方面。直接数字经济是整个数字经济体系的核心基础，决定了数字经济的发展方向和发展质量。作为技术密集、资金密集、人才密集特征显著的新经济形态，当前广州直接数字经济同国内其他地区及许多国家相同，面临许多共同的挑战，同时也有其自身的一些问题，有待解决。

（1）数字经济基础理论与技术研究相对落后

数字经济是高技术、高科技行业，代表了人类科技的最前沿领域，基础理论和技术研究无疑是开启新科技革命的关键和核心。当前的数字技术发展水平和数字时代的发展阶段也是相对应的，处于低水平和初级阶段，技术大爆发、广泛运用的阶段还没有到来。比如在人工智能领域，当前全球技术攻关主要集中在机器学习、计算机视觉、知识工程、自然语言处理、语音识别、计算机图形学、多媒体技术、人机交互技术、机器人、数据库技术、可视化技术、数据挖掘、信息检索与推荐13个领域，顶尖人才团队主要集中在美国，且都还处于探索阶段，而中国的相关人才和技术主要分布在北京、上海、深圳，且大部分技术并非处于国际顶尖水平。在大数据领域，仅凭现有理论和技术无法有效应对指数级增长的大数据，需要新理论、新数学、新技术、新装置、新工艺。在区块链领域，技术创新还远远不够，加密技术、智能合约、分片、跨链、侧链等关键技术仍处于试验或试用阶段，程序和代码上的漏洞仍是全球性难题，离大规模商业化应用还有很大的距离。在这一全球技术背景下，广州虽然起步并不晚，但主要是"跟随者"，最为缺乏的仍然是顶尖的科学家以及颠覆性技术，从而导致了人工智能产业领域缺乏革命性产品，更多的是利用现有人工智能技术对传统行业产品改良。从国际横向对比来看，广州直接数字经济领域的技术和产业落后于全球一流水平，尤其是在人才储备、基础研究、产业链等方面面临较大挑战。

（2）支撑直接数字经济可持续发展的潜在优势未充分释放

数字技术的创新成果需要融合到实体经济社会发展中才能发挥其对人类社会进步的巨大促进作用，同时，社会各部门的广泛运用也有利于数字技术的不断创新，二者相互促进、相互支撑。广州常住人口超过1530万，人均地区生产总值超过2万美元，具有广阔的市场，拥有丰富的数字技术应用场景，能够产生巨量的数字资源，为直接数字经济的创新发展提供了天然基础支撑。广州还具有较为完整的产业链，特别是商贸、电子信息制造、汽车制造、石化，都是数字技术、数字经济可以发挥巨大作用的产业环节，成为吸引数字企业加快扎根广州的强有力因素。同时，广州还具有基础创新资源优势，尤其是高校、各类技术创新平台等位居全省首位，为技术创新提供了必要的创新人才、技术培育支撑。然而，这三大优势目前还未充分发挥，数字技术的场景应用创新方案、市场应用模式还在逐步探索中，数字资源的开放共享、创新应用的壁垒需要打破，数字技术与产业升级的衔接流程、标准、工艺、网络构建都还没有形成成熟路径。

（3）多领域存在的"数字鸿沟"影响了数字技术创新的效率

事物之间是普遍联系的。直接数字经济的核心是数字技术，但影响技术创新的因素极多，在全球范围内广州还不是数字技术创新的重要发源地，这也与多领域存在的"数字鸿沟"相关。数字鸿沟不仅存在于技术创新能力方面，还广泛存在于人才培养、科研体系、市场竞争性、金融环境、创新文化氛围、政府政策、法治环境等多个方面，这些因素对数字技术的创新起到重要的支撑和促进作用，例如美国硅谷、以色列、我国深圳等全球创新能力较强的地区，他们都对这些环节进行了改革和塑造。广州虽然在上述方面已经积累很大优势，但与直接数字经济紧密关联的环节还需要努力提升，如在科研体系方面，与数字技术相关的创新机构、创新团队还相对较少，主要集中在商业应用领域，产学研体系还未能够高效率地"打通"。

（三）间接数字经济发展成效与面临的挑战

1. 发展成效

（1）产业数字化

一是农业数字化开始启动。广州农业数字化自 2019 年开始启动，主要表现在两个方面：农业信息平台已经初步形成，粤港澳大湾区"菜篮子"平台首期工程于 2019 年 9 月 28 日正式启用。信息平台共包括以下四大子系统：电子商务子系统，服务功能——订单采购配送结算"一站式"服务；仓储物流子系统，功能——收货分拣装载配送可实时追踪；安全溯源子系统，功能——轻松扫描二维码追踪农产品"身份证"；进出口管理子系统，功能——对接海关，实现高效的检验检疫通关。此外，平台还配套提供了特色农产品地图、农产品价格查询、农博士专家问诊等特色服务功能。智慧农业试验区建设启动，2019 年广州市增城区联合中国联通以"政府引导、市场运作、企业主体"为模式，建立水稻精准种植 5G 实验基地，这是广东省首批落地的 5G + 智慧农业应用项目之一。

二是工业数字化应用广泛。相对于农业数字化，广州工业数字化应用已经十分广泛，主要表现在：与工业互联网融合不断深化，工业企业积极应用工业互联网技术，资源集聚和类型多样的工业互联网和工业互联网创新发展体系逐渐形成。企业智能化和信息化改造加快推进，广州从 2014 年开始大力引导工业企业应用工业机器人、智能装备、智能工厂和解决方案，截至 2020 年，80% 规模以上工业企业完成了技术改造。服务型制造新业态快速发展，2018年10月广州成为全国首批6个创建服务型制造示范城市之一，个性化定制走在全国前列，是全国家具定制和汽车定制的标杆。

三是服务业数字化形式多样。随着大数据、互联网、云计算、人工智能、区块链等数字技术的应用，广州服务业新业态不断涌现：金融科技创新发展迅速，银行业金融机构在管理、运营和服务中不断应用数字技术提升服务的智能化水平和监管的信息化水平，智能柜台已经得到广泛应用，VTM远程柜员机和机器人也得到推广；资本市场类金融机构实现自动化线上理财、开发多样化的信息产品、提高资源配置效率和降低风险。餐饮业和住宿业数字化成效明显，广州自2001年就开始以实现宽带上网的信息化手段建设星级"数字化酒店"，到2019年已经基本上实现"网络化运营"，甚至迎来了无人酒店和机器人酒店，以及面向客户体验的个性化运营；餐饮业电子支付消费发展迅猛，2019年广州线下餐饮消费和外卖消费单都位于全国餐饮信息化应用已经覆盖从电子营销、点餐到刷脸支付再到发票传输的整个流程，成为微信"附近的餐厅"首个测试城市。批发和零售业数字化逐步转型，专业批发市场已经实现"云批发"，开通直播销售；广州商业与"互联网+"融合后，在2018年成为华南最大的"码商之城"。会展业数字化形式多样，已经实现网络营销和推广、现场管理与服务的数字化和多媒体网上展览，在疫情的影响下，2020年广交会首次尝试在"云"上举办。

（2）公共服务数字化

一是医疗服务数字化建设领跑全国。在2019年腾讯研究院发布的《数字中国指数报告（2019）》中，广州位于全国数字医疗城市的第一名，已经实现"一码通用"、"一网联通"、"一键诊疗"、"一站会诊"和"一体服务"五个一工程。广州在全国率先打造了"广州健康通"，运用大数据和AI人脸识别技术，完成了广州居民电子健康码（国家卫健委以居民身份证为基础开发的）建设，实现诊疗"一码通用"，建立了一站式互联网医疗健康门户，覆盖64家医院（含所有的三甲医院），解决了"挂号难"问题，还实现了"互联网+慢病管理+预防接种+出生证预约"等众多公共卫生服务。初步实现医疗卫生机构"一网联通"，在全国率先建成"全民健康信息平台"，实现了2300多万份电子健康档案对接电子病历，实现在线查询电子健康档案和就诊信息，建成全市预约挂号平台，基本实现医疗数据采集。利用数字技术实现了看病"一键诊疗"、"一站会诊"、线上线下"一体服务"等医疗服务。

二是交通服务数字化体系初步形成。广州已经建成"一中心、三平台"的智慧交通体系，即交通大数据中心，智能感知平台、综合业务平台和创新服务平台，推进信息技术与城市交通融合，完善了交通信息化管理体制。建成国家公交都市智能化应用示范工程，在全国首先开展公交地铁通用二维码的应用，实现交通部一卡通互联互通。打造了公共交通智能管理服务平台和全国最大的智能公交监控调度系统，建立了"一建叫车"系统。开发出全国首款交通综合信息服务的手机应用软件"行讯通"，为广州市民提供路况信息、实时公交、的士查询等18项服务功能，居"全国十佳交通信息服务手机软件"首位。完成国家首批和城市交通领域唯一的智能交通领域国家物联网应用示范城市建设。白云机场成为国家民航局"四型机场"首批示范建设项目之一和首批未来"智慧机场"建设示范单位之一，已经实现二维码过检和自助登机，建成了国内首个覆盖5G网络的航站楼。广州国际贸易已经完全实现对全部跨境电商业务的空运"单一窗口"数据传输、回执和企业数据共享；实现了"无纸化"通关和"互联网+空港e通"。广州在全国率先开展智慧地铁试点运营，2019年9月开通轨道交通智慧大脑穗腾OS，全面支持数字化和无人化管理、智能化运维控制、场景化应用服务的一站式解决方案，并在广州塔和天河智慧城站集中应用。全国首批智慧地铁示范车站之一——广州地铁站于2019年底全线开通。

三是政务数字化走在全国前列。2019年广州出台了《广州市"数字政府"改革建设工作推进方案》，专门设立广州市数字政府运营中心，负责"数字政府"建设工作，全面实现各部门各类政务信息资源整合共享和开发利用，推动智慧政务大数据建设，着力打造高标准的数字政府。根据腾讯研究院发布的《数字中国指数报告（2019）》，广州数字政务指数位居全国第一。作为全国"互联网+政务服务"示范工程试点城市之一，广州已经建成全市统一的政务信息数据库，可实现省（区、市）数据共享。创新服务模式让"数据多跑路、群众少跑腿",实现依申请类公共服务事项 100% 网上办理,99.98% 跑一次,85.86% 不用跑。首创"智能无人审批"模式,该模式入选全国首届市场监管领域十大社会共治案例。广州 12345 政府服务热线在参加"2019 年全球最佳呼叫中心评选(亚太区)"的近 200 个城市中获得 5 项大奖,手机上线广州 12345 小程序得到市民高度认可和广泛使用。公共安全数字化处于先进水平,广州是全国超大型公共安全视频建设联网应用示范城市之一,物联网、视频监控和电子围栏技术广泛运用于城市治安管理当中。2019 年开启的类案批量智审系统是全国首个专门处理互联网金融纠纷在线的审理系统和全国首个数字金融协同治理中心。

四是教育文化数字化初具规模。广州的智慧教育起步较早,已经经历从数字化教育到"互联网+"教育、"移动+"教育三个阶段,正在迈向"智能+"教育。"5G+人工智能+"智慧校园工程和校园文化数字化工程加快推进,全国智慧教育示范区、信息化教学应用示范区也正在建设。根据腾讯研究院发布的《数字中国指数报告(2019)》,广州教育数字化和文化数字化水平分别居全国第二和第四。"广东公共文化云"数字平台和广东省社会科学大数据平台上线并取得良好社会反响。

2. 面临的挑战

(1)产业数字化水平有待进一步提高

虽然广州在产业数字化方面已经取得一定的成绩,但仍然面临一些挑战:一是广州农业数字化融合深度和广度有待拓展。农业数字化涉及生产、经营、管理和服务等环节,广州主要在生产和经营两个环节推动数字化改造,但在全国尚无领先优势;管理和服务数字化程度有待提升,亟须加快建立解决农业发展问题的大数据系统平台、集成化和自动化决策系统,资源共享的数字农业体系和个性化的农业服务体系也有待健全。二是工业数字化进程不均衡,集中体现为大企业数字化进程快,小企业数字化进程慢,劳动密集型和传统行业数字化能力较弱、对数字化变革认知不足。三是服务业数字化还有较大提升空间,广州商贸业发达,探索推动金融、批发和零售业、住宿和餐饮业、会展业等服务业通过数字化实现活力注入和价值提升将是一个长期任务。

（2）公共服务数字化有待持续深化

广州公共服务数字化虽然在医疗、政务和交通三大领域已经领先全国，但是在某些具体领域还有待提升。一是医疗服务数字化内容还需要完善，虽然广州在医疗服务数字化方面已经领先全国，然而在个人数据保护、AI 与医疗服务融合、智慧医疗专业人才培养和康复后健康管理信息化建设方面还需进一步加强。二是教育服务智能化水平有待提升，"智能＋"教育是智慧化教育的最终阶段，目前广州教育服务智能化正处于智慧校园建设试点阶段，与实现智慧校园全覆盖的目标还有一定差距。三是广州智慧化轨道交通体系还有待完善，广州是华南地区轨道交通枢纽，发展智慧化地铁和城际轨道交通，有助于推动粤港澳大湾区互联互通。目前广州智慧轨道交通建设还处在发展阶段，未来地铁、市郊铁路、城际铁路、高铁智慧化和人性化管理和运营还有很大提升空间。四是广州出版行业数字化有待完善，还没有建成拥有版权内容资源和分发渠道、专业版权服务和各类版权开发应用等内容的开放式公共服务平台，出版行业企业的数字化转型进程也有待进一步加快。

（四）数字经济生态环境建设成效与面临的挑战

1. 建设成效

（1）数字经济发展的创新集聚效应加快凸显

一是数字经济创新平台承载力显著增强。数字经济时代，数字技术应用端的网络化、个性化、分散化的组织生产方式可能成为主要发展趋势，但地域上的空间集聚在数字技术发展的初级阶段仍然会是主导形式，特别是在数字技术创新领域，集聚可以增强技术创新的溢出效应，因而打造创新载体和平台依然十分重要，也能够增强城市中心功能和其在城市网络中的辐射作用。近年来，广州的数字经济创新平台和载体建设加快推进，特别是广州人工智能与数字经济试验区获批建设，推动广州地区形成了"一中心，多片区"的数字产业布局形态（见表10）。

表 10　广州数字经济"一中心,多片区"的产业布局

布局	主要区域	代表性产业
一中心	广州人工智能与数字经济试验区(海珠、番禺、黄埔、天河)	互联网与云计算、大数据、人工智能、新一代信息技术等,数字金融、数字贸易、数字创意以及各种消费新业态
多片区	南沙区	人工智能、智能交通
	黄埔区	新一代信息技术、人工智能、区块链
	荔湾、白云区、增城区	新型显示、数字创意、数字金融等数字技术融合应用

二是数字经济从业人员快速集聚。人才是创新的第一资源,是数字经济发展的根本支撑,也是检验数字经济发展条件的重要指标。在官方统计中,与数字技术直接关联的从业人员主要是信息传输、软件和信息技术服务业从业人员,近年来,广州的信息传输、软件和信息技术服务业从业人员数量及增幅都实现大幅增长。2018 年末,从业人员达到 29.89 万人,增长 23.6%(见图 5),也是经统计的 20 个国民经济行业中增速最快的行业。历年从业人员数据表明了数字经济发展的环境和活力都在不断提升,预示了城市产业发展的主导方向。

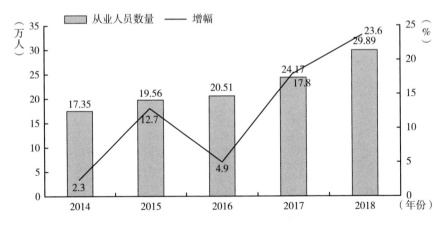

图 5　2014~2018 年广州市信息传输、软件和信息技术服务业
从业人员数量及增幅

资料来源:《广州统计年鉴 2019》。

（2）数字经济发展的政策支持体系层次丰富

新兴经济和产业的稳健发展离不开政策的支持和引导，数字经济在全球范围内受到各国高度重视，我国也将其作为未来产业转型发展的基本方向，从国家至广东省都已经出台相关分行业和分领域的规划文件和政策支持措施。广州也已经在分行业领域出台相关文件，从数字经济相关行业发展、关键环节建设、人才队伍建设、金融财政支持、产权保护等多个方面予以引导和支持，为数字经济的发展塑造了良好的外部环境。此外，广州作为国家中心城市和我国对外开放门户城市，未来也可望率先争取发展数字经济的相关政策支持和试点示范机会。

表 11　数字经济相关政策文件

层面	相关政策文件
国家层面	《中国制造 2025》《大数据产业发展规划（2016～2020 年）》《国务院关于深化"互联网＋先进制造业"发展工业互联网的指导意见》《促进新一代人工智能产业发展三年行动计划（2018～2020 年）》《云计算发展三年行动计划（2017～2019 年）》
广东省层面	《广东省数字经济发展规划（2018～2025 年）》《广东省深化"互联网＋先进制造业"发展工业互联网的实施方案》《广东省支持企业"上云上平台"加快发展工业互联网的若干扶持政策（2018～2020 年）》《广东省促进大数据发展行动计划（2016～2020 年）》《广东省新一代人工智能发展规划》
广州市层面	《广州人工智能与数字经济试验区建设总体方案》《关于加快新业态发展三年行动方案》《广州市人民政府关于加快电子商务发展实施方案》《广州市促进大数据发展实施意见》《广州市人民政府办公厅关于推进互联网金融产业发展的实施意见》《广州市加快 IAB 产业发展五年行动计划》《广州市推进"中国制造 2025"产业发展的若干政策意见》《广州市互联网产业发展实施意见》《广州市加快发展集成电路产业的若干措施》《广州市大数据产业空间布局专项规划（2016～2020 年）》《广州市电子商务与移动互联网集聚区总体规划布局的意见》《广州市加快打造数字经济创新引领型城市的若干措施》

（3）数字经济市场化机制更加健全且效果显著

一是知识产权保护体系加快完善。数字技术和数字产业多属于技术创新的最前沿领域，需要有效的知识产权保护。高效率高质量的技术创新需要知识产权保护生态系统予以保障，有效的知识产权保护是数字技术创新发展的必备条件和基础。广州是国家知识产权强市，在知识产权创造、运用、保护、管理和服务等全链条都已经具备比较完善的运行服务体系，为数字经济的健康发展奠定了良好的环境。截至 2019 年 9 月，全市有效注册商标 120 万件，有效发明专利 56192 件，全市专利权质押融资总额 27.5 亿元，广州连续 3 年在全国专利行政执法绩效考核中排名第一，已经面向 IAB、NEM 等战略性新兴产业发展成立 6 亿元的重点产业知识产权运营基金。截至 2019 年 10 月，广州专利代理机构达到 174 家，执业专利代理师超过 1000 人，有 4556 家企事业单位通过知识产权管理规范国家标准，数量位居全国城市第一。在 2019 年广州知识产权法院十大典型案例中有 5 件发生于数字经济领域。

二是市场化竞争环境健康发展。在激励创新的同时，广州社会主义市场化竞争机制也不断健全，法治化市场化国际化营商环境不断优化，为数字企业拓展市场、实现可持续经营提供了公平公正的竞争环境。同时，与欧美国家严格的不正当竞争监管和反垄断监管不同，我国对互联网行业等新兴行业保持包容审慎的态度，对信息网络行业中发生的各类竞争热点事件和新兴现象往往首先用市场规律解决问题，在确实侵害用户权益等情况下才予以法律介入，有利于更好保障市场主体的权益，且激发其创新动力。

（4）城市数字化治理能力大幅提升

城市数字化治理水平集中反映了城市数字经济发展环境。特别是在新冠肺炎疫情防控中，广州城市数字化治理能力经受住了极大考验。

一方面，政府数字服务应对突发风险的成效明显。广州各层级政府部门在疫情防控期间充分释放数字化服务能力，公安、市场监管、医卫、城管、商务、边防口岸、宣传等主要防控部门充分协同，跨层级、跨区域、跨系统、跨部门、跨业务的数据资源整合融合效果显著，业务协同能力经受住了重大考验。广州近年来开展的智慧城市建设效果开始彰显，如在物资和设施的运行指挥调度、交通物流数据融合、人员物资数据共享、跨业务协同支撑等方面都能够看到数字服务的广泛应用，有效支撑了政府公共治理，有效地保障社会稳定有序运行，降低了疫情防控对经济社会可能带来的风险，在全国一盘棋中发挥了示范表率作用。

另一方面，多元数字主体参与丰富了社会治理主体结构。以往社会治理主要是政府部门发挥主要的领导与推动作用，而今以数字化企业为典型代表的新型社会治理主体的公益能力和责任意识、参与意识都有了极大提升，一些互联网企业、互联网公益组织、科技企业等新型主体积极参与到城市运转与社会治理中。比如微信、广药、广汽、立白、香雪制药、金发科技、佳都科技、金域医学等科技型企业在信息采集与发布、防疫试剂研发生产、紧急资源生产与调配方面，对防控疫情与恢复生产都发挥了重要的甚至关键性作用，成为抗击疫情的重要生力军，极大地改善了社会治理的主体结构。

2. 面临的挑战

数字技术和数字经济属于新兴事物，发展中必然遇到各种问题，如全球共性问题以及区域性独特的问题。全球共性问题，全球数据安全风险防控、数字技术标准统一和衔接、数字资源开放共享、全球数字鸿沟、全球社会数字化治理等都已经形成现实挑战；区域性独特问题，则也存在数字化发展水平不均衡、相互竞争、政策供需不匹配、前瞻性布局滞后、社会数字化共治机制不健全等一系列挑战。广州作为全球化、数字化浪潮中的国际大都市，数字经济的创新发展中同样也面临许多挑战。

（1）数字生态的动力要素仍需持续集聚和提升竞争力

城市数字化治理的基础条件是具备数字生态构成要素，提升城市日常运行状态监测和感知能力，建设物联网城市，可以建立简单的数字生态体系（见图6）。广州数字生态系统还不够完善，如5G等基础设施主要布署于中心城区部分区域且处于示范应用阶段，还未全面覆盖。城市更新和旧城改造所需要搭建的云、网、端等数字化基础设施还未建设；广州的数字经济类企业主要集中在数字应用领域，数字平台、数字基础设施型企业仍然较少，还难以与工业化时代形成的大型企业相媲美，无法在经济社会运行中发挥支柱作用和对整个产业链发挥辐射带动功能；新兴产业领域的"独角兽""单打冠军"类企业依然屈指可数，在全球数字企业中，还少有广州本土企业；

在数字生态环境塑造方面,产业政策已陆续推出,部分法律法规还需要全国乃至全世界的共同努力。

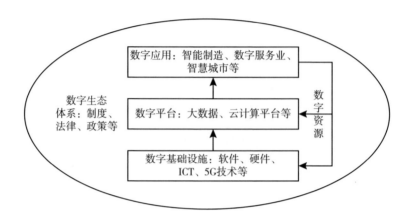

图6 数字经济生态体系构成示意

(2)技术创新领域的支撑体系与未来需求不相适应

一是创新领域的技术标准体系不完全对接,可能造成潜在的创新风险。新兴技术领域技术迭代速度显著加快,国家之间、国际行业组织之间在软硬件设施领域的标准不尽相同,且前沿技术领域的技术标准往往是国际竞争的主要目标,广州目前在数字技术标准方面还少有引领者,需要联合各界加强技术标准制定。

二是数字人才教育培训体系不健全,可能造成数字人才供给断层。数字经济是知识密集型经济,需要大量的创新型人才作为支撑。广州职业教育和高等教育发展水平在国内处于领先地位,但适应数字经济、数字复杂需要的人才教育培训体系仍然还不够健全,数字人才自我培养和供给能力还有提升。

三是产学研合作的实效需要提升。一方面相关主体的能力问题,工业行业还不具备数字转型的需求和能力,生产方式仍以加工制造、半自动化、机械化为主,处于工业化中早期阶段。数字技术企业还没有形成系统的、成熟的解决方案支撑制造业数字化。研发机构在人工智能、区块链、大数据等前沿领域的突破性、原创性的技术较少，广州还不是全球数字技术创新的顶尖城市。另一方面协作体系建设问题，在数字技术领域，政府、产业界、学术界、国际合作伙伴以及行业组织的实质性合作架构还不成熟，如研发投融资体系、国际市场竞争与合作体系等有待完善。

（3）数字要素应用领域开放性与均衡性需要提升

数据成为生产要素，只有在流通中才能产生价值，这就需要海量数据资源开放使用，以及创造出大量的新型应用场景，同时更加需要相应的保障机制和运行环境保障其安全、有效地运行。当前，广州乃至全国的公共领域、市场领域的海量数字资源并未全面开放，还未呈现出万物互联的大规模使用，其重要原因之一在于还没有形成完善的数据交易和流通机制。

一是缺乏完善的数据开放使用机制。广州常住人口超过 1500 万，具备天然的数据资源优势，政府部门掌握了大量公共领域数据，但还没有足够能力建立数据开放和分级分类管理的机制，以及相应的安全保护机制。对符合城市经济发展、市场需求大的数据，其法规制度建设、数据产权保护制度建设还比较迟滞。同时，数据共享平台虽然在建设中，但加快公共领域数据资源的统一汇聚和共享开放的机制建设还不成熟，"信息孤岛"仍然存在，特别是市场主体对城市公共服务领域的海量数据的需求极大，如何做好数据开放、如何建立交易机制、如何防范数据共享的潜在风险等都还在研究探索中。

二是"数字＋"应用场景开放机制还在探索中。数字经济的蓬勃生命力体现在应用领域，需要开放千变万化的应用场景进行数字技术的广泛应用，从而促进数字生态体系可持续地良性循环。但产业数字化行业不均衡现象明显，广州数字经济应用侧重在服务业领域，且以生活性服务、消费类服务为主，制造业领域、生产领域的数字化应用还较少。在何种领域开放，开放后的市场规则、监管规则如何建设，与城市传统的运营管理机制如何兼容，都需要做好事前设计，否则极易产生风险。

（4）数字要素流通的安全与监管体系需要完善

数字安全领域的立法进程相对缓慢。数字安全已经成为阻碍数字经济发展的主要障碍和威胁，特别是物联网的发展将带来前所未有的网络信息安全挑战。根据国际电信联盟《2017 年全球网络安全指数》报告，目前全球只有38%的国家发布了网络安全战略，另有12%的国家还在制定相关战略，意味着全球大多数国家仍然没有清晰的网络威胁应对策略，而中国的排名仅为第32 位。根据互联网监控公司 Arbor Networks 的数据，每年网络犯罪、攻击对全球经济造成的损失高达4000 亿美元，法制保护体系亟待完善。我国与监管数字技术相关的法律框架、技术手段、组织架构、能力建设以及国内相关合作等还不健全，必然对广州发展数字经济带来不利影响。这突出表现在法律制度供给滞后于数字经济时代快速到来所产生的现实需求，在部分领域表现出法律法规的空白或不适用，特别是已有相关立法主要是在国家层面开展，地方治理中遇到的数字领域的争端和新矛盾难以有效解决，例如在个人信息保护、数字贸易、数字伦理等领域都需尽快出台专门性法律，行业部门的监管政策也需要及时出台，以回应市场主体的发展需求，明确相关主体的权责边界。在加强安全防控和个人信息保护的同时，也需要对人工智能、区块链、大数据、云计算等创新发展中的新现象持包容审慎态度，减少数字技术发展和应用的制度障碍，如出台监管例外、豁免条例，或者开展试点项目，为特定的数字技术应用创造"安全地带"，以促进稳健的创新生态系统建设。

三　广州数字经济发展形势分析与趋势展望

（一）数字经济将成为全球城市竞争的新角力场

根据世界经济长波理论，1990～2008 年是全球经济第五轮周期的上升阶段，2008～2030 年是全球经济处于第五轮周期下降阶段，2030～2050 年为第六个长周期的上升阶段。从历史发展轨迹来看，在每一轮长周期中，都会伴随一次技术变革浪潮。世界范围内，数字技术已经成为全球竞争的焦点领域。未来30 年，随着新一轮科技革命和产业变革的孕育，数字革命、智能变革导致关键生产要素发生新变化，信息、数据、算法、算力等创新和智能资源将成为战略要素资源并改变城市的比较优势和竞争优势，推动城市生产方式和治理体系发生深刻变革。在此背景下，全球城市体系将进入破旧立新再平衡发展的新时期，传统交通枢纽型城市、贸易枢纽型城市的优势地位可能会被削弱，信息枢纽城市、数字枢纽城市、科技枢纽城市、知识枢纽城市等新兴城市可能加速涌现并在全球城市竞争中占据有利位置。新一轮城市争夺战已经开启，对于任何一座城市而言未来的发展空间无比广阔，哪一个城市能在发展数字经济上占据制高点，它就有可能掌握先机、赢得优势、赢得未来。

（二）数字经济将成为广州经济发展的新动能

近年来，由于广州城市经济转型升级调整，传统的增长动力逐渐式微，传统基础设施投资领域饱和，外需、内需都受到一定影响，加之受外部不确定因素的冲击，广州经济增长动力面临多重挑战，急切需要大力发展新兴产业，打造新的强大增长点，同时也带动传统产业升级和高质量发展。作为新兴产业的关键领域，数字经济及关联产业将加速发展，内在需求也将显著提升，数字经济极可能成为广州新的主要经济增长点，特别是数字基础设施布局将提速和广泛覆盖，数字技术的应用领域将快速拓展，在交通、医疗、教育等民生领域将率先应用，广州市场空间大、人口众多的优势将持续释放。

以电子产品制造业为例，本报告采用时间序列分析、R语言等研究方法对2004~2019年广州电子产品制造业月度产值数据进行分析并预测2020年产值。总体上，在过去16年间广州电子产品制造业产值呈现明显的波动性，但总体呈现上升发展趋势，在2016年下半年达到峰值，2017年则出现明显下滑，而2019年以来则呈现上升发展势头。表12显示了2020年各月份广州电子产品制造业产值在80%置信区间和90%置信区间的预测数据，对各月份的预测数据进行累加，得到2020年广州电子产品制造业总产值有80%的可能落在区间［1814.13，4321.49］亿元，有95%的可能落在区间［1150.48，4985.15］亿元，结合定性分析能更合理地预测产值数预计2020年广州电子产品制造业产值会出现下滑，降幅预计为5%左右，产值约2500亿元；而软件信息服务业有望继续保持两位数增长。

表12　2020年1～12月广州电子产品制造业产值预测数据

单位：亿元

月份	均值预测点	80% 置信区间		95% 置信区间	
		下限	上限	下限	上限
1 月	255.6511	212.79	298.51	190.10	321.20
2 月	255.6511	195.03	316.27	162.95	348.36
3 月	255.6511	181.41	329.89	142.11	369.19
4 月	255.6511	169.93	341.38	124.55	386.76
5 月	255.6511	159.81	351.49	109.07	402.23
6 月	255.6511	150.66	360.64	95.08	416.22
7 月	255.6511	142.25	369.05	82.22	429.09
8 月	255.6511	134.42	376.88	70.24	441.06
9 月	255.6511	127.06	384.24	58.99	452.31
10 月	255.6511	120.11	391.19	48.36	462.95
11 月	255.6511	113.49	397.81	38.24	473.06
12 月	255.6511	107.17	404.13	28.57	482.73

资料来源：作者根据广州统计信息网测算而得。

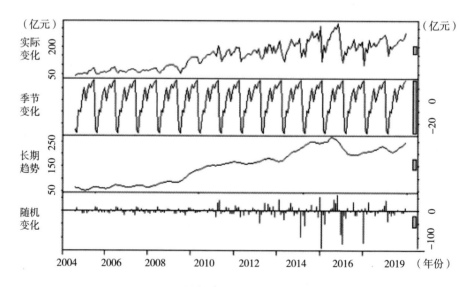

图7　2004～2019年电子产品制造业月度产值数据分解示意

资料来源：作者根据广州统计信息网测算而得。

（三）数字经济重大平台将成为集聚创新要素的新引擎

广州已经明确大力发展数字经济的总方向、总目标，《广州人工智能与数字经济试验区建设总体方案》《广州市加快打造数字经济创新引领型城市的若干措施》等相关政策的集聚效应将持续释放，互联网与云计算、大数据、人工智能、新一代信息技术、区块链等数字经济和数字技术将成为加快发展的重点，近年来，广州黄埔、天河、南沙、海珠等重点区域都在加快布局 IAB 产业，在全市范围内基本形成"一中心，多片区"的重大平台基本布局，未来这些重大平台对数字人才、科技、金融的集聚功能和辐射带动能力有望显著增强，有望形成一批自主创新数字技术成果，并且数字技术的溢出效应会加快显现，逐步带动传统产业的数字化转型。

表 13　广州部分数字经济重大平台

重大平台	建设目标
广州人工智能与数字经济试验区	总面积约 81 平方公里，包括琶洲核心片区、广州国际金融城片区和鱼珠片区，重点发展新一代信息技术、互联网、云计算、人工智能、大数据、数字金融、数字贸易、数字创意、5G、区块链等数字产业。到 2030 年建成人工智能与数字经济技术创新策源地、数字领域产业集聚发展高地、人工智能与数字经济发展全球优选地
白云湖数字科技城	总面积约 28 平方公里，重点发展新一代信息技术、人工智能、数字文化、新兴软件、智能终端等产业，利用 3~5 年时间打造总产值千亿元规模的数字产业集群，建设成为世界一流的数字科技产业生态园
南沙国际人工智能价值创新园	总面积约 5 平方公里，重点发展人工智能、智能网联汽车等产业，将建设成为全国一流的"AI＋"智能城市示范区和全球领先的人工智能产业核心聚集区
天河软件价值创新园	总面积约 3 平方公里，重点发展软件、大数据、互联网应用、云计算、物联网、金融创新、信息安全、创意设计、科技服务、数字会展等产业，2020 年主导产业收入将达到 400 亿元
黄埔智能装备价值创新园	总面积约 1 平方公里，重点发展工业机器人、智能装备传感器、先进控制器等产业
番禺智能网联新能源汽车价值创新园	总面积约 5 平方公里，重点发展智能网联汽车产业，建设智能网联新能源汽车制造基地和华南汽车文化中心

重大平台	建设目标
5G 产业园	入选广东省首批 5G 产业园,按照"3+2+6"模式布局建设,即建设 5G 高端制造基地、5G 应用创新研发基地、5G 高端服务基地 3 个核心产业基地;建设"5G+互联网"融合创新基地、"5G+人工智能"融合创新基地 2 个关联产业基地;建设"5G+智能制造"产业基地、"5G+超高清视频"产业基地、"5G+智慧交通"核心产品研发生产基地、"5G+智慧物流与智慧航运"产业基地、"5G+智慧交通"解决方案创新基地、"5G+智慧农业"产业基地 6 个衍生产业基地

(四)商业应用创新和关键技术创新将协同推进

数字变革涉及底层技术、组织平台、操作系统、网络通道、智能终端和商业应用等多个彼此间具有密切关联、配套性、互动性环节。因此,任何一个城市要在数字化变革中走在前列,就必须努力推动新经济生态系统中各个环节有机衔接,实现全局和局部相配套、商业应用创新和关键技术创新相结合、渐进和突破相促进,最终形成整体竞争力。经过多年的发展,广州已经成为商贸业发达的服务型城市,通过推动互联网新技术与商贸、时尚、传媒、商业、文化、服务业相结合,在互联网应用、软件应用、社交网络、文化娱乐、电子商务等商业应用创新领域已经积累一定优势,但在数字关键技术创新和组织平台建设方面与先进水平还有一定差距。未来,随着相关政策支持力度加大,依托人才教育和国际合作网络优势,广州数字经济领域的产学研体系建设将不断提高,行业基础和共性关键技术研发、成果产业化、人才培训等工作将取得显著成效,带动数字技术加速创新,新的数字技术将不断出现,特别是底层架构的核心技术将可能实现新的突破,最终推动广州数字商业应用创新和数字关键技术创新协同发展,促进数字经济更加均衡发展。

(五)生产端和消费端数字化转型将联动推进

在数字化时代,社会分工协作体系正在发生重构,供给和需求的界限日益模糊，依赖数字驱动的供需一体化正成为生产关系新形态。个性化、定制化、"极小前端组织＋极大后端平台"的生产组织方式需要城市制度供给、资源供给与场景规划需求精准匹配。广州人口数量大，商贸市场活跃，电子商务发达，消费端的数字化转型已经取得明显成效。与此相比，受跨界融合的复合型人才缺乏、中小企业数字化能力和意愿不强等因素的影响，生产端数字化转型仍然面临不小挑战。未来，随着广州乃至粤港澳大湾区智能制造业和服务型制造业的发展，数字应用和试点场景不断完善，数字技术越来越渗透经济社会的各个领域，企业的数字化生产方式、数字化改造将显得更为迫切，广州的数字技术企业、数字处理企业、数字经济基础设施企业、数字平台型企业、数字应用型企业可望持续涌现，带动产业数字化的生态圈不断完善，最终将实现消费端的数字化转型和生产端数字化转型联动协同。

（六）新组织系统将引领广州资源配置方式变革

在智能技术群落的聚变与赋能下，组织规模的"小微化"、组织结构的"云端化"、组织运行的"液态化"、组织边界的"开放化"、人机协同的"常态化"将推动形成社会化大协作的协同网络。协同网络系统通过平台类企业的数据聚合效应获取平台参与方的往来数据和链条数据，加上高频泛在的在线社交，以及渐趋完善的信用评价体系，可为大量未能得到完全有效配置的资源提供低成本的共享平台和渠道，创造出新的供给和需求，促使要素资源优化配置。可以预见，在新的要素资源组织体系中，平台型企业逐渐走向中心大舞台，扮演要素资源链接者、组织者、配置者、调控者的重要角色。事实上，2018 年全球 TOP10 上市企业中平台企业市值比重已由2008 年的 8.2% 上升到 77%，市值规模达到 4.08 万亿美元。适应数字经济时代网络组织配置资源的新规律新特征，广州将依托自身作为综合性门户城市的功能优势，加快建立以技术为基础、以平台为载体、以共享为重点的协同网络生态组织平台系统，引领资源配置方式变革，加快增强国际资源配置能力。

（七）城市数字化治理能力将加快提升

在经历农业社会、工业社会、商业社会、网络社会之后，人类将进入数字社会和智能社会，社会治理由封闭式管理向开放式治理、单向管理向协同治理的方向转变，数字化治理必将引领城市治理方式革新。可以预见，广州城市治理必将更加强化"数字化思维"，数字工具和智能工具将成为城市治理的新工具，公共服务、经济发展、社会治理、安全保障、环境治理等数字化水平将普遍提高，"数字政府""智慧城市"的建设将去虚向实，数字平台将成为多元主体参与城市治理的新通道。广大市民的数字化生活方式更加丰富多彩，对数字知识的学习理解程度更深，又会进一步为城市数字化治理创造更好的条件。

表 14　数字化治理与传统治理的区别

类别	传统治理	数字化治理
治理主体	政府为主	多元参与,平台企业和组织重要性凸显
治理方式	分散化、碎片化	整体性、精细化
组织形式	分级制、自上而下层级化	跨层级、网络化
治理机制	部门独立处理为主	多部门协同治理
治理工具	人工管理为主	大数据、互联网主动介入

（八）数字要素市场化配置体制机制将更加成熟

国家层面已经明确提出数字是生产要素，这丰富了土地、劳动力、资本作为生产要素的传统架构。《中共中央国务院关于构建更加完善的要素市场化配置体制机制的意见》明确提出了要加快培育数据要素市场。2020 年 4 月出台的《广州市加快打造数字经济创新引领型城市的若干措施》则明确提出要建设数字经济创新要素安全高效流通试验区，促进数字经济的创新要素价值流通。可以预见，广州未来要打造成为粤港澳数字要素流通试验田、全国数字核心技术策源地、全球数字产业变革新标杆，建设数字经济创新引领型城市。要实现这些目标，广州必将率先推动市场化配置体制机制建设，特别是在推进政府数据开放共享、提升社会数据资源价值、加强数据资源整合和安全保护等领域力争走在全国前列，数字要素市场运行机制也将更加健全和成熟。

四 推动广州数字经济发展的对策建议

发展数字经济不是简单的数字基础设施建设和软硬件部署，而是一场宏大、复杂、全新的系统工程，是一场预见未来、深刻全面的社会变革，涉及生产力和生产关系、经济发展和运营治理、发展理念和文化认同等方面，必须通过加强顶层设计和总体规划，对经济社会各个领域做出统筹设计、综合研判，注重系统性、整体性、协同性推进，才能最终形成主动迎接和推动变革的强大合力。

（一）谋划数字变革的新战略

1. 建立数字变革战略领导小组

由市委统筹指挥、直接推动，成立广州数字变革战略领导小组，市委、市政府主要领导任组长，以全市相关部门为成员单位，就城市数字变革中全局性、关键性、方向性和阶段性问题及其相互关系进行分析研判和战略决策，构建各部门通力合作、协同推动的战略实施机制，防止战略问题战术化。加强与国家、省有关部门沟通协调，积极争取对广州 5G 基础设施建设、5G 产业规划发展等的指导支持，争取国家 5G 领域的改革事项、先行先试政策率先在广州落地。

2. 率先制订实施数字广州计划

学习借鉴"数字纽约计划"，由市长亲自推动研究制订"数字广州计划"，明确广州数字变革总体思路、战略框架、目标愿景和战略路径。制定新一代信息通信基础设施专项规划、5G 产业发展专项规划等配套专项规划，加强用电用地等资源要素保障。推动实施"数字广州路线图"，明确数字广州建设的阶段目标、重点项目、责任分工和考核机制。向全社会宣传数字广

州计划，凝聚社会共识，营造有利于数字变革的舆论氛围。

3. 全面开展数字变革主题培训和教育

在全市党政机关、事业单位和国有企业中系统开展数字经济、数字城市和数字变革主题培训和教育活动，提升干部、企业家和从业人员的认知和实践能力，增强全市干部推进数字变革的紧迫感和危机感，提升推进数字变革的意识和能力。

（二）前瞻培育数字经济的新势力

1. 发起设立城市数字经济国际论坛

整合国际国内智慧力量，争取国家支持，率先发起设立城市数字经济国际论坛，探讨、研究、发布数字经济新进展、新趋势。持续举办系列数字经济各类交流研讨决策会议，形成"数字经济广州方案"，把广州打造成为全球城市数字经济策源地和风向标。

2. 组建广州数字战略与技术研究院

比肩国际一流，创新建设模式、人才使用与培养模式，与国际国内一流企业、高校、科研院所合作及自主培育相结合，整合高端创新资源，组建广州数字战略与技术研究院，在数字经济战略研究、基础与应用研究、关键核心技术攻关、科技成果转移转化等重点领域发挥支撑作用。

3. 组建广州数字发展集团

由广州全资或控股、联合国内国际社会资本，发起成立新型科技平台公司——广州数字发展集团，按照市委市政府关于推进城市数字变革的总体要求，携手各知名企业与社会各界共同打造数字城市产业生态圈。数字发展集团将首先以城市国资国企数据资源和场景资源为依托，充分发挥节点和平台作用，夯实城市数字变革基础，助推市属企业的数字化转型和智慧城市建设。

4. 组建粤港澳大湾区数字开发银行

联合社会金融资本，探索成立广州国际数字开发银行，为城市数字基础设施、数字资源整合、数字经济发展、国际数字合作提供支持。支持数字企业开展数据资产管理、交易、抵押、结算、交付和融资等业务。

5. 探索设立城市数字发展基金

充分发挥财政资金撬动、扶持作用，采取"引导基金、母基金、子基金"三层架构模式，引导金融资本、社会资本共同设立城市数字发展基金，重点支持城市数字变革关键领域、重点平台、重大项目以及各类试点示范。

（三）加快打造数字经济的新平台

1. 加快建设数字经济创新试验区

以大学城、琶洲、科学城以及增城等广州中、东部区域为主体，加快建设琶洲人工智能与数字经济创新试验区。围绕数据资源整合、共享、开放和运用开展创新探索，形成数据驱动经济发展新形态。争取布局国家数字创新中心、国家技术创新中心，推动国家重大科技基础设施、前沿引领数字技术创新平台企业布局，加快培育数字经济领域高成长创新型企业。加强与深圳数字经济创新发展试验区联动，形成粤港澳大湾区数字经济发展的双核。围绕数字经济具体行业，着力打造一批具有影响力的人工智能、机器人、区块链、云计算等价值创新园区。

2. 与深圳共建5G产业合作创新平台

深圳拥有华为等5G技术世界领先企业，以及中兴通讯等40余家涉及5G业务的上市企业，在5G核心技术研发创新领域具有明显优势。广州可加强与深圳建立重大科技联合攻关和产业协同发展机制，推进产业关键共性技术合作研发和成果产业化，鼓励两市企业、高校和科研机构联合建设重点实验室、工程研究中心、企业技术中心等创新载体。共同加快建设5G相关学科，提升粤港澳大湾区5G相关人才供给水平。共同做好粤港澳大湾区5G频率协调工作。

3. 培育壮大数字平台型企业

大力推动工业互联网平台、数字市场交易平台、供应链服务平台、电子商务平台、社会资讯服务平台、分享经济平台、智慧城市运营平台等实体平台和虚拟平台的发展，完善数字变革"生态群落"。大力实施

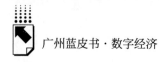

"平台+生态"的发展战略,以数字平台企业为中心,促进中小企业与平台企业共生协调发展,带动城市生产方式、生活方式创新,促进城市数字化变革。

4. 培育引进数字变革组织机构

积极发起设立各类国际性、全国性和区域性数字变革组织机构,提升广州数字变革国际话语权。遵循国际惯例,积极搭建非政府组织国际交流平台,鼓励数字企业积极参与到国际标准制定中,深度参与全球数字资源的整合分配。加大政府购买服务强度,给予数字变革组织机构参与承办政府重大经济社会活动、对外交流活动等更多机会,加速推动其成长。

5. 建设广州大数据交易中心

借鉴国内外各类大数据交易所和交易中心的建设经验,创新模式建设广州大数据交易中心,探索数字资源的产权确定、市场定价、交易规则、标准制定、安全保护等,推动政企数据双向流通机制,培育数据要素市场,增强广州数字资源要素整合与配置能力,更好促进数据要素价值转化与增值。

(四)精准培育数字经济的新市场

1. 创造应用场景壮大数字市场

加快推出人工智能、5G、云计算、大数据等数字技术应用场景建设实施计划,加大对5G基建项目的支持,免费开放政府机关物业和政府投资的各类建设项目,配合建设5G基站等通信基础设施。结合广州经济社会结构特征优先布局数字政府、智能网联汽车、智慧交通、智慧医疗、智慧教育、智慧家庭、智慧社区建设,为数字企业创建智能技术深度应用场景,吸引更多人工新技术、新模式在广州率先应用。

2. 推动实施"穗企上云"计划

探索引入云服务战略合作方,引进和培育综合性和行业性云平台,推进云计算技术的创新发展和融合应用,推动设备联网上云、数据集成上云等深度用云,构建完善的云计算产业链和生态体系,引导和扶持广州企业上云,为企业和产业数字化提供坚实基础。

3. 推动实施企业智能化改造行动

加快建设面向行业、企业的工业互联网平台，推出数字化系统解决方案、工业 App，优先推动汽车、电子、装备制造等优势制造业数字化转型升级。大力推进智能制造单元、智能生产线、无人车间、无人工厂、智慧园区建设。

4. 启动实施新商业振兴计划

对标纽约硅巷发展模式，更加注重新技术的应用，重点是将互联网新技术与时尚、传媒、商业、文化、服务业相结合，大力发展互联网应用、软件应用、社交网络、文化娱乐、电子商务等行业，实现科技创新与商业文化的深度融合发展，开创具有广州特色的新经济发展模式。

（五）大力推动数字基础设施建设

1. 建设新型基础设施

围绕云计算、大数据基础设施，信息网络基础设施和城市数字化基础设施等硬件设施以及数字化软件设施开展研发和部署。推动以 5G 为核心的网络宽带升级，尽快开展 IPv6 网络建设和普及，充分满足智能制造、工业互联网、物联网、智慧城市等的数字化设施需求。以平台型企业为引领，建设云计算、大数据基础设施。全面构建全光网城市，加快网络和平台优化升级，布局超大容量光传输系统、高性能路由设备和大数据云平台等基础设施。加大创新数字化软件，突出关键共性技术、前沿引领技术、现代工程技术、颠覆性技术创新，促进数字设施的网络化融合。

2. 加快市政设施智能化

充分发挥新一代信息技术的牵引作用，在城市基础设施规划、建设和运营中要充分考虑最大限度地利用信息技术，优先推广物联网感知设施在城市基础设施建设中应用，在构建广州智慧城市大脑的同时，全面实现城市基础设施数字化和联网化。打破信息封闭，实现各部门之间以及与周边城市的信

息共享，规范统一各类软件信息系统的协议和标准。以公共民生领域为优先，推广物联网、人工智能等数字技术在医疗、教育、环保、交通、电力等方面的应用，实现万物互联。

3. 推动交通基础设施智能化

着力构建面向未来的智能交通体系和方式，促进数字技术在航空、航运、轨道交通、无人驾驶等领域的广泛应用，打造新型的国际性综合交通枢纽。以车联网、智能网联汽车、无人驾驶为导向，加快安装路侧通信设备、完善5G/LTE－V2X网络环境，积极推广利用传感、采集等设备，加快道路、桥梁、信号灯、道路标识等交通基础设施信息化改造进程，实现交通设施全部联网化，打造智能化的道路环境。

（六）优化数字经济发展的新环境

1. 发起城市数字变革全球伙伴计划

顺应全球各个城市争相推进智慧城市和数字变革的趋势，发起成立城市数字变革全球伙伴计划，与全球主要城市共同就城市数字变革重大战略问题、数字变革技术标准、数字变革经验模式、数字变革成果推广、数字变革风险防范、数字变革议题设置等合作开展探索，主动拥抱数字变革新时代。

2. 探索建立数字经济的监管沙盒

借鉴英国、新加坡、中国香港的经验，在国内率先探索"沙盒"监管模式，激励政府和市场创新行为，为城市数字经济催生的新产业、新业态、新模式创造更加明确宽松的环境，打造数字经济创新试验场。深化数字领域"放管服"改革，简化行政审批事项，放宽数字经济领域的准入条件和企业设立门槛。

3. 完善新就业促进与扶持政策

鼓励和支持灵活就业、零工经济等新就业形态发展，将各类新就业形态纳入全市就业优先政策和就业统计监测体系。转变以标准就业为主的就业促进理念，将促进各类数字经济新就业形态发展作为"稳就业"工作的重要手段，将支持就业的各类政策延伸覆盖至新就业形态人员。研究制定符合新就业形态特征的非标准劳动关系体系，使其有别于标准就业，并建立多元化劳动标准制度。

4. 提升数字素养和数字教育水平

建立合作培训平台，支持高等院校、职业学校和社会化机构等开设数字知识和技能教育课程，建立全国领先的数字教育培训体系。制定全民数字素养和数字伦理培训计划并在教育培训体系中积极落实，鼓励全社会践行科技向善理念，严守科技伦理底线，夯实数字变革的社会认识基础。

5. 探索出台数字变革地方性法规

探索出台数字变革地方性法规，建立健全推进数字变革的容错、纠错机制，在全社会形成企业乐于创新、政府敢于支持、市场擅于投资的良好数字变革环境。加强知识产权保护和综合行政执法，建设网络安全态势感知与风险监测平台，强化对产业网络、城市网络和数据资源运行经营主体的保护和监管，建立数字治理"防火墙"。

参考文献

阿里研究院：《解构与重组：开启智能经济》，2019年1月。

阿里研究院：《智能经济，迈向知识分工2.0》，2019年4月。

国务院发展研究中心企业研究所、腾讯研究院：《秉持"科技向善"拥抱数字化转型》，2019年5月。

国家工业信息安全发展研究中心：《2019京津冀数字经济发展报告》，2019年10月。

葛志专、覃剑：《广州加快发展数字经济对策研究》，《广州创新型城市发展报告（2019）》，社会科学文献出版社，2019。

紫光旗下新华三集团数字经济研究院：《中国城市数字经济指数白皮书（2019）》，2019年4月。

徐清源、单志广、马潮江：《国内外数字经济测度指标体系研究综述》，《调研世界》

2018 年第 11 期。

周宏仁：《做大做强数字经济 拓展经济发展新空间》，《实事报告》（党委中心组学习）2017 年第 5 期。

中国信息通信研究院：《中国数字经济发展与就业白皮书（2019 年）》，2019 年 4 月。

中国信息通信研究院：《全球数字经济新图景（2019）》，2019 年 10 月。

数字经济篇

Digital Economy Reports

B.2

广东数字经济高质量发展的对策研究

席凯伦 *

摘　要：　以数字化智能化为主要特征的新一轮科学技术变革和第四次
工业革命方兴未艾。广东正加紧培育壮大数字经济，先后出
台一系列重大规划和政策，着力推动数字产业发展壮大和产
业数字化转型，谋划推进政府数字化治理改革和新型基础设
施建设，加快建设数字经济强省。然而广东也存在着诸如数
字化自主可控技术缺乏、传统产业数字化水平偏低、企业数
字化进程缓慢、数字化人才供应不足、发展环境有待优化等
现实问题。为此，本文深入分析广东数字经济发展现状和问
题，提出突出抓好数字技术创新的短板突破、传统产业转型
和新兴产业培育、新型信息基础设施建设、数字化人才引进

* 席凯伦，工业和信息化部电子第五研究所中级工程师，研究方向为制造业规划和政策。

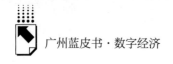

与培育、政府数字化治理能力提升等重点工作，着力推动广东数字经济高质量发展，加快建设数字经济强省。

关键词： 数字经济　高质量发展　广东

一　发展现状

数字经济作为经济社会发展的一种新形态，在实现规模经济和范围经济上具有独特优势。随着以数字化智能化为主要特征的新一轮科学技术变革和第四次工业革命的到来，美国、英国、法国、德国等发达国家纷纷提出将发展数字经济作为振兴实体经济、培育经济新动能的重要抓手。近年来我国高度重视数字经济发展。党的十九大报告提出要"推动互联网、大数据、人工智能和实体经济深度融合"。习近平总书记深刻指出，数字经济蓬勃发展，深刻改变着人类生产生活方式，对各国经济社会发展、全球治理体系、人类文明进程影响深远。2020年，我国数字经济在休闲娱乐、无接触服务、复工复产等方面均起到了积极的作用，网上医疗、云端办公、线上教育等数字经济创新应用已全面铺开推广，由此带来的新应用新消费不断发展壮大。2020年3月4日，中共中央政治局常务委员会召开会议，提出要大力发展数字经济，加快以5G网络、数据中心等为核心的新型基础设施建设进度。

广东认真贯彻落实国家关于发展数字经济的战略部署，通过培育壮大数字经济助推实体经济高质量发展，相继印发出台"互联网＋"行动计划、大数据发展行动计划、工业互联网实施方案、人工智能发展规划、数字经济发展规划、超高清视频产业发展行动计划、5G产业发展行动计划等一系列重大政策文件，大力推动企业数字化转型，积极拓展数字技术创新应用领域，不断提高数字经济规模与质量，加快建设数字经济强省，取得良好成效。一是数字经济规模不断壮大，根据中国信息通信研究院2019年发布的

《中国数字经济发展与就业白皮书（2019 年）》，2018 年，广东数字经济规模超过 4.3 万亿元，约占全国（31.3 万亿元）的 1/8，位居全国第一，占GDP 比重超过 40%，对 GDP 的贡献接近甚至超过了某些发达国家水平。二是数字产业基础雄厚，广东电子信息、软件服务业、通信业、互联网相关行业等规模长年保持全国排头兵地位。2019 年，广东数字经济规模、大数据发展指数、软件和信息技术服务业综合发展指数、5G 产业产值、基站数和专利数等位居全国第一，广东获批成为全国首批 6 个国家数字经济创新发展试验区之一。三是产业数字化深入推进，以工业互联网创新应用推动重点工业企业数字化转型，依托华为、树根互联、富士康等骨干企业建立工业互联网产业生态供给资源池，鼓励工业企业"上云上平台"，降低企业运营成本。四是数字技术持续创新，以人工智能、大数据、区块链、量子信息为代表的数字技术不断突破，数字经济发展领域持续拓展。电子商务、共享经济、人脸识别、智能语音、移动支付等三新经济规模日益发展壮大。五是政府数字化治理能力不断提升，依托数字政府建设大力推动政府政务与信息化深度融合，有效支撑政务服务数字化和平台化，持续推动"放管服"改革。

二　主要问题

（一）数字经济领域"缺芯少魂"等卡脖子技术难题亟待突破

在集成电路领域，广东是全国最大的芯片应用市场（特别是在智能手机领域，其产出量约占全球四成），虽然海思、中兴等本地企业在高端芯片领域中不断突破，但高端芯片自给率仍然不足 20%，高端芯片封装与制造更是严重依赖国外。在软件领域，操作系统、数据库、计算机语言等基础性软件和 EDA 等工业软件的供给依然不足。在人工智能领域，广东的基础性研发 2010 年以后才起步，与美国相差 10~15 年，也落后于北京、上海、杭州等地。

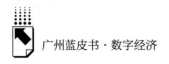

（二）传统产业数字化水平偏低

广东工业产业门类齐全，传统产业体量庞大且品类复杂，客观上加大了传统产业数字化转型的难度，针对企业的数字化转型专业服务供给严重不足。大部分企业数字化转型平台商、服务商仍处于起步阶段，对产业一线需求缺乏足够的了解和相关实践经验，提供的解决方案大多是面向特定行业的通用型解决方案，无法满足行业企业的个性化需求。比如广东纺织服装、陶瓷、家具、家电等传统优势产业近年来虽数字化转型升级较快，其下游产业如电子商务、智慧物流、个性化定制等产业规模日渐壮大，但其上游原材料、装备等产业与互联网、大数据等新一代数字技术融合发展水平依然普遍较低。由于缺乏成功案例参考和市场检验的驱动力，大多数工业企业往往不敢轻易投入大量资金进行数字化改造。多数中小微企业缺乏互联网思维、相关技术与人才储备，即使有转型升级的需求也无法实现。"数字化转型服务商热、工业企业冷"的现象普遍存在，部分企业长期依赖于原有发展路径，数字化转型的积极性并不高。

（三）数字化人才有效供给不足

虽然广东为我国数字经济大省，但尚未形成对全球数字化人才的磁吸效应，人才供需矛盾较突出。企业急需既懂工业领域制造流程，又掌握人工智能、云计算、大数据、物联网等技术的人才，但在市场上招聘类似复合型人才的困难较大。有关研究显示，仅北京、上海两地拥有的数字化人才占全国的比重就接近1/3，而广东广州、深圳、东莞等数字经济发展较好地市的数字经济从业人才占比却不足12%。

（四）数字经济发展环境有待完善

数据开放共享过程中存在数据标准不统一、权责关系不清晰、共享机制不明确以及法律保障不健全等问题，导致企业或政府等应用主体对数据的整合利用水平不高。例如，在工业互联网领域，由于网络技术标准、标识解析标准、工控安全技术标准、数据标准等仍未统一，工业数据无法有效流动，严重阻碍了工业企业网络化协同与数字化转型。信息基础设施也未能满足工业场景中数据传输的需求。目前工业领域传统的设备通讯方式是采用现场总线和工业以太网，存在通信能力差、距离短、传输延迟或者传输不稳定等问题。虽然5G网络具备高速率、低延时、高容量特性，可以较好实现高速稳定传输，但由于广东5G基站才开始布点建设，尚需一定时日才能实现覆盖。

三 推动广东数字经济高质量发展的对策建议

全面贯彻党中央、国务院关于发展数字经济和加快新型基础设施建设进程的决策部署，以数字技术创新与数据驱动为核心，以"数字产业化和产业数字化"为主线，深入推动新一代数字技术和实体经济融合发展，以建设粤港澳大湾区国际科技创新中心和数字政府改革为契机，建立完善数字经济创新要素高效配置机制，提升政府数字化治理能力，加大信息数字化的新型基础设施建设进程，优化数字经济发展环境，加快培育发展大数据、人工智能、区块链等数字经济细分领域的产业集群，打造国家数字经济发展先导区，推动广东数字经济高质量发展。

（一）抓好数字技术创新的短板突破，抢占数字经济制高点

充分利用和发挥双区驱动、双核联动的发展机遇与优势，加快汇集整合全球创新资源，积极引进一批创新能力强、成果易转化的新型研发机构，借助港澳优秀创新资源谋划建设一批数字经济重点领域的重点实验室，促进大湾区数字经济创新资源共享共用，打造全产业链条的协同创新体系。重点围绕集成电路、（工业）大数据、工业软件、操作系统、人工智能及机器人、物联网和智能网联汽车等领域，引导企业突破一批核心关键技术，打造一批能够占据未来产业制高点的高端数字产业，加速构建独立、完整、安全的本土化全产业链。重点支持企业开展操作系统、数据库等基础软件和EDA等

工业软件开发和产业化，加快构建自主软件产业生态。推动广州、深圳等优势地市积极举办一流的人工智能论坛和国际人工智能赛事，激发全产业链的创新活力。

（二）抓好传统产业转型和新兴产业培育，实现新旧动能自然衔接

一是推动传统产业向数字化网络化智能化转型升级。在全省特色优势产业领域内采用"政府政策＋龙头企业＋融资担保＋产业链中小企业"的模式，促进产业集群产业链协同创新。加快发展工业互联网，遴选汇聚优质的工业互联网技术服务商，加强政策宣传引导，支持工业企业"上云上平台"，实现数字化转型，促进降本增效提质。支持工业企业通过实施技术改造、加大设备更新、应用信息化办公系统和工业机器人等方式实现智能化升级。鼓励企业依托"互联网＋"、人工智能、大数据等技术大力发展个性化定制、服务型制造、工业设计和电子商务。

二是加快发展5G、集成电路、超高清视频、区块链等新一代数字技术产业，打造国家数字经济发展先导区。深入实施5G产业发展行动计划，加快推动5G产业重大项目建设，通过5G龙头企业带动引领，大力发展5G高端产品，不断完善5G产业生态，培育壮大5G产业集群。加快发展集成电路产业，围绕集成电路和电子元器件等薄弱环节，支持集成电路骨干企业加快在第三代化合物半导体、高端模拟芯片和关键电子元器件等重点领域工程研发及产业化。引进建设集成电路制造、设计、封测等重大项目，引导和鼓励产业基金与社会风投加大金融投入力度。借助举办世界超高清视频产业发展大会的契机，吸引全球超高清视频产业链龙头企业在广东投资落户，依托广州、深圳、惠州等具有产业优势的地市打造超高清视频全产业链，抢占超高清视频发展高地。推动企业数字货币研究和移动支付技术的创新应用，打造以广州、深圳为核心的区块链产业集聚区。

三是推动产业跨界融合发展，挖掘新经济形态增长点。深入推动农业智能化转型。加快推动农业生产方式智能化转型，普及农业网络化经营方式，健全农村电商服务体系，优化建设农业综合信息服务体系。持续推动服务业

数字化创新。推动大数据、物联网等技术在电商、物流、展览展会、科技服务、金融服务、工业设计等生产性服务业的创新应用，实现专业化、高端化。强化大数据、云计算等数字技术在生活性服务业的数字化创新，提高个性化、精细化水平。引导支持有条件的数字经济领域大型骨干企业向平台化转型，借助其数字服务和产业组织的功能作用，加大对产业链上下游环节、企业和创新资源的整合，增强上游技术研发、中游生产制造与下游推广应用的协同互动效应。

（三）抓好新型信息基础设施建设，强化互通互联和安全保障

一是加快"新基建"进展，全力支撑传统产业向网络化数字化智能化方向发展。布局推广基于互联网协议第六版的下一代互联网。支持华为、中兴通信、通信运营商等骨干企业开展 5G 标准研究、核心技术攻关和商用产品研发，加快推动广州、深圳等地市开展 5G 网络商用。高质量建设工业互联网标识解析顶级节点（广州），大力推动在重点行业领域应用推广标识解析二级节点。

二是推动大湾区基础设施互联互通。加强通信基站等信息基础设施共建共享共用，构建信息高效流通体系。弥补珠三角与粤东粤西粤北地区的数字基础设施差距，加大对农村地区的信息基础设施建设支持力度。

三是加强新型基础设施安全建设。持续提升个人信息、网络数据、关键信息基础设施等方面的安全保障能力，加快建立健全信息通报预警机制，推动个人隐私保护相关法律法规的优化完善。

（四）抓好数字化人才引进与培育，打造高层次的数字经济人才队伍

引导企业清晰认识数字经济概念，帮助企业引进和培养懂得数字化运营的高层次人才。一方面，积极引进全球数字化人才。发挥香港、澳门等国际化城市的综合优势，在全球范围内积极引入一批优秀的数字人才团队，打通粤港澳三地在人才流动与资源配置上的协作与流通渠道，满足国际人才在内

地工作、在香港澳门居住的需求，建设全球数字化人才集聚地。另一方面，强化本土数字化人才培育。鼓励企业与高等院校、科研院所等加强产学研合作，探索符合人工智能、云计算、大数据等产业未来发展需求的课程和职业资质评价体系，以及符合未来就业特点的新型工作岗位，推广数字化人才教育和技能培训。优化数字经济领域产学研的跨界合作，支持数字经济领域人才开展自主创业与技术创新，形成良好的创业创新氛围。

（五）提升政府数字化治理能力，切实加强数字经济发展保障

借力数字政府建设，推动政府数字化治理改革。以政府引导的方式，梳理若干公共行业的真实应用需求，发挥公共数据集中管理的优势，利用改革过程中所积累的软件、硬件成果，推进政府管理领域的人工智能应用。推进数字经济标准体系建设。开展数字经济重点领域的标准制修订工作，推动发布《大数据业务分类与代码》推荐性地方标准，支持企业积极承担国际、国家和行业标准的制修订工作。开展企业数字经济培训，提升企业管理者对数字经济产业发展、应用等方面的认知水平，以及技术骨干将人工智能、大数据等技术与自身业务深度融合的实操能力，解决企业数字化的后顾之忧。提升公共数据开放和数据整合利用能力，完善个人隐私数据的管理与应用，贯彻和应用国家数据管理能力成熟度评估标准。

参考文献

中国信息通信研究院：《中国数字经济发展与就业白皮书（2019年）》，2019。
刘慧琳：《广东人工智能发展面临的问题与建议》，《广东经济》2018年第6期。
杨海深、王茜：《全面构建粤港澳大湾区数字经济协同发展新路径》，《新经济》2019年第10期。
朱宏任：《以高质量咨询服务助推企业数字化发展》，《企业管理》2018年第11期。

B.3
广州数字经济发展的系统分析

王 毅*

摘 要： 当前，全球数字经济蓬勃发展。数字经济是广州国民经济发展的重要切入点，广州数字经济发展已经取得明显成效，既迎来诸多机遇，也面临不少挑战。本文回顾总结了美国、欧盟、日本等发达国家和地区的先进经验，分析了我国数字经济发展国家战略导向，并结合国内数字经济先进城市的发展情况，指出数字经济发展系统由政策、市场、产业、技术、产品与服务五个关键要素构成，这五个要素之间相互促进、相互影响。在此基础上，本文还从上述五个方面梳理分析了广州数字经济发展的现状特征，发现广州数字经济发展有一定优势，但与国内一些先进城市相比还有一定差距。最后，笔者希望本文能为广州未来发展数字经济提供参考。

关键词： 数字经济 系统分析 城市经济 产业经济

一 引言

"数字经济"一词对于人们来说并不陌生，在20世纪90年代学术界已经有人开始对数字经济进行研究。美国的经济学家唐·塔普斯科特在他的著作《数字经济》中，第一次提出了"数字经济"的概念，数字经济进入理

---

* 王毅，工业和信息化部电子第五研究所工程师，研究方向为区域政策与经济。

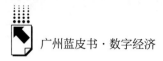

论研究阶段。全球发达国家和地区均积极开展数字经济研究，着力推动数字经济发展。

美国是全世界第一个提出和发展数字经济的国家，其数字经济发展水平全球领先。近年来，以特朗普为首的美国政府加大力度构建数据驱动国家，在国家层面成立了专业机构，加强国家顶层规划，颁布《联邦大数据研发战略计划》《国家人工智能研究和发展战略计划》等数份国家战略与规划，以巩固其获得的领先地位。在其为敦促美国制造业企业回归而出台的《先进制造业国家战略计划》《先进制造业美国领导力战略》《国家制造创新网络战略计划》《智能制造振兴计划》等一系列制造业战略规划中亦均指出要利用数字技术助推制造业革命，继续占领制造业产业链高附加值环节。作为全球数字经济集聚的主要区域之一，欧洲在欧盟框架内达成了《数字化单一市场》的战略文件，旨在打破成员国间的数字市场壁垒，增加成员国间的互信，以期统一数字市场；尤其是欧盟在 2016 年公布的"欧洲工业数字化战略"中计划投入 500 亿欧元以支持产业数字化；2018 年《通用数据保护条例》正式发布实施，以保障个人数据安全，规范数字经济发展。日本通过升级创新政策优化技术创新，出台"e-Japan""u-Japan""i-Japan"《智能日本 ICT 战略》等战略，明确政府要加强对制造业信息化、大数据等领域的研究和资助，大力推动信息通信发展以加快高端制造业发展和数字化人才的培养。

党的十九大以来，我国数字经济快速发展，习近平总书记对数字经济发展多次做出重要指示，强调通过推动互联网、大数据、人工智能等新一代信息技术和实体经济的深度融合，构建现代化经济体系，促进国民经济增长。在国家层面，陆续出台了《国家信息化发展战略纲要》《关于深化"互联网＋先进制造业"发展工业互联网的指导意见》《促进大数据发展行动纲要》《人工智能产业三年行动计划》《推进互联网协议第六版规模部署行动计划》等一系列重大战略和政策措施。我国的数字经济必将借助经济结构转型升级与新一轮科技革命、产业变革突破爆发的历史机遇蓬勃发展。

广州作为国家中心城市和综合性门户城市，需要继续加速发展数字经济，持续扩大数字产业规模，加快产业数字化转型步伐，深化数字产业化，日益完善信息基础设施。数字经济的发展，对推动广州经济高质量发展，建设现代化经济体系具有重要作用。但与北京、上海、深圳、杭州等国内数字经济发达城市相比，广州数字经济规模偏小、龙头企业较少，缺乏"高精尖"人才，数字经济的战略谋划和统筹推进仍需提升。广州在 2019 年新华三公布的城市数字经济指数排名中下滑 2 个位次，排名全国第六，与本城市 GDP 发展地位和增量存在差距。目前已发表的文章中，比较多地讨论了数字经济的概念、内涵、技术等方向，较少系统性地讨论数字技术如何更好地为社会经济、生产经营服务，本文将分析数字经济的政策、市场、产业、技术、产品与服务五个要素，梳理数字经济时代赋予这五个要素的特点，剖析新时代的发展逻辑，研究要素之间的互动关系，为广州数字经济发展提供方向导引，助力广州数字经济发展。

二　数字经济发展系统分析的构成要素

在数字经济时代，社会生产的分工与合作产生了重大变革，新一代信息技术极大地提升了经济效率。从"数字经济"中的经济角度出发，大数据、人工智能、新一代信息技术等是数字经济的主要驱动力，政策制定、市场开发、产业培育、技术开发和产品与服务是数字经济发展的重点要素，这五个要素之间并不相互独立，而是系统性的互动关系。第一，政策制定和体系建设是在新形势下数字经济发展的强大支撑。在数字经济时代，同样存在着"有形的手"和"无形的手"，保障数字经济发展，政府制定的政策必须紧跟科学技术的发展，尤其是大数据、人工智能方面的技术，减少对技术应用方面可能产生的负面作用。另外，良好的政策可以对产业发展、市场规范、技术进步、产品和服务开放等方面起到促进作用。第二，数字市场主体的营收是数字经济发展的来源。数字市场的有序发展离不开政策、技术、产品和产业等方面的支持，信息安全、金融和物流等方面的因素起到关键性的作用。第三，数字企业是数字市场的主力军，数字产业的发展依靠数字企业的发展。产业聚集有助于集中优势力量，聚集区内企业形成良性互动。产业聚集需要政策的引导，促进技术进步，产品创新。政府营造出公平竞争的营商环境，保护研发人员、投资方和企业三方的利益。第四，当前数字技术以大数据和人工智能为前沿发展方向。技术快速发展促使新政策加快制定，进一步激发市场活力，产出先进的产品和服务换取资金。同时，技术的发展要受到法律、政策、市场的制约，新技术的发展不能影响社会稳定，破坏现有的经济发展秩序。第五，数字产品和服务是整个链条的落脚点，能不能经受市场的考验、是否符合现行政策法规、能否代表最先进的技术方向，都是通过产品和服务集中体现的。数字经济时代，数字产品和服务的成功开发，需要政策、市场、产业、技术全方位的保障。

三 广州数字经济发展的分项解析

（一）广州数字经济政策

近年来，广州牢牢抓住粤港澳大湾区开发建设的历史机遇，结合创建珠江三角洲产业集群等重点工作，制定出台了一系列政策文件，旨在通过优化营商环境，建设价值创新园区，布局 IAB、NEM 等重点产业，促进集成电路、超高清视频、工业互联网、健康医疗大数据等领域发展。全市各区精准发力，黄埔区制定的 IAB 产业实施意见及相关细则，其"金镶玉"系列政策受到全国广泛关注；南沙、增城、越秀、荔湾等区分别根据本区域的特色和实际情况，出台了人工智能、大数据、智能网联汽车、工业互联网等专项政策，继续培育特色产业。目前，广州已基本建成涵盖信息技术基础设施、数字产业化、产业数字化和政府数字治理等领域的产业链、创新链、人才链、资金链，制定了推动数字经济载体建设、深化融合发展等较为完善的政策体系，对推动数字经济发展、推动构建现代化产业体系起到了重要作用。广州近五年发布的有关数字经济政策文件如表1所示。

表1 广州推动数字经济发展政策梳理

序号	所属类别	文件名	发布时间
1	信息基础设施	《广州市信息基础设施建设三年行动方案(2018~2020年)》	2018年8月
2		《广州市公用移动通信基站规划建设指导意见》	2019年4月
3		《广州市加快5G发展三年行动计划(2019~2021年)》	2019年6月
4		《2019年广州市5G网络建设工作方案》	2019年6月
5		《广州市关于加快超高清视频产业发展的行动计划(2018~2020年)》	2018年12月
6		《广州市加快发展集成电路产业的若干措施》	2018年12月
7		《广州市关于开展新数字家庭行动推动4K电视网络应用与产业发展工作方案》	2017年12月
8		《广州市促进大数据发展实施意见》	2017年1月
9		《广州市深化"互联网+先进制造业"发展工业互联网行动计划》	2019年1月
10			
11		《广州市先进制造业发展及布局第十三个五年规划》	2017年3月
12	政府数字化治理	《广州市政府信息共享管理规定实施细则》	2016年6月
13		《广州市电子政务信息安全管理办法》	2013年1月

资料来源:作者自编。

(二)广州数字经济市场情况

数字经济时代数字经济市场规模巨大。数字经济时代的消费特点是,比传统经济时代更加多元化且变化速度更快。数字经济时代,市场主体面对的消费者由虚拟和现实两部分构成,其消费者群体是二维的市场结构,数字经济时代的市场主体需要同时兼顾两个市场,实体市场继续承担实体消费,虚拟市场将释放出大量的数字消费能力,数字经济的市场活力得以激发。在这样的背景下,数字市场的规模将持续扩大,市场主体将不断提升竞争力,标杆企业不断涌现。我国数字经济规模在2018年达到了31.3万亿元,占国内生产总值的比重上升到了34.8%,统计数据表明数字经济已经成为我国经济的重要组成部分。广州作为国内数字经济发展先进城市之一,2018年广州软件和信息服务业营收达3500亿元,智能装备和机器人产值约为567亿元,2019年广州新型显示相关制造业产值将突破2500亿元;2018年广州网络零售额7852亿元,位居全国榜首。

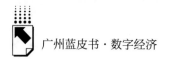

（三）广州数字经济产业概况

广州抢抓数字经济发展的机遇，引进龙头企业推动重大项目落地，形成产业集聚效应，数字经济新的增长点和综合竞争优势正在形成。打造了一批产业示范集聚区，先后建立了广汽智能网联产业园、中电科华南电子信息产业园。黄埔区（广州开发区）获批创建以区块链为特色的示范区，初步形成从设计开发、生产制造、检验检测到系统集成的全产业链布局，示范区具有区内数字经济产业链上下游交流互动的竞争优势。"6＋2"基于宽带移动互联网智能汽车与智慧交通应用示范区落户广州，促进广州智能网联汽车与智慧交通应用方面的数字经济产业集聚。南沙区打造数字经济产业高地，汇聚了国内40多家掌握自主核心技术的人工智能企业。随着产业集聚效应的不断显现，中小企业加速集聚，产业链条不断完善，产业结构持续优化和升级。

在产业龙头方面，广州成功引进了西门子集团全球首家变压器数字工厂、海康威视华南研发总部、昂宝微电子等高端项目；超视堺、乐金显示、粤芯等一批重大产业项目加快推进；落成了小米华南总部、TCL华南总部、三一集团广州基地、科大讯飞华南总部、美国冷泉港实验室等一批重点项目。思科（广州）智慧城落户广州，智慧城以智能制造、云计算、大数据产业为核心。智慧城落户产生了带动效应，随后新华三国际总部、浪潮华南总部、上海汉得、盈世科技等思科全球合作伙伴相继组团落户，有力推动数字经济产业上下游产业集聚发展。

表2　近年来广州数字经济重大产业项目情况

序号	项目名称
1	广州超视堺第10.5代全生态产业园项目
2	LG 8.5代OLED项目
3	粤芯半导体项目
4	思科(广州)智慧城项目
5	科大讯飞人工智能A.I.产业园项目
6	创维智能产业创新基地项目

资料来源：作者自编。

（四）广州数字经济技术发展

数字经济以新一代信息技术、协同创新和平台建设为基础，是虚拟经济和实体经济的有机结合，数字经济不是"虚拟"经济，而是数字化的"实体"经济。融合商业模式创新的今天，以移动互联网、人工智能、大数据、云计算、物联网、虚拟现实、区块链等一系列数字技术为代表的新发展方向，催生出了形式多样的新模式、新业态。广州数字经济发展成绩斐然。一是在数字经济创新平台方面，打造了以企业为主体的数字经济创新平台，其中国家印刷及柔性显示创新中心是国家首批制造业创新中心之一，目前已完成 4.8 英寸印刷 AM-OLED 器件结构核心技术开发；广东省轻量化高分子材料创新中心、广东省机器人创新中心和广东省智能网联汽车创新中心 3 个省级技术创新中心挂牌成立并投入建设，广东高档数控机床及关键功能部件创新中心等一批技术创新中心正在积极筹备建设。二是在技术应用领域，传统制造业企业运用工业互联网、系统集成、智能装备等数字技术手段，实现了从生产型制造向服务型制造的转变，在家居、日化、皮具、服装服饰等传统消费品工业领域培育出一批向智能化、个性化、定制化方向发展的典型企业。三是在国家级科研机构方面，加紧布局前沿数字技术，其中中科院空天信息研究院粤港澳大湾区研究院暨太赫兹国家科学中心和中科院自动化研究所广州人工智能与先进计算研究院的建设，对广州抢占数字经济前沿技术发展制高点具有重要意义。同时，国家超级计算广州中心的"天河二号"超级计算机为推动广州数字技术创新发展提供了强大的计算服务平台。

表3　广州建成和在建的制造创新中心

序号	创新中心名称	级别
1	国家印刷及柔性显示创新中心	国家级
2	广东省轻量化高分子材料创新中心	省级
3	广东省机器人创新中心	省级
4	广东省智能网联汽车创新中心	省级

资料来源：作者自编。

（五）广州数字经济产品与服务

在数字经济产品与服务领域，广州特色鲜明，亮点频出。"面向 AI + 政务的知识大数据服务""视频云 + 大数据平台项目""天眼 - 内容安全 AI 云"等 21 个广州企业的项目入选"2019 年广东省优秀大数据案例 TOP30"。有米移动大数据精准营销一站式服务云平台、基于大数据分析的数字音乐个性化精准推荐平台、面向工业生产管控及产品质量优化的大数据应用解决方案等 6 家在穗单位的案例成功入选 2019 中国国际大数据产业博览会"百家大数据优秀案例"。基于可信教育数字身份的教育卡应用大数据云服务平台入选 2019 年数博会"十佳大数据案例"。同时，广州还拥有国内领先的互联网语音和视频直播平台提供商、人脸识别大规模人像库（亿级别图片库）应用、国内排名前三的新经济行业数据挖掘和数据分析品牌。此外，华南地区最大的系统集成综合服务商、国家机器人检测与评定中心也位于广州，该中心以中国（广州）智能装备研究院、黄埔机械谷智能产业园等园区为载体，在汽车、机械制造与加工、家电家具、电子信息等行业领域大力推进工业机器人及智能装备的示范推广应用。

（六）广州数字经济发展的主要差距

在政策方面，目前广州已从优化营商环境、完善基础设施、促进数字产业化、推动产业数字化、加强产业载体建设和引进培育市场主体等多个方面出台了一系列政策，取得了良好的成效。但杭州、成都、福州等多地均出台了专门的数字经济发展政策（见表4），从顶层系统性推动全市数字经济发展。在数字市场方面，广州数字经济规模稳步向上，但增速放缓，据新华三发布的《中国城市数字经济指数白皮书（2019）》，广州在数字经济城市排名中，从 2018 年的第 4 位跌至 2019 年的第 6 位，而杭州 2014 ~ 2018 年数字经济核心产业增加值年均增长 22%，对全市经济增长贡献率保持在 50% 左右，2019 年数字经济指数上升至第 4 名。在产业、技术以及产品和服务方面，广州数字经济也有一定上升空间，以保持发展活力。

表4　国内主要城市发布数字经济发展专项政策的情况

城市	政策名	发布时间
成都	成都市推进数字经济发展实施方案	2018 年 3 月
福州	关于加快数字经济发展的七条措施	2018 年 7 月
长春	关于加快数字长春建设推动老工业基地全面振兴发展的意见	2018 年 7 月
杭州	杭州市全面推进"三化融合"打造全国数字经济第一城行动计划(2018～2022 年)	2018 年 10 月
南宁	南宁市数字经济发展三年行动计划(2018～2020 年)	2018 年 11 月
济南	济南市促进先进制造业和数字经济发展的若干政策措施	2019 年 1 月

四　结束语

数字经济发展的五个要素之间相互促进、相互影响，科学研判在各个经济环节中不同要素起到不同的作用，有助于数字经济的良好发展。为此，广州促进数字经济发展，应从政策、市场、产业、技术、产品和服务五个要素共同发力，加强顶层设计，促进市场需求，扩大产业规模，提高技术水平，提升产品和服务水平，巩固发展成果，突破发展瓶颈，扩大数字经济规模，促进国民经济发展，提高人民生活水平。

参考文献

张晓：《数字经济发展的逻辑：一个系统性分析框架》，《电子政务》2018 年第 6 期。
朱岩、石言：《数字经济要素分析》，《清华管理评论》2019 年第 7 期、第 8 期。
《广州市数字经济发展情况》，网易广东，2019 年 11 月 26 日。

B.4
数字经济的市场监督管理研究

刘志永*

摘　要：　在"互联网＋经济"兴盛的今天，数字经济快速发展。进入21世纪，数字产品受到消费者的关注与青睐，数字产品诱发的数字经济带动了上游和下游产业发展，由此而形成新兴消费模式，其市场占有份额逐渐提高，凸显了我国经济繁荣、深化改革和扩大开放新的发力点和增长点。但是，数字产品和数字经济交易过程具有无纸化的隐秘特征，传统的市场监管模式和监管手段显然不合时宜，给现代市场监督管理带来一定的困难和挑战。本文在探析数字产品和数字经济的分类及发展现状的基础上，着眼于广州作为数字经济发展的主力城市，对数字经济给市场监管部门的监管职能带来的冲击和挑战进行理论梳理，研究市场监管制度改革过程中存在的主要问题并提出解决办法。另外，本文对进一步明确数字经济的市场监管职能并认真履行好这一职能，将数字经济完全纳入市场监督管理以及怎样管理，或将出现监管的空白和盲点等进行探讨，并提出相应的对策和建议。

关键词：　数字经济　市场监督管理　数字化产品

* 刘志永，广东工程职业技术学院讲师，研究方向为市场经济与法治社会。

一 前言

当前，伴随数字产品和数字经济的载体（互联网、区块链、电子信息技术、数据交换、人工智能等）的发明、创建、升级、改造，一种新的经济增长点、市场占有方式悄然兴起，并成为结构调整、深化改革、扩大开放新的发力点。"人类社会每次发生重大变革，都是某种通用技术'创造性破坏'的结果。"[①] 数字经济犹如一柄"双刃剑"，市场监督管理不能留下空白和死角，因此完善数字经济的市场监督管理迫在眉睫、势在必行。这是因为一方面数字经济活动以其便利的交易模式提供了新的就业岗位，方便了"新新人类"的社会生活，促进了社会的进步发展；另一方面利用数字经济存在的漏洞进行违法犯罪的现象时有发生。当前防控数字经济的风险、打击涉及数字经济的违法犯罪，政府的职能要转变，即从工商行政管理向市场监督管理转变，市场监督管理的功能与效用显得尤为重要。

当前，包括我国在内的世界传统经济普遍呈现出增长乏力的景象，广州作为粤港澳大湾区的中心城市，执数字经济之牛耳，占据数字经济发展的先机和无限的商机。与此同时，广州也受到数字经济浪潮的冲击与挑战。数字经济相对于传统经济是全新的、立体的交互模式，采取虚拟交易，数字经济或将存在新的、更大的发展空间，也可能产生一些新的不确定性。比如"数字经济背景下，企业经营环境不确定性加剧"，对数字经济市场监督管理所暴露出来的问题也要研究分析，完善市场监督经济职能，使数字经济带动经济增长、促进民生、提升就业、繁荣社会。这就需要深入研究数字经济的发展趋势，以促进数字经济的健康发展为重要目标，创新市场监督管理的模式，为数字经济的长足发展保驾护航。

---

① 寇宗来、刘雅婧：《数字经济下的监管挑战》，《财经问题研究》2019 年第 3 期，第 10 ~ 13 页。

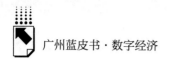

二 数字经济市场监督管理的理论探源

（一）数字经济概念界定

历史的车轮驶进21世纪的第二个十年，数字经济已经深入社会经济生活，创造了"新新人类"社会经济交往的新模式。与此同时，数字经济还以迅猛的势头对传统的交易方式产生巨大冲击，由此衍生出了一种新型的交易方式——数字经济交易。

2020年上半年，大多数市民通过网络居家办公、居家消费、居家购物等，这在客观上也促进网络交易、数字经济的发展。数字交易颠覆了传统的交易格局、传统的贸易形态，同时也大大加剧了交易双方信息无法对称带来的交易不公平的风险，以及可能存在的交易霸凌。

数字经济是将网络传输与传统交易模式连接起来的纽带，它与传统经济交往模式相结合，极大地加快了商品的流通速度，提高了数字企业的管理水平，开拓了更加广阔的市场空间。同时，伴随"供给侧改革"优化传统经济模式的功能、效能，资源得到优化配置，从而加快经济结构转型升级的进程。当前数字经济业已成为新兴经济的主导力量，不但能为消费者提供方便的消费方式，同时也大大降低了生产经营企业的管理成本，开辟了市场营销的新渠道，也是国家优化产业布局、转换经济发展模式的新着力点。"数字经济条件下，技术范式的变革一方面推动了产业组织方式的变革，另一方面拓展了网络空间功能和创新资源配置的空间范围。"

（二）数字经济的分类

第一种，有形的实物产品。由个人或由交易商帮消费者买到的有形的、实实在在的商品。

消费者按照网络交易流程，借助数字经济交易平台，在网络上选中自己意欲购买的实物商品，依约支付价款，或者依货到付款的约定收到货物满意后签收付款。其间由物流企业及快递小哥，将实物产品送达消费者指定的场所，消费者签收后，满意即完成交易；不满意可依法行使"七天无理由退货"的权利。

第二种，虚拟的产品及服务。主要是文化类的产品或课程，卖家将非物质性、无形的商品或服务产品内容数字化，在消费者支付对价后以数据形式（音像制品、杀毒软件、App 使用权限等）发送给买家。所有的交易在网络上完成，在交易上具有不易被人察觉的特点，电子传输的数字化信息产品给市场监管带来新的难题：整顿和规范市场秩序，促进数字企业准入标准的科学化。

对于数字产品和数字经济这一新鲜事物，国家及各级地方政府采取审慎的欢迎态度。一方面限制传统的非法产品改头换面，以所谓的创新成果进入数字市场，通过数字的形式在网络上大行其道；另一方面明确禁止进入市场的产品和服务，有不法之徒将违禁品重新包装，利用数字经济监管漏洞，以所谓的数字产品鱼目混珠搅乱市场秩序，侵害消费者合法权益。要想改变这种局面，就需要国家公权力借助市场监督管理介入规范。

（三）数字经济的市场监督管理

"根据中央机构改革的总体部署，实行工商行政管理局、食品药品监督管理局、质量技术监督局'三合一'，整合设立'市场监督管理局'"，合并统一行使为规范和管理市场上的各种交易行为而依法设定的查验、收费、服务等具体行政行为，数字经济的市场监督管理是现代国家治理体系的有机组成部分。当前，数字经济迅猛发展，对传统监管方式带来了严峻的挑战。数字经济离不开监督管理，否则更容易导致假货泛滥、欺诈横行；缺乏法律保障和执法部门保护的消费者更易受到侵害。

按照监管模式的分类，市场监管可以区分为一般的传统监管模式、特殊的适应数字经济的市场监管模式。数字经济监管内容包括重点监管订单、运单、支付单（以下简称"三单"），以实现更加便捷和有效的监管。数字经济相对于传统的经济模式，是一个新鲜事物，市场监督管理应适应这种全新业态的发展，需要探索适合社情民意和经济发展规律的数字经济监管模式。各地在探索监管模式的过程中，逐步形成了分散监管和集中监管相结合、实物监管与单证监管相结合的综合监管新模式。数字化的货物、商品进入数字经济监管中心，由中心运用市场监管的新技术实施监督。数字经济企业或者个人通过网络向市场监管机关提交电子清单办理相关的手续。审核通过后商品将以运单状态运出监管区域，再进入物流程序最终实物通过快递小哥交到买家手上，数字产品则通过网络传输直接传送给消费者。为解决中、小、微型数字企业存在的问题，市场监管中心将货物、物品集中到监管的集中园区，统一办理相关的业务。

三　数字经济市场监督管理存在的问题

（一）传统的市场监管体系与数字经济不匹配

传统的市场监督管理、工商行政管理的执法标准、执法依据、执法流程等与当前日新月异的数字经济不匹配，我国的市场监管和工商行政管理制度、法规是建立在传统交易基础上的，由于其历史局限性，对于数字经济这一新兴业态不能发挥作用。然而数字经济中的网购、快递行业、电子商务、数据交换等确实加大了市场监管的难度。对一些新出现的违规行为监管执法部门无法认定和查处。现行市场监管法律、法规滞后，经营者违法、违规的成本偏低，无法形成法律的威慑力，导致游走在数字经济法律边缘的从业者有恃无恐。

价格监管，是市场监管的重要组成部分之一，然而在数字经济时代商品价格往往难以准确认定，商家接二连三推出打折、促销、包邮、退货、返现、返券、免税、赠品等五花八门的促销形式，价格难以确定。市场价格监管，是指国家和社会对在市场中形成和运行的市场调节价格，施行一定的监督、管理和调控的活动。对于一般意义的传统普通商品来说，价格监管就简单多了，只看账簿、合同、发票就可以了，数字经济商业活动具有无纸化的典型特征，网上的电子交易记录具有较强的时效性，可以人为篡改且不留痕迹，这给价格监管增加了难度。因此要完善多元化的价格监管体系，可通过进一步完善目前的群众申报投诉通道等方式解决。

（二）现行市场监管方式不适应数字经济

当前数字经济行业的市场秩序表现为一定程度的混乱与无序，市场监管对象涉及货物和物品，而数字经济的货物、物品大多具有虚拟性的特点，有时对于商品属性的判定，不同的人持有不同的意见。现行的有关数字经济的法律、法规还不完善，执法过程中表现为执法的法律依据不足。一些基层的执法机关无法严格执行法律、法规的规定，甚至向地方利益妥协，对违法的数字经济行为睁一只眼闭一只眼。

与此同时，由于我国南、北方，东、中、西部的数字经济发展水平存在较大的差异，地方性法规、地方政府规章以及各地关于数字经济的政策、技术、语言等存在不同程度的差异，执法的弹性大也就不足为奇了。数字经济的市场监管机关内部机构设置不尽合理，需要进一步破除制度、体制的障碍，规范市场准入体制和市场管理范式。

（三）市场监管风险防控体系不适应数字经济

数字经济采用网络进行交易、由于缺乏有效的市场监督管理，近年来从泛亚、E租宝、P2P、原油宝等爆雷，到数据项不全、侵犯知识产权、数据统计功能不完备，交易网站被曝出的信用欺诈等，数字经济的风险越来越凸显，加大了市场监督管理的难度。跨地区的信用监管需要更为复杂的技术手段，亟须建立信用风险防控体系。根据以往查处的案例，有些传销违法行为改头换面在网上大行其道，甚至在网上公开售卖违禁药品或物品，这种行为必须严加管理、严厉打击，否则轻则侵害消费者的合法权益，重则破坏我国社会主义市场经济秩序，更为甚者将破坏我国在国际上的经济形象。

因为数字经济基于网络虚拟及开放性的交互、交易，交易双方的信用不能事先知晓，这已经成为数字经济发展中最大的制约力量，假冒伪劣这个顽疾影响着数字经济良性发展，更使得数字经济信用问题凸显。在促进数字经济发展的方面，我们的市场监督对接指导还不够及时、不能到位。与数字经济相配套的信用制度建设是一项极其复杂的系统工程，需要各地市场监督管理机构协调配合，制定不同行业的管理规范、完善各种商品的监督检查体系，完善法律体系下的信用监督，这将是数字经济市场监督检查亟待解决的现实问题。

四 广州数字经济市场监管试点经验与启示

（一）广州推进数字经济市场监管的主要优势

当前，广州的数字经济发展迅猛，已初具规模，广州是中国数字经济发展的主力城市，同时作为数字经济示范城市之一，广州发展数字经济的基础优势非常明显。广州依托其两千多年的城市经济文化底蕴、星罗棋布的千年优良海港，以及粤港澳大湾区企业集群效应形成的物流布局优势，尤其是粤港澳大湾区的国家战略政策和区位优势，进一步推动数字经济的贸易便利化和监管严密化，有效地优化了管理效能和节省了物流成本，实现政商合作、政企合作、企企合作多方共赢。广州对数字经济监督管理体制的特点之一，是对现实具有极强的回应性，企业将在运行过程中遇到的问题，反映给政府及相关职能部门，政府积极行政，不越位、不缺位、不懒政，积极回应企业的合理诉求，为数字企业的发展保驾护航。

（二）制约广州数字经济市场监管的问题

广州按照现行的数字经济政策与状况，试点的中小规模数字经济从业者在数字经济公共服务平台上进行操作，从试点的数字企业运行情况来看，市场监管采用的流程以及管理平台信息系统不一致，由于目前国家尚未出台符合数字经济特点的操作办法，对试点企业的生产、经营积极性产生了一定的影响。"局部资源配置低效与潜在整体资源配置高效之间的矛盾，贯穿于经济发展过程的始终，成为信息技术和市场结构一同变革演化的主要推动力。"从广州数字经济市场监督管理实践情况来看，数字经济相关的不同行业，监管标准不统一，从而影响市场监管执法统一性。个别监管模式甚至存在一定的争议，给数字经济的发展带来了障碍和影响，在一定程度上影响了非数字经济企业向数字经济转型的积极性。

（三）广州创新数字经济市场监督管理的经验

对于存在的上述问题，广州市市场监督管理局与数字经济从业企业不断地磨合，双向沟通。广州将数字经济纳入市场监督管理的范畴，根据流程监管需要，简化企业在市场监督局的备案流程，"三单"信息可由数字经济企业向市场监督管理服务平台提交。推动数字经济发展离不开产业配套、政策支持和人才培养，"培育一批人工智能新兴产业，支撑全省数字经济持续健康发展。"切实转变政府市场监管职能，新时期对市场监督管理机关提出了新要求。大力发展数字经济，需要进一步改革和完善监管体系和监管方式等，及时而准确地把握中央产业调整的方针，要控制部分行业过度地投资，控制个别企业盲目地投资，支持民间资本合理而有序地流动。由市场监管部门制定适用于数字经济的规则，加强与数字经济企业的沟通合作，实现信息资源的互联互通、共享共用，对通过资质认证的数字经济企业提供快速无障碍的监管便利，吸引更多的企业开展数字经济的相关业务，打造数字经济的繁荣盛世。

五　完善广州数字经济市场监督管理的对策

（一）创新适应数字经济的市场监管体系

广州作为改革开放的前沿城市，在数字经济方面亦应走在时代的前列，改革数字经济市场监管方式，完善数字经济监管法治体系，理顺涉及数字经济的部门关系，严格依法行政，顺应新的形势要求，发展新的管理服务。建议市场监管总局出台文件，明确对数字产品市场监督管理的指导意见，广州根据市场监管总局的指导意见，在转型时期实行适度市场监管，既不得过度和越位，也不能软弱与缺位。数字经济的从业企业既要遵守国家的法律、法规和大政方针，又要遵守具体监管部门的监管条例。地方政府和市场监督管理机关在坚持法治的框架约束下填补监管空白，打造信息化的监管系统，在强大信息流的保障下，实现数字经济平台的互联互通，保证数字经济市场监管与现行监管体系的平衡统一。

（二）完善适应数字经济的综合监管工作机制

数字经济的监督管理涉及多个监管部门，建议广州在条件成熟时，整合所有的监管机构组建一个具体的部门，比如叫"广州市市场监督管理局数字经济管理科"，调整与数字经济发展不相适宜的监管政策，规范数字经济的操作规程，取缔监管的灰色地带，创新数字经济监管模式，实现对数字经济时空维度的全方位监管。建立数字经济的监管中心，为数字经济提供低成本、快速、便利的服务。建规立制，加快管理机构和数字经济企业的信息化建设步伐，探索高效的监管方式；建立科学的网络监管工作机制，促进准入标准的科学化。市场监管体制改革作为政府机构改革的一部分，在信息化和数字经济迅猛发展的背景下，维护数字经济时代下的市场秩序，需要在制度、技术、结构以及人员素质等方面不断完善提高，以与时俱进地适应瞬息万变的数字经济社会的变革与发展。

（三）构建适应数字经济的风险防控体系

数字经济的风险防控体系，是指为了防范和化解数字经济本身缺陷带来的不确定的风险，而事先加以防范、控制的法规、制度、措施以及行政机关实施的具体行政行为等一系列措施的总和。市场风险是无处不在的，尤其对于数字经济这一新兴事物，作为理性的"经济人"，我们不能仅仅陶醉于其给现代人们带来的便利，更应该事先预估其可能存在的各种风险，并制定各种预案，以防范化解风险，将损失降到最低。对于市场监督管理体制而言，风险防控应该实行行政指导、网络监管和全民监督相结合，形成密不透风、全方位的立体监管结构。

为了规范管理，便于一线的执法人员依法操作有据，我们应该建立数字经济市场监管的统计目录，建设完善适应数字市场的监管体系。建立起数字产品用户、市场监管、银行以及微信、支付宝等金融机构之间的链接，促进数字企业、数字用户公平、诚信地进行交易，促进监管职能的全面实现。市场监督管理机关要积极提高企业日常监管的质量，全面落实各项法律法规，维护并创建良好的社会主义市场经济秩序，分阶段、分步骤实现由传统监管向数字监管的转变，在鼓励数字行业发展的前提下，遵循合理、合法、公平、公正的原则，营造公平的交易环境。

六 结束语

"数字经济正在成为我国经济社会发展的重要引擎"。广州得天独厚的地理位置，为今天数字经济的繁荣发展奠定了坚实的地缘优势。当前，需要积极探索并建立适合广州市数字经济发展的政策和地方性法规、管理模式和支撑体系。在规范监管的基础上，充分发挥广州的政策优势、先发优势和区位优势，依托已有的"泛珠三角"地区大规模的企业集群效应，利用基本成熟的市场监管多方联网的信息化监管与服务平台，建立全新的数字经济业务监督管理模式，进一步促进广州地区数字经济的健康、快速发展。通过政策突围、模式创新、建规立制，切实解决在穗数字经济企业面临的诸多问题，逐步形成国内领先并具有国际竞争力的数字经济营商环境和宜商氛围，为广州地区数字经济可持续的飞速发展开疆拓土、开辟新的征程。"数字经济、绿色经济、健康经济将凸显增长潜力"，因此要规范市场监督管理方式，形成全社会关注、集体参与和促进数字经济发展的浓厚氛围。

参考文献

李岱素、刘启强：《人工智能与数字经济广东省实验室（广州）》，《广东科技》2019 年第 10 期。

罗培和：《"三合一"市场监督管理体制下监管重点和风险点的思考》，《中国食品药品监管》2019 年第 7 期。

寇宗来、刘雅婧：《数字经济下的监管挑战》，《财经问题研究》2019 年第 3 期。

王磊：《数字经济背景下企业人力资源外包服务应用创新》，《科技经济导刊》2018 年第 9 期。

佟宇竞：《我国未来经济发展的主要趋势研判与分析》，《未来与发展》2018 年第 6 期。

数字产业篇

Digital Industry Reports

B.5
广州互联网产业的发展态势与对策研究

陈 峰[*]

摘　要：　互联网产业作为当前发展速度最快、对传统行业颠覆最大的
　　　　　新兴产业，已成为拉动消费、推动产业转型升级的关键力量。
　　　　　广州互联网产业持续高速增长、企业实力稳步增强、多个细
　　　　　分领域全国领先、重点赋能领域成效显著、载体建设加快推
　　　　　进、政策体系不断完善。主要问题与挑战表现在：缺乏市级
　　　　　层面的战略统筹和支撑产业政策的长期研究；缺乏互联网头
　　　　　部企业，独角兽企业较少；互联网产业领域风投、创投资本
　　　　　体量依然较小；互联网人才净流出加大，"高精尖"跨界复
　　　　　合型人才缺乏。广州应成立高规格的统筹管理机构，加强统
　　　　　筹协调；建立互联网产业跟踪研究机制，全面掌握行业发展

＊　陈峰，广州市社会科学院产业经济管理研究所副研究员，研究方向为互联网、人工智能、数
　　字经济。

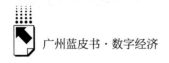

动态；助力本土企业做大做强，培育广州的互联网头部企业；提高政府产业引导资金效益，为互联网企业融资提供切实有效的支持；动态升级人才政策，保持广州对互联网高层次人才的持续吸引力；构建广州互联网产业高端资源吸附与创新创业要素外溢的枢纽；抢抓粤港澳大湾区发展机遇，打造5G时代广州互联网产业新的动力源和增长极。

关键词： 互联网 5G时代 广州

一 广州互联网产业发展概况

（一）互联网产业持续高速增长

近年来，广州全力抢抓5G、人工智能、大数据、云计算、区块链等产业发展先机，加快建设"中国软件名城"，互联网产业迎来了新的快速增长期。2018年广州的互联网产业产值为4126亿元，同比增长30.4%，预计2019年将突破5000亿元（见图1）。全市互联网企业数量超过3000家，从业人数超过30万，其中研发人员20万。在互联网细分领域，"互联网+服务业"迅猛发展，2018年，全市软件和信息技术服务业业务收入3598亿元，增长15.56%。广州人工智能产业发展水平居广东省前列，2018年实现营收540亿元。2019年，全市跨境电商进出口总额444.4亿元，同比增长80.1%，规模居全国第一。

（二）互联网企业实力稳步增强

2018年广州互联网企业的收入增长迅猛，主要互联网企业近几年一直维持高位增长，互联网企业总体实力在全省有所提升。据国家工信部官方网站发布的《2018年中国互联网企业100强榜单》，广州共有5家企业上榜，

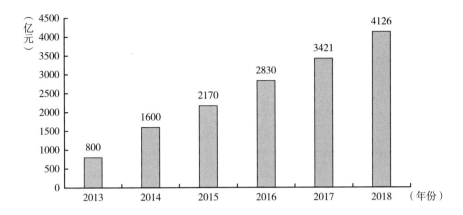

图1　2013～2018年广州市互联网产业产值

资料来源：根据公开资料整理。

数量位居广东省第2，仅次于深圳市，其中网易位居全国互联网企业第5、广东省互联网企业第2，在全省前五名的互联网企业中，广州占3家，高于深圳市。根据艾媒发布的《2018中国互联网企业价值榜TOP100》，广州市入榜企业8家，数量仅次于北京、上海，居全国第三；在广东省内，根据广东软件行业协会发布的2018年（第七届）广东省软件业务收入百强企业名单，其中前20强广州市占据15席，遥遥领先于省内其他城市。

（三）重点赋能领域成效显著

积极推进"互联网＋"在各个领域的应用，取得了显著的成效。在"互联网＋先进制造业"领域，智能网联汽车引领产业融合创新，广汽、小鹏、景驰、小马智行正在开展自动驾驶研发；腾讯与广汽达成战略协议，推出新一代具有人工智能特点的车联网创新服务。智能装备及机器人助力"广州智造"，广州数控、启帆工业机器人2家企业入选"中国机器人TOP10"。在"互联网＋产业服务"领域，引进建设了航天云网INDICS平台、阿里云ET工业大脑、阿里云飞龙工业互联网平台、中船船海智云、中设控股PCP2025、制造家等重点工业互联网平台。在"互联网＋金融"领域，广州引进了一批互联网金融机构，包括第三方支付机构、网贷机构、众筹平台等互联网金融企业，以及大数据存储备份、云计算共享服务等配套机构。在"互联网 + 公共服务"领域，广州近年来力推"互联网 + 政务服务"，是全国数字政务指数值最高的城市，平台入口提供的服务项目数多达108 项，全市统一的基础网格信息数据库建设初具规模，数据综合应用管理平台逐步形成。在"互联网 + 医疗"领域，广州率先在全国建立特大型城市"全民健康信息平台"，实现医疗资源、医疗数据联网共享，加快智慧医院建设。2019 年，广东省人民医院携手中国移动通信集团广东有限公司、华为技术有限公司在广州签署合作协议，共同打造国内领先的 5G 应用示范医院。

（四）互联网载体建设加快推进

广州通过产业园区、楼宇经济、众创空间、互联网小镇等布局互联网产业发展空间，构建起集工作空间、网络空间、交流空间和资源共享空间于一体的互联网产业线下载体。全市初步形成"双核三镇"载体空间布局。其中"双核"，是指琶洲人工智能与数字经济试验区、金山湖互联网"双创"云服务基地；"三镇"，是指天河"互联网 +"创新创意小镇、海珠 T. I. T "互联网 + 创意"小镇、黄埔"互联网 + 电商"小镇，其中，广州人工智能与数字经济试验区作为未来广州互联网产业发展的重点建设载体，已引入阿里巴巴、腾讯、科大讯飞、树根互联、唯品会、国美、小米、复星、TCL 等一大批人工智能与数字经济领军企业。据 2020 年 1 月印发的《广州人工智能与数字经济试验区建设总体方案》，整个试验区以约 30 平方公里的琶洲核心片区为起步区，未来将陆续纳入广州大学城、广州国际金融城、鱼珠等区域，最终形成"一江两岸三片区的空间格局"，总面积达 81 平方公里。

（五）产业政策体系不断完善

广州高度重视互联网产业的发展，配合国家和省政府关于互联网产业发展的政策，以《广州制造 2025 战略规划》为总纲，积极出台十来项具有广州特色的政策文件，支持互联网产业发展。在大数据发展与应用方面，2017年广州出台《关于促进大数据发展的实施意见》，旨在通过政府数据开放与应用引领，实现大数据与产业融合发展，建成具有国际竞争力的国家大数据强市。在新一代信息技术和人工智能方面，2018年出台的《广州市加快IAB产业发展五年行动计划》提出，到2022年，全市IAB产业规模超1万亿元，成为影响全球、引领全国的IAB产业集聚区。在工业互联网方面，2018年出台《广州市深化"互联网+先进制造业"发展工业互联网的行动计划》，提出到2020年，率先形成国内领先的工业互联网基础设施和产业体系。在电子商务方面，2019年《关于推动电子商务跨越式发展的若干措施》发布，提出把广州打造成亚太电子商务中心的目标。在空间载体方面，2016年、2020年先后出台《琶洲互联网创新集聚区产业发展规划》《广州人工智能与数字经济试验区建设总体方案》，动态优化互联网集聚区的规模与结构，并赋予其更高的战略定位。

二 广州互联网产业发展亮点

（一）国内外龙头企业积极入驻

2016年至今，广州成功吸引思科、航天云网、腾讯、阿里、百度、中兴、华为、科大讯飞、中国电子科技集团等一批带动力强、产业链长、产业规模大的优质项目落户广州，在穗设立华南区总部基地、华南区研发中心、营销中心和国际创新中心，这些千亿级的重大项目短时间在广州快速集聚，将对广州市的互联网产业产生巨大的极化效应，助推广州作为全国互联网经济增长极的形成。

（二）多个细分领域全国领先

广州市移动互联网应用服务和应用平台发展均衡，整体发展在国内处于

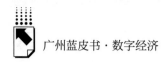

表1 部分互联网龙头企业落户广州情况汇总

企业	项目情况
航天云网数据研究院(广东)有限公司	建立"工业大数据应用技术国家工程实验室"珠三角区域中心项目和"国家工业互联网平台"项目
阿里巴巴集团	阿里工业互联网总部基地
百度风投	建成国内规模最大的人工智能专项风投基金项目
宝洁	中国数字创新中心项目
百度	百度(广州)创新中心落户天河
思科	中国创新中心总部,思科(广州)智慧城项目正式落户动工,预计未来产值超过一千亿元
华为	华为云计算业务项目,打造千亿级新一代信息技术产业集群
中国电子科技集团公司	中国电科华南电子信息产业园项目,总投资超100亿元,项目工期共计5年
中兴通讯	中兴通讯华南区总部基地、华南区研发中心和营销中心
科大讯飞	华南总部
亚信集团	亚信数据全球总部
海尔集团	工业互联网平台COSMOPlat
浪潮	工业互联网总部

资料来源:网上公开资料整理。

领先地位,涌现出欢聚时代(YY)、UC、酷狗、3G门户、网易、唯品会等一批领军企业,在移动社交平台、浏览器、语音交互平台、移动音乐、游戏、广告、电子商务等细分领域处于龙头位置,其中跨境电子商务广州连续五年居全国第一。此外,广州还在其他领域实现了多个第一,比如全球第一个5G互联网法院庭审、中国第一个5G基站开启、中国第一个"区块链+港口"项目落地、全球第一个工业互联网平台COSMOPlat建成等。

表2 广州应用环节企业分布情况

环节	细分领域	广州在全国定位	代表企业
应用平台	应用程序商店	第一梯队	中国移动南方基地(移动MM)、久邦数码(3G安卓市场)
	浏览器	第一梯队	UC(阿里UC移动事业群)

环节	细分领域	广州在全国定位	代表企业
应用服务	新型即时通讯	第一梯队	腾讯(微信)、中国移动南方基地(飞信、飞聊)
	移动广告	第一梯队	有米、翼锋、指点网络
	移动音乐服务	第一梯队	酷狗音乐
	移动搜索	第二梯队	一呼百应、必视谷
	移动游戏	第一梯队	网易游戏、中国手游集团、拉阔、菲音、捷游等
	移动视频	第二梯队	我乐网(56视频)
	移动电子商务	第一梯队	唯品会、梦芭莎、环球市场、闪购、妙购等
	移动支付	第二梯队	广州银联支付、汇卡商务
	VoIP	第一梯队	多玩(YY语音)
	智能语音交互	第一梯队	中国移动南方基地(灵犀)
	移动安全	第一梯队	腾讯(手机安全)
	移动门户	第一梯队	久邦数码(3G门户)、网易、21CN等

资料来源：网上公开资料整理。

（三）"互联网＋"领域不断拓展

全市积极探索构筑"互联网＋"创新创业生态体系，加快推进物联网、大数据、云计算、人工智能、区块链和实体经济的深度融合。广州市政府与电信、移动、联通三大运营商在"互联网＋政务服务""互联网＋商贸流通""互联网＋先进制造""互联网＋现代金融""互联网＋智能交通""互联网＋惠民服务""互联网＋现代农业""互联网＋创业创新""互联网＋城乡建设"等多个方面开展全面合作，取得了积极成效。广东省电子口岸管理有限公司、广州电子口岸管理有限公司等27家航运创新龙头企业和功能性机构在广州成立粤港澳大湾区互联网航运创新联盟，实施"互联网＋航运"，推动港航业的协同创新和数字化转型。中国光大银行广州分行与京东集团在广州就拍卖平台业务签署《战略合作协议》，双方拟在"互联网＋金融服务""互联网＋大数据评估""互联网＋资产处置"等领域进一步加强业务合作。与此同时，大湾区唯一的工业互联网标识解析顶级节点（广

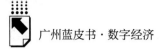

州）也于 2018 年正式开通，为"互联网＋制造业"开拓更大的空间创造了条件。

三 广州互联网产业面临的问题和挑战

（一）缺乏市级层面的战略统筹和支撑产业政策的长期研究

北上深杭均把互联网产业列为重点支持领域，并制定了具有针对性的产业发展政策，相比之下，广州在互联网产业统筹协调方面存在不足。目前广州尚未建立市级层面统筹协调互联网产业发展工作的机构和机制，也未出台直接针对互联网产业发展的整体政策。互联网产业发展的要素与资源缺乏统筹规划与跟踪研究。近年来广州陆续出台的 IAB 产业（新一代信息技术、人工智能、生物医药）、NEM 产业（新能源、新材料）、互联网＋、数字经济、电子商务等政策中，部分条款涉及互联网产业相关领域，但总体上缺乏大的战略思维指引和政策配套跟进，也缺乏为政策制定和更新作支撑的长期跟踪研究。

（二）缺乏互联网头部企业，独角兽企业较少

广州虽然诞生了网易、唯品会、酷狗、YY 等一批知名互联网企业，互联网产业也在这一批龙头企业的发展浪潮中迎来一轮快速上升期。但是，从全国范围来看，当前广州缺乏像 BAT 这样的互联网头部企业，出现龙头企业带动性不足、高成长性（独角兽）企业较少的困境。龙头企业带动性方面，虽然在《2018 中国互联网企业价值榜 TOP100》中，广州拥有 8 家企业上榜，数量仅次于北京、上海，位居第 3，超过了杭州、深圳（见图 2）。但根据 2018 年中国互联网企业各地区总市值，广州互联网企业总市值排名第 5，仅为 3960 亿元，大幅落后于杭州、北京、深圳、上海，不到杭州的1/10。当前广州互联网企业总量达到了 3000 多家，以中小型企业为主，缺少像阿里巴巴、腾讯这类市值上万亿、行业领先的头部企业，网易目前仍有一定的江湖地位，但企业市值仅与美团、京东相当。只有一个网易这种能级

的头部企业，无法给广州互联网产业带来足够的人才、技术、项目、创业、创新的外溢效应。高成长性企业（独角兽企业）代表了产业未来发展的潜力与后劲，在2018年中国独角兽企业100强名单中，互联网领域广州只有2家企业入选，分别是车联网领域的小鹏汽车、文化娱乐领域的荔枝FM。企业才是互联网产业发展的主体，头部企业和独角兽企业均呈现弱势，这是广州互联网产业最大的短板。

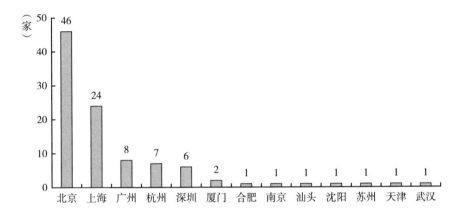

图2　2018年TOP100互联网企业所在地分布

资料来源：《2018中国互联网企业价值榜TOP100》。

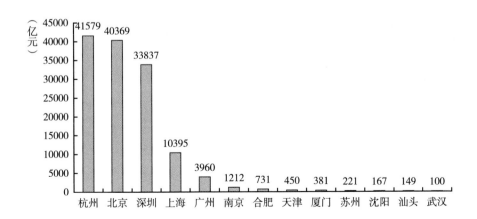

图3　2018年TOP100互联网企业所在地各区总市值分布

资料来源：《2018中国互联网企业价值榜TOP100》。

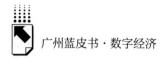

（三）互联网产业领域风投、创投资本体量依然较小

金融是科技创新的催化剂，虽然广州启动了风投之都建设，两年来也取得了很大的成效，但是广州的风投、创投等机构数量和资本规模依然远远小于国内先进城市，便于互联网企业融资的投创生态圈仍需加紧构建。2018年全球最受风投公司青睐的城市TOP10中（含并列），中国有4座城市上榜，分别为北京、上海、杭州、深圳，广州仅排第11位。随着上交所南方中心、中证报价南方中心、广州期货交易所、以及粤港澳国际商业银行陆续落户或投入运营，广州的金融中心地位将提升，风投创投环境将进一步改善，可能会给广州互联网产业融资带来更多的便利。

（四）互联网人才净流出加大，"高精尖"跨界复合型人才缺乏

在互联网产业领域，广州市人才吸引指数为－3.93，远低于北京（8.77）、上海（7.83）、杭州（4.83），2016~2018年，广州互联网人才净流出近万人。相关互联网人才流动数据显示，广州对北京、上海、深圳、杭州都是人才净流出，其中在广深之间尤为明显。2018年，广州

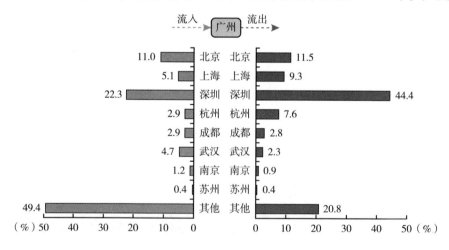

图4 2018年广州互联网人才流入流出分布

资料来源：艾瑞咨询研究报告。

流入的互联网人才中，有 22.3% 来自深圳，而在流出的互联网人才中，有 44.4% 流向深圳，广深间互联网人才流动极不均衡。高端人才方面，在当前开启以产业互联网为代表的互联网经济下半场的背景下，广州互联网领军人才、专业人才欠缺，尤其缺乏既懂信息技术又懂传统制造业的跨界复合型人才。随着 5G 商用的到来，物联网、大数据、云计算、人工智能、区块链等技术的应用场景大大拓展，万物互联的时代已经开启，网络与实体经济的融合进程将大大加快，相关领域的跨界复合型人才的需求将急剧增加。

四　对策与建议

（一）成立高规格的统筹管理机构，加强统筹协调

建立高规格的互联网产业发展统筹管理机制，由市领导亲自挂帅，统筹管理互联网产业推进工作，积极加强和国家相关部委、省里的沟通对接，争取中央和省里的政策支持和资源倾斜，将广州互联网产业发展纳入国家级的战略、平台；健全市区联动、条块结合的领导体制和工作机制，加快整合广州市互联网产业发展各相关部门、各区的资源，推动制定加快互联网产业发展的全局性的政策和工作措施，营造具有竞争力的产业、人才、土地、资金、科研、行业应用等产业创新发展环境。

（二）建立互联网产业跟踪研究机制，全面掌握行业发展动态

由政府相关部门、专业研究机构、产业界共同建立广州互联网产业发展跟踪研究机制，打通产业主管部门、研究部门与行业主体之间的信息孤岛，构建多维产业地图，对互联网各领域、各时段、各区域运行情况进行常态化的数据收集、整理和分析，及时向产业主管部门和主管领导提供广州互联网产业发展的实时动态信息。常态化收集世界、国内各省市互联网产业政策、发展动态信息，定期编制研究报告，通过大量相关数据的比对和分析，全面

掌握互联网产业的发展态势、区域竞争格局、广州面临的挑战与机会等，为领导决策和政策制定提供支撑。

（三）助力本土企业做大做强，培育广州的互联网头部企业

互联网产业马太效应明显，赢者通吃的现象加剧。广州必须助力有基础的本土企业迅速做大做强，尽快确立自己在相关领域的领先地位。每个细分行业，由政府引导基金、投资机构与领军企业合作，共同成立一支创投基金，围绕领军企业构建梯次接续的企业生态体系，使其在规模、技术、品牌等方面对全行业形成引领辐射效应。建立"一对一"联系企业、贴身服务的工作机制，在市场、土地、投资、人才引进、成果转化、对外合作、提升显示度、培育上市等方面，对行业领军企业开展精准帮扶。建议在新中轴线和珠江交汇地段，或琶洲互联网创新集聚区临江地段，树立广州互联网领军企业 Logo，用数字表现它们的成绩，向市民介绍它们的行业地位与社会贡献，向全社会展示广州互联网产业的璀璨星光，激励企业你追我赶，做大做强，力争在广州诞生 BAT 级别的本土互联网龙头企业。

（四）提高政府产业引导资金效益，为互联网企业融资提供切实有效的支持

将目前分散在互联网相关领域的碎片化的产业引导资金，整合成立"广州互联网产业风险投资引导基金"。首先，建立适合长期目标的考核体系。在考核政府引导基金使用绩效时，着眼于长期目标，不要偏重于短期绩效考核；建立引导基金的考核容错机制，借用商业银行的"尽职免责"等风险经营理念来对具体人员进行考核，避免有关人员怕担责而"不敢作为"；建立有吸引力的薪酬机制吸引行业优秀金融人才加入。其次，加强政府引导基金使用细化规范和引导，明确政府引导基金体现先行性、公益性，同时兼顾一定的收益性。再次，灵活设立激励机制，从"风险分担"和"投资保障"方面降低投资风险，吸引社会资本投资。最后，进一步壮大广州金融产业、类金融产业，加快政府引导资金退出渠道建设。

（五）动态升级人才政策，保持广州对互联网高层次人才的持续吸引力

加强高层次人才引进。依托唯品会、晶东贸易、网易、欢聚时代、37互娱、百田信息、多益等区市重点企业及相关研发平台和高校研究机构在互联网产业领域的研发优势，与区人社局合作联合引进互联网领域相对稀缺的高层次产业人才、高水平创新团队。建立海外高层次人才与重点企业及重点高校对接平台，通过平台及时发布、定期更新《广州市互联网产业海外高层次人才需求目录》，为人才供需精准对接提供支撑。对引进并从事互联网产业的海外高层次人才，按照其工资薪金给予一定比例的资助，资助资金视为科学技术方面的奖金，免征个人所得税。同时，对其在广州市缴纳的工资个税按照一定比例给予奖励。对于具有重大原始创新能力的海外高层次人才，可允许办理5～10年期限的工作许可，在广州市连续工作满4年的，每年服务广州市企业累计不少于6个月的，可申请在华永久居留。培育壮大后备人才队伍。研究编制《广州市互联网产业人才储备方案》，针对互联网产业领域实施"创新人才开发计划""创业人才开发计划"，通过定期举办创新创业相关赛事，积极储备创新创业人才。参照上海人才培育模式，建立区内高校与企业资源共享和风险共担机制，鼓励中山大学、华南理工大学、暨南大学等院校与企业签订相关协议，高校免费提供人才培育、研发实验室，企业出资，共同参与互联网项目投资，通过资源共享和风险共担模式，壮大人才队伍。对广州市从事互联网产业领域的相关企业，在市人才公寓分配上给予一定倾斜，优先保障其员工住房，增强对互联网产业人才的吸引力。

（六）构建广州互联网产业高端资源吸附与创新创业要素外溢的枢纽

将"一核"（琶洲互联网创新集聚区）、"五基"（高唐泛娱乐产业基地、花地河互联网商务产业基地、中新知识城大数据产业基地、南沙跨境数

据服务产业基地、新造智慧产业基地)、"十镇"(10个"互联网+特色小镇")优先列入市重点建设项目计划,在项目立项、规划、用地报批等方面给予"绿色通道"待遇;减免入驻企业租金、网络接入、服务器托管、互联网数据中心(IDC)等费用,降低企业运营成本;完善集聚区公共服务设施,促进职住平衡;设立"广州市互联网产业风险投资引导基金""互联网集聚区发展基金",分别对集聚区的企业发展、产业引导和园区载体发展给予支持;重点跟进广州人工智能与数字经济试验区的建设,加快形成全国人工智能与数字经济创新源。提升琶洲集聚区的总部功能、科技创新功能,构建广州互联网产业高端资源吸附与创新创业要素外溢的枢纽。

(七)抢抓粤港澳大湾区发展机遇,打造5G时代广州互联网产业新的动力源和增长极

《粤港澳大湾区发展规划纲要》提出,将大力投入、优化提升信息基础设施,构建新一代信息基础设施,建成智慧城市群。2019年6月5G商用正式启动,5G基站等基础设施建设也在紧锣密鼓地推进,粤港澳大湾区互联网产业正迎来由5G引领的新一轮高速发展。5G时代,万物互联成为可能,经济社会全面迈向数字化;AR、VR、AI、无人驾驶、无人机、机器人等技术应用将会走进生活,影响工业、媒体、交通、教育、医疗等各领域的演进与变革,智慧城市的发展将会大大提速。广州要系统研究、长远谋划,集中力量在前景广阔且基础较好的工业互联网、区块链、AR/VR、车联网、无人驾驶、医疗、智能制造等领域,迅速确立自身的领先优势。

参考文献

中国互联网协会、中国互联网络信息中心:《中国互联网发展报告2017》,电子工业出版社,2017。

中国信息通信研究院：《互联网趋势报告（2017~2018年)》，2017年12月。

《2018年中国互联网企业100强发布》，《经济日报》官方微博，2018年7月27日。

《2018中国互联网企业价值榜TOP100》，艾媒咨询，2019年1月26日。

姜奇平：《网络经济：内生结构的复杂性经济学分析》，中国财富出版社，2017。

姜奇平：《"互联网+"与中国经济的未来形态》，《人民论坛·学术前沿》2015年第5期。

B.6
广州智能网联汽车产业发展概况与展望

巫细波[*]

摘　要：　随着智能网联成为全球汽车产业发展的新兴领域及重要发展
方向，作为我国主要汽车产业基地的广州正在积极谋划智能
网联汽车产业发展，大力创建国家级智能网联汽车与智慧交
通应用示范区，力争将智能网联汽车产业打造成汽车产业发
展新引擎。本文主要分析了广州智能网联汽车产业发展概况，
以及在产业战略规划、汽车电子等关联产业发展、专业技术
人才储备及创新环境、封闭测试场建设、自动驾驶相关政策
等方面面临的问题，在此基础上从高标准制定车联网发展规
划、培育智能网联整车产业、建设世界级智能网联汽车产业
集群、培育智能网联汽车电子产业、打造全国领先的公共测
试环境、积极开展应用示范、积极开展招商引资等方面对广
州未来智能网联汽车产业发展方向和重点任务进行了研究
分析。

关键词：　智能网联汽车　车联网　自动驾驶　示范应用　广州

一　广州智能网联汽车产业发展概况

智能网联汽车产业作为当前汽车产业的新兴领域，融合了传统汽车制造

---

* 巫细波，广州市社会科学院副研究员，研究方向为区域经济、汽车产业、空间计量与 GIS
应用。

业、电子信息制造业、软件信息技术服务业等众多关联产业。目前针对智能网联汽车产业还没有明确的统计数据，因此本文从关联产业角度分析广州智能网联汽车产业发展现状。在国家工信部及省政府的大力支持下，广州于2018年3月30日正式启动创建"基于宽带移动互联网智能网联汽车与智慧交通应用示范区"的工作，促使广州智能网联汽车产业呈现加速发展态势，技术创新、产业融合、基础设施及测试基地等呈现良好发展态势。

（一）传统汽车制造业为智能网联汽车提供强大支撑

2019年，广州市规模以上汽车制造业总产值5461.16亿元，占全市规模以上工业总产值的28.4%，产量292.26万辆，整车产量在国内主要汽车生产城市中位居第一，占全国汽车总产量的比重进一步提高至11.45%（见图1），除了广汽本田、广汽丰田、东风日产等日资企业，广汽乘用车、广汽新能源、小鹏汽车、广汽比亚迪等中国品牌汽车企业的规模不断发展壮大，广州已初步形成日系品牌、中国品牌及欧美品牌多元化品牌发展格局。目前，广州已初步形成智能网联汽车研发产业集群，拥有小马智行、文远知行2家自动驾驶研究公司。

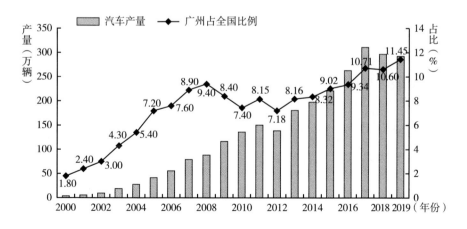

图1　2000～2019年广州汽车产量及占全国比重

资料来源：广州市统计信息网和中国统计局统计资料。

（二）智能网联汽车技术创新不断进步

截至 2019 年，在汽车行业方面，广州已拥有国家级企业技术中心 1 个（广汽集团旗下的广汽研究院）、省级企业技术中心 9 个及省级工程中心 2 个。在智能网联汽车核心技术方面，广汽集团新能源、智能网联关键系统部件项目取得阶段性研究成果，推进机电耦合系统 G-MC 2.0 开发，开展车载以太网、L2.5 辅助驾驶集成式巡航、全自动泊车、广汽智能网联生态云平台、网联终端产品 G2.4 和 G3.0 等研究。已经量产了 L2 等级的智能驾驶系统，以及具备 ADAS 智能辅助驾驶、自动泊车等功能的整车。广汽集团还推出无人驾驶平台 GIVA（广汽智能汽车架构），基于此平台的传祺 GE3 无人驾驶汽车成功实现局部区域内任意预设两点的全自动无人驾驶，包括自动泊车、自动换道、超车、跟随前车、行人避障、障碍物识别、十字路口通行等功能。目前，文远知行、小马智行等初创公司，西安交大等高校都已基于此款车型探索智能驾驶算法，并在封闭区域内进行迭代测试。广汽集团已有多款自动驾驶原型车开始路测，并在国内挑战赛中名列前茅。车载导航系统关键技术方面，广州市卫星导航定位企业数量约占全国同类企业总量的 20%，其中泰斗微电子是国内首个能提供射频、基带与闪存"三合一"解决方案的厂家，目前在车载北斗导航领域拥有约 70% 的市场份额。广州润芯的北斗射频芯片、泰斗微电子开发的北斗基带芯片、中海达研发的高精度测量型与授时型板卡与芯片等北斗导航系统核心技术，在全国均处于领先地位。此外，智能网联汽车相关的公共检测平台不断完善，中汽中心华南基地项目建设速度不断加快，电器科学研究院成功获批成立"国家智能汽车零部件质量监督检验中心"，工信部电子五所获批建设"国家汽车电子产品质量监督检验中心"。

（三）跨界融合推进产业链日益完善

随着智能网联汽车产业加速发展，关联领域的企业不断推进智能网联汽车产业的融合发展，产业链日益完善。小马智行、文远知行、联通公司等企业根据各自优势推动智能网联汽车的技术研发与应用。其中，小马智行参与广汽集团、蔚来、华为、科大讯飞、腾讯汽车等企业战略合作，在 5G 应用、云计算、车联网、大数据、智能驾驶、移动出行、智能人机交互技术等方面开展全方位合作；文远知行从 2018 年 1 月起在生物岛开始常态化试运营，无人车行驶总里程已达到 50 万公里，全球接待乘客累计超过 7000 人次。景驰科技与中国联通达成 5G 战略合作，实现全国首个 5G 网络下 L4 级自动驾驶远程控制应用。面对快速更新迭代的智能网联需求，联通智网科技有限公司聚焦服务于未来的智能网联驾驶，积极开展 5G、C-V2X 的技术试验和服务创新，在自动驾驶、智慧公交、智慧物流、智慧港口等多个领域进行探索和实践，并形成了一系列解决方案和成功案例。

在产业链方面，广州已集聚一批智能网联汽车产业相关的企业。其中，通信芯片领域有海格通信、泰斗微电子、润芯、华为、中兴；通信模组领域有高新兴、海格通信、致远电子、泰斗微电子、进强电子；设备与终端领域有高新兴、金溢科技、城投、进强电子、飞歌、京信通信；整车制造领域有广汽集团、东风日产、小鹏汽车、恒大汽车、北汽乘用车；平台与运营领域有百度、钛马科技、文远知行、小马智行、联通智网、公交集团、迪信通、亚信科技；安全与测试验证领域有工信部广州移动通信检测中心、工信部电子五所、威凯检测、中汽中心华南基地；高精度定位和地图服务领域有百度、海格通信、中海达；相关科研机构有中山大学、华南理工大学、广州中国科学院软件应用技术研究所、浙江大学华南工业技术研究院、工信部电子五所、中国电器院（威凯检测）、中电七所、华工检测、广州市交通规划研究院等。

（四）基础设施和封闭测试场建设不断推进

5G 网络是智能网联汽车的支撑性设施，截至 2019 年底广州已建成 5G 基站 15969 座，数量在广东省居于首位。试点建设市政府大院、天河南二路、广钢新城、从化生态设计小镇等智慧灯杆，打造智慧灯杆"广州样本"。广州率先为汽车科技企业开展智能网联汽车等领域的试验提供应用场景，培育5G成熟应用场景130多个，其中57个被列入广东省首批5G融合应用清单，广州5G产业园获批成为广东省首批5G产业园之一。中国移动与广汽研究院、广汽新能源合作，开展远程信号控制汽车的研究，同时与省交通集团合作，在南沙大桥等示范点部署5G基站，开始路侧单元运营平台搭建。中国电信与广州珍宝巴士合作，在萝岗建立了基于5G的公交示范项目，包括5G示范线路、基于5G智能公交站场配套的综合场站管理系统及运营管控平台。

智能网联汽车封闭测试场按计划推进。其中，位于韶关市新丰县丰城街道与梅坑镇交界处、总占地面积约8600亩的新丰测试场（由广汽集团和韶关金投、广州市工业和信息化产业基金合资成立）将建成以智能网联新能源为特色、兼顾传统汽车测试的综合试验场，项目已于2019年12月26日正式动工，预计一期项目于2021年底竣工。南沙测试场位于南沙庆盛区块南沙大桥以南、广深港高铁以北、东部干线以东、沙湾水道以西的地方，初步规划由自动驾驶测试基地和智慧交通产业园两部分组成，总用地面积793亩，其中测试基地用地476亩，产业园用地317亩，目前广东城市交通投资有限公司已编制完成南沙国家级自动驾驶与智慧交通示范区智慧交通产业园先导区（孵化器）项目计划书初稿。同时，广州在广州国际生物岛等四个园区规划了半开放测试区和两个C-V2X试点项目。

（五）出台多项相关产业支持政策

为推动智能网联汽车产业发展，广州先后出台了多项产业支持政策，为推动广州智能网联汽车产业发展提供了良好支撑。一是出台《广州市汽车产业2025战略规划》《广州市推进汽车产业加快转型升级工作意见》等汽车产业专项规划，这些汽车产业方面的专项规划都将智能网联汽车产业作为广州未来产业的发展重点。二是制定了《广州市基于宽带移动互联网智能网联汽车与智慧交通应用示范区建设方案》《广州市车联网先导区建设方案》，在组织架构、产业发展、示范应用、测试场建设、招商引资、产业布局等方面进行系统设计。三是出台《广州市加快5G发展三年行动计划

（2019～2021年）》，研究制定《广州市加快5G产业发展若干措施》，计划到2021年广州全市建成5G基站6.5万座，实现主城区和重点区域5G网络连续覆盖，为智能网联汽车产业发展提供有力支撑。四是编制完成《广州市通信管廊专项规划（第五期）》《广州市5G站址专项规划（2019～2023年)》等通信基础设施专项规划，进一步为智能网联汽车产业基础设施建设提供支撑。此外，广州还出台了扶持智能网联汽车产业发展的资金扶持政策，设立市智能网联汽车创新发展专项资金，鼓励国际国内顶尖科研团队立足广州，共同开展共性技术研究和应用培育工作。

二　广州智能网联汽车产业发展面临的问题

（一）产业战略规划和顶层设计需要完善

智能网联汽车产业作为新兴前沿领域，与发达国家和地区相比，广州在该领域的产业规划与顶层设计还要进一步加强和完善。美国、欧洲、日本等国家及地区在自动驾驶领域拥有数十年的经验积累，从国家顶层设计到企业战略布局均比我国有较大优势，在核心芯片、关键零部件、研发体系、标准体系等方面的优势更为明显，在自动驾驶车辆的研发及制造水平上亦相对领先。

与国内的北京、上海等城市相比，广州智能网联汽车产业发展还存在诸多不足。北京作为IT企业和互联网企业聚集地，互联网与智能网联汽车的技术融合成为北京发展智能网联汽车产业的先天优势。百度、滴滴、腾讯等公司纷纷进入智能驾驶领域。工信部于2019年5月23日正式批复同意由国汽（北京）智能网联汽车研究院有限公司组建国家智能网联汽车创新中心。顺义区发布了智能网联汽车方面的专项规划，计划打造面积为100平方公里的智能网联汽车创新生态示范区。而上海作为长三角城市群的核心，其发达的汽车电子产业吸引了大批国内新兴智能驾驶相关零部件企业和智能驾驶公司，如华为智能网联相关研究就放在上海。上海市以临港新片区为重点，发布了《陆海空无人系统综合示范区规划方案》，计划将临港测试示范区打造成无人车、无人船和无人机测试实验基地。截至目前，临港测试示范区一期已建成并试运行26.1公里开放测试道路、3平方公里封闭测试区及数据中心，实现了区域内4G、5G网络全覆盖，初步构建了车路协同智能交通系统环境。上海嘉定汽车城建成了国内最成功的汽车生态圈，形成了产业聚集及带动效应，从招商引资、展会、交流、培训、人才吸引等多方位把嘉定打造成一个汽车产业强镇，同时带动了周边城市的汽车产业发展。

（二）汽车电子等关联产业基础较为薄弱

随着汽车产业向智能网联方向发展，汽车电子价值占整车价值比重越来越高，目前已达30%以上，预计2030年将达70%以上。而广州市汽车电子基础相对薄弱，年产值仅100多亿元，车载操作系统、车载智能终端产品、车载雷达系统、车载互联终端等关键零部件企业发展滞后。据不完全统计，全国智能网联汽车产业链重点企业共有88家，北京、深圳、上海的重点企业总数位列前三，分别是26家、13家和11家，而广州仅有5家重点企业。

（三）专业技术人才缺口较大及创新环境有待优化

专业技术人才缺乏是当今制约智能网联汽车发展的重要因素。据统计，在全球AI领域技术人才分布上，中国仅以5万人排在全球第七位，而高居榜首的美国其从事人工智能的人才总数超过85万。中国的AI技术人才有67.8%分布在北京、上海两地，深圳、广州则分别只聚集了10%和5%的相关人才。这与北京拥有大量的互联网科技企业相关，例如百度、滴滴、京东、微软、谷歌、IBM、字节跳动、快手等均分布在北京。北京拥有高等级大学和科研机构云集的优势，在相关人才支撑方面有明显优势，广州地区的中山大学、华南理工大学等计算机专业在全国的排名相对靠后，分别居第41位和第42位。为此，广州需要进一步有针对性地加大政策扶持力度，充分发挥广汽集团的产业吸引力，依托广汽智能网联汽车产业园打造智能网联汽车创新创客区，不断优化智能网联汽车产业创新环境。

（四）封闭测试场建设相对滞后

封闭测试场作为发展智能网联汽车产业的重要组成部分，广州在此领域的行动相对滞后，智能汽车领域的公共测试环境亟须完善。近年来，上海、长春、重庆、无锡、北京、长沙、武汉等城市的自动驾驶封闭测试场已陆续投入使用，而广汽新丰封闭测试场于 2019 年底才动工，预计 2021 年才能投入使用，难以为广州在国内外智能网联汽车产业加速发展期抢占更多先机。

（五）自动驾驶相关政策亟须创新

随着自动驾驶 L3 以上级别汽车的迅速发展，全国已从封闭测试转向半开放道路测试，并加快自动驾驶商业模式探索，且多个城市已开放高速道路或快速公路测试。比如北京已开始在物流车方面开展商业化模式测试；长沙将商用车测试优先落地商业化，并明确开放高速道路测试；武汉则于近日向百度、海梁科技、深兰科技等企业颁发全国首批自动驾驶车辆商用牌照，不仅允许自动驾驶车辆进行载人测试，还可以商业化运营。可见，开放快速公路、高速公路等道路测试以及探索商业化运营模式已迫在眉睫，完善自动驾驶汽车商业化运营有关政策法规也势在必行。

三 广州智能网联汽车产业未来展望

（一）智能网联汽车产业发展趋势

智能网联汽车已成为国内外汽车产业谋求转型发展的重要战略方向，发展智能网联汽车产业对长期过于依赖合资企业的我国汽车产业全球价值链提升具有重要战略意义，因此得到了国家层面的高度重视。国家发改委、工信部、科技部等 11 个部委于 2020 年 2 月 24 日联合发布的《智能汽车创新发展战略》为智能网联汽车产业发展提供了有力支撑。据美国 IHS 预计，到 2035 年全球智能驾驶汽车销量将超过千万辆规模。长期看，智能网联汽车的技术发展最终会实现自动驾驶和车与万物互联。车联网作为汽车"五官",可以更有效地了解汽车外部环境和内部运行状况,人工智能作为汽车"大脑",根据信息综合判断做出决策。车联网是实现自动驾驶的前提,而车联网的应用在自动驾驶时代会得到更充分的发展,例如卫星导航将使用高精度地图来提高精度,自动驾驶解放了驾驶员的注意力从而可以使用更丰富的车载娱乐等。

(二)广州智能网联汽车产业发展展望

广州作为我国最重要的汽车产业基地之一,必须紧抓智能网联汽车产业发展新趋势,充分发挥广州市发展5G产业的经验和优势,整合现有跨行业资源,形成广州汽车产业转型升级的新动力。重点围绕封闭测试场所、车联网基础设施建设、提高智能网联汽车产量占比、扩大新车车联网车载单元装车规模、丰富应用场景、构建全产业链等方面推进智能网联汽车产业发展,积极构建广州国家级智能网联汽车示范区,重点培育智能网联汽车电子产业、智能网联汽车整车产业和检测认证服务产业等四大产业,推进自动驾驶、网联通信、数据服务、智慧交通四项基础设施建设,构建智慧感知、智慧出行、智慧服务和智慧管理四大智慧交通应用示范新模式,使广州成为引领全国乃至世界的智能网联汽车电子产业新高地、智能网联汽车生产基地和智慧交通示范城市。根据智能网联产业发展规律,分阶段有序推进。

(三)广州智能网联汽车产业未来发展重点

1. 高标准制定车联网发展规划

发挥广州市基于宽带移动互联网智能网联汽车与智慧交通应用示范区(车联网先导区)领导小组作用,统筹推进《广州市创建车联网先导区工作方案》各项任务落实,高标准制定广州智能网联汽车产业发展规划,为广州智能网联汽车产业发展提供有力指引。

2. 培育智能网联整车产业

依托广汽集团、东风日产等传统整车企业,鼓励传统整车生产企业与互联网企业跨界合作，重点开展自动驾驶汽车产品研发并在部分商用领域优先推广应用，在风险可控的条件下，拉动相关整车产品及技术的更新迭代。

3. 建设世界级智能网联汽车产业集群

加强广州市智能网联汽车示范区运营中心培育，进一步明确产业集群培育的任务和目标，加快推动智能网联汽车产业集群建设，以政策供给为保障，从制度供给上给予集群合作机构一定的创新安排，形成集群合作机构的内生动力。

4. 培育智能网联汽车电子产业

通过实施靶向招商和精准扶持，重点引进和开发激光雷达、传感器、车载芯片、中央处理器、车载操作系统、无线通信设备、高精度地图等产品并实现产业化，打造集芯片、软件、传感器及终端设备等为一体的世界级汽车智能化网联化全产业链体系。重点发展驾驶辅助系统、智联交互系统等智联汽车电子产业以及配套服务产业。在驾驶辅助系统领域，应突出传感层、控制层、执行层等驾驶辅助闭环环节的重点产品研发及产业化工作。在智联交互系统领域，重点发展中控显示屏（车机）、HUD、液晶仪表等人机交互（HMI）设备，还包括Tbox、通信模块等通信设备，以及基于上述硬件平台运行的软件系统。

5. 打造全国领先的公共测试环境

加快新丰、花都、南沙封装测试场建设。支持"国家汽车电子产品质量监督检验中心""国家智能汽车零部件质量监督检验中心"建设。统筹整车企业对智能网联汽车测试需求，整合省级智能网联汽车制造业创新中心和国家级、省级第三方综合检测认证机构资源，重点将广汽新丰基地打造成为全国最大、全国领先的封闭测试基地，建设成为国家级智能网联新能源汽车整车检测认证平台和关键零部件第三方检测认证中心。构建中国（广州）智联汽车电子测试示范体系，完善智能网联汽车零部件、智能驾驶、通信设备等检测认证服务体系，搭建技术验证及检测平台，形成从芯片及元器件、终端到系统的检测能力，覆盖安全规范、性能、环境适应性、材料分析、电磁兼容、可靠性、信息安全等测试，提供入网认证、委托测试、通信产品认证、计量校准、国内国际标准认证、评估与验证、进出口产品检验检测服务，为产业发展提供保障和支撑。

6. 积极开展应用示范

积极申报国家级车联网先导区，支持有条件的区加快车联网应用先行先试，探索自动驾驶公交车、出租车商业化模式，促进交通、公安等数据融合应用。统筹制定5G车联网及应用场景布点规划，逐步纳入城乡规划和土地利用整体规划。鼓励互联网、娱乐、旅游和金融等行业与车联网、自动驾驶产业结合，在园区、景区和小镇开展产业应用落地，探索汽车生活、支付、娱乐、旅游等新模式，以车载空间的延伸带动产业开放、升级和发展。

7. 积极开展招商引资

制定广州智能网联汽车产业链重点发展目录，建立招商目标企业库，每两年调整一次，重点引进国际领先的独角兽型初创企业、国际国内一流科研团队和科研院所，以及车载智能终端产品、车载光学系统、车载雷达系统、车载互联终端等关键零部件企业。充分发挥广州汽车整车龙头企业作用，根据目录开展精准靶向招商，吸引博世、德尔福、大陆、高德、麦格纳、高通、华为、中兴等企业落户园区形成产业集聚。

参考文献

杨再高、冯兴亚、巫细波、覃剑主编《中国广州汽车产业发展报告（2019）》，社会科学文献出版社，2019。

金博、胡延明：《C-V2X车联网产业发展综述与展望》，《电信科学》2020年第3期。

许幸荣、刘琪、宋蒙：《基于5G＋C-V2X的园区出行解决方案》，《邮电设计技术》2020年第2期。

于胜波、陈桂华、李乔、公维洁：《国内外智能网联汽车道路测试对比研究》，《汽车文摘》2020年第2期。

郄广、张岩：《智能车与网联技术分析》，《移动通信》2020年第1期。

王建强、王昕：《智能网联汽车体系结构与关键技术》，《长安大学学报》（社会科学版）2017 年第 6 期。

李克强、戴一凡、李升波、边明远：《智能网联汽车（ICV）技术的发展现状及趋势》，《汽车安全与节能学报》2017 年第 8 期。

尚蛟、何鹏：《推进我国智能网联汽车发展的建议》，《汽车工业研究》2017 年第 2 期。

刘天洋、余卓平、熊璐、张培志：《智能网联汽车试验场发展现状与建设建议》，《汽车技术》2017 年第 1 期。

黎宇科、刘宇：《国内智能网联汽车发展现状及建议》，《汽车与配件》2016 年第 41 期。

黎宇科、刘宇：《国外智能网联汽车发展现状及启示》，《汽车工业研究》2016 年第 10 期。

徐可、徐楠：《全球视角下的智能网联汽车发展路径》，《中国工业评论》2015 年第 9 期。

张亚萍、刘华、李碧钰、樊晓旭：《智能网联汽车技术与标准发展研究》，《上海汽车》2015 年第 8 期。

B.7
广州数字贸易发展态势与对策分析

张国英*

摘　要： 我国数字经济快速发展，数字贸易呈现稳步上升态势。"贸易
强国"首次出现在党的重要文件——十九大报告中，对新时
代我国对外贸易发展具有重要战略意义。新一代信息技术发
展和应用对传统贸易向数字化发展起到了重要作用。在新业
态、新模式快速涌现的新时代背景下，数字贸易将成为全球
各国或地区贸易发展和竞争的重点和焦点。在加快推进外贸
强市建设的进程中，广州作为传统商贸之城，必须紧紧抓住
数字贸易快速发展的重大机遇，以数字贸易为抓手，推动本
土中小企业加速走向世界，推动广州对外贸易发展壮大。本
文通过梳理广州数字贸易发展现状，结合当前中美经贸摩擦、
等影响因素，分析广州数字贸易发展面临的机遇和挑战，提
出进一步发展数字贸易的对策和建议。

关键词： 数字贸易　贸易强国　广州

一　引言

十九大报告中，出现"贸易强国"，这是党首次将"贸易强国"写入其
重要文件，对新时代我国对外贸易发展具有重要战略意义。数字贸易作为新

---

* 张国英，工业和信息化部电子第五研究所工程师，研究方向为区域产业发展、数字经济。

兴贸易方式，正成为国际贸易的发展方向。广州有着"千年商都"的美誉，是中国近现代贸易最为发达的地区之一，尤其是对外贸易。在明清时期，广州是中国唯一的对外贸易港口，从全世界范围来看，也是全世界唯一一个在2000多年历史中长盛不衰的贸易港口。贸易，在广州的经济发展中，有着举足轻重的地位。当前，敢为人先、锐意进取的广州人，借助新一代信息技术发展红利，将贸易与数字技术结合，加快发展数字贸易，努力让古老的商都，搭乘数字经济的春风，借助新发展形势，焕发出新的活力。

二　数字贸易发展基本情况

（一）数字贸易内涵

1. 基本概念

数字贸易的概念最早由美国学者提出。美国国际贸易委员会在2013年发布了《美国和全球经济中的数字贸易（第一部分）》，这是"数字贸易"首次出现在官方报告中，该报告指出"数字贸易指通过互联网提交产品和服务的美国国内商务和国际贸易"。2017年，美国国际贸易委员会对该定义进行了修订，称数字贸易是指通过互联网和互联网信息技术开展国内外贸易活动。我国的相关从业人员对数字贸易的理解更具有中国特色。第四届乌镇世界互联网大会已有专业人士认为，当前中国已开创全新"数字贸易中国样板"，中国方案在商业模式独创、行业标准可推广、创新实践可复制等方面领先。《世界与中国数字贸易发展蓝皮书》提出，"数字贸易是以新一代信息技术为载体，通过新一代信息通信技术的有效使用实现传统体货物、数字产品与服务、数字化知识信息高效交换，进而推动消费互联网向产业转型并最终实现制造智能化的新贸易活动"，是传统贸易在数字经济时代的拓展与延伸。当前全球尚无对于数字贸易的统一定义，内涵和外延仍在不断变化之中。根据经合组织的定义，只要是数字订购的交易、平台促成的交易和数字交付的贸易就是数字贸易。我国商务部发布的《全球服务贸易发展指数

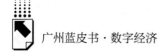

报告（2018）》，将数字贸易分为三类：数字货物贸易、数字服务贸易和数据贸易。

2. 数字贸易与电子商务传统贸易的区别与联系

（1）数字贸易与电子商务

商务部在《电子商务统计指标体系》报告中，将电子商务定义为"通过电子形式进行的商务活动，具体指经济活动主体之间利用现代信息技术基于计算机网络开展的商务活动，实现网上接洽、签约、交易等关键商务活动环节的部分或全部电子化，包括货物交易、服务交易等"。有学者认为，数字贸易是（跨境）电子商务未来发展的更高目标。

（2）数字贸易与传统贸易

数字贸易与传统贸易两者本质相同，都是商品、服务等生产要素的转移，均是受专业化生产和劳动分工及其产生的规模经济所驱动。由于所处的时代背景不同，当前信息通信技术快速发展，改变了原有的通信和传输方式，重构了生产组织网络，改变了传统贸易的模式，数据成为关键生产资料，大幅提升了劳动生产效率，在经济活动中，数字贸易成为当代的主流。数字技术催生了新的贸易形态，在传统贸易中，交易过程周期长，价格受多种因素影响波动，而在数字贸易时代，时空的限制被打破，交易各方可直接交易，从而降低了贸易成本，贸易主体更加多元化，贸易结构发生了深刻变革。

3. 数字贸易发展趋势

《中国中小企业跨境电商白皮书》预测，到 2025 年全球将进入数字贸易阶段。据商务部的报告，我国在跨境电商领域的贸易伙伴已经覆盖全球 220 个国家和地区。数字贸易将呈现出以下几个发展趋势。一是数字技术将普遍降低贸易成本，通过新一代信息技术，将原本被地理位置分隔的交易各方连接起来，尤其是在沟通、支付等重要环节，提高了效率，降低了成本，且更安全、方便、快捷。二是贸易环节更加扁平，中间环节将大幅减少，交易各方可通过更为公开透明的渠道，获取所需信息，弱化中间商的角色。三是贸易模式将更加融合，以数字贸易平台为基础，衍生出企业对企业、企业对消费者和企业对平台对消费者等多种贸易模式，发展成有机的贸易生态系统。四是数字贸易带来更加普惠的贸易环境，在一定程度上保护了中小微企业、个体商户等在传统贸易中相对弱势的群体。拓宽了贸易渠道、信息更加公开透明，不必储备庞大的企业资源来跨越传统贸易中的壁垒，国际贸易也变得更加便捷和高效。五是贸易标的更加多元化，更加充分满足消费个体的个性化需求。数字贸易可以使更多的个性化需求汇聚到平台上，从而形成一个整体，形成具有共性特质的个性化需求，产生新的规模经济效益。

（二）国内外数字贸易发展概况

全球数字贸易发展态势迅猛，世界各国正积极促进数字贸易发展，中国和美国在数字贸易发展中，处于全球领先地位。全球市值前十位的互联网公司，美国有七家，其他三家均为中国企业。美国重视信息通信技术服务和潜在数字服务贸易。美国当局报告数据显示，2017年出口信息通信技术服务贸易额为710亿美元，信息通信技术推动的潜在服务出口达4391亿美元，占服务贸易出口总额一半以上。

数字贸易是数字经济的重要组成部分，对促进现代化经济体系建设具有重要意义。世界主要经济体均出台促进数字经济、数字贸易发展的有关战略。日本通过制定一系列战略，包括"e-Japan"、"u-Japan"和"i-Japan"，形成系统发展路径。具体措施包括促进信息化基础设施建设并促进相关技术的发展，推动公共部门信息化应用。英国政府着力打造"世界数字之都"，具体在七个方面采取措施：一是加强基础设施建设；二是保证公民学习数字技术的机会；三是支持数字创新和创业；四是帮助和支持企业数字化转型；五是投资和鼓励网络安全行业和人才培养输出；六是推动政府向数字化转型；七是释放数据在经济发展中的潜力。欧盟各国作为数字贸易的发达区域，加紧制定各项措施，释放数字技术对经济发展的潜能。欧盟出台《欧洲数字议程》《迈向数字贸易战略》；法国发布《数字法国2020》《国际数字战略》；捷克制定《数字捷克2.0：走向数字经济》。在策略方面，美国的策略以数据流动为主，同时兼顾数字产品公平及数字安全问题。欧盟重点布

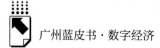

局单边数字市场战略，以期打破欧盟各成员国之间数字壁垒问题。

我国中央和地方政府高度重视数字经济的发展。据测算，中国数字经济规模在 2019 年将会达到 35 万亿元，占国内生产总值比重达 35.4%。地方数字经济发展中，在 2018 年有 11 个省市数字经济规模超过万亿，其中广东是全国数字经济规模最大的省份，规模超过 4 万亿元；贵州和福建是数字经济发展最快的省份，两者增速均超过 20%。作为数字经济的一部分，中国数字贸易发展同样迅猛，据世界贸易组织统计数据，自 2013 年我国开展"互联网＋"发展战略以来，数字贸易实现跨越式发展，2013～2017 年年平均增速达到 17.6%，跨境电子商务规模位居世界前列，同时还是全球最大的电子商务市场。商务部《2018 年中国电子商务报告》显示，2018 年我国电子商务交易总额为 31.63 万亿元，同比增长 8.5%；跨境电商方面，总额为 1347 亿元，同比增长 50%。同时，数字贸易类型不断丰富，衍生出数字音乐、数字电影、数字出版等产品和在线办理出境旅游等服务。随着制造业和服务业融合不断加深，服务业的贸易性越来越强。我国数字贸易面临前所未有的发展机遇，同时国际冲突摩擦也使数字贸易面临挑战。2020 年 2 月搜索的关键词为"中国数字贸易"的词云图显示，国际贸易、服务贸易、规则、数字货币、中美贸易等词是该领域的热点，可见目前我国的数字贸易机遇与挑战并存。

三 广州数字贸易发展分析

（一）广州数字贸易发展现状

广州外贸基础雄厚。一座广州城，半部外贸史，作为千年商都，对外贸易长期占据广州经济的重要位置。2019 年，广州积极应对中美贸易争端，认真落实"稳外贸"相关政策，外贸进出口总额 9990.7 亿元，增长 1.8%，增速居全国第一，对欧洲、日本和韩国的进出口保持两位数增长。预计到 2022 年，广州外贸规模将达到 1.1 万亿元，进出口额超 1 亿美元的企业将超过 300 家。

政策利好推动数字贸易快速发展。广州市委、市政府高度重视数字经济发展，通过数字化手段打造活力高效的创新创业环境，鼓励新兴业态发展。同时，广州先后出台《广州市建设外贸强市三年行动计划（2020～2022年)》等多项促进外贸增长的政策措施，在《CEPA 货物贸易协议》、《粤港澳大湾区发展规划》、"一带一路"政策、《广东省优化口岸营商环境促进跨境贸易便利化措施》等多项政策措施叠加作用下，效果显著，不断推动数字贸易高质量发展。

外贸发展平台载体能力全国领先。多年来，广州积累了一流的外贸发展平台，广州南沙区全球首个数字贸易综合服务系统上线运行，南沙自由贸易试验区正准备申请成为国家进口贸易促进创新示范区，逐步发展成为粤港澳大湾区贸易自由化的先行地和示范区。同时，广州开发区、南沙开发区、空港经济区三大海关特殊监管区域正争取转型为综合保税区。平台能力不断增强，对广州数字贸易发展具有深远意义。

综上所述，广州贸易基础、政策条件、平台载体等都有助于推动数字贸易进一步发展。

（二）面临的机遇与挑战

1. 广州数字贸易拥有良好的发展前景和机遇

良好的信息产业基础为数字贸易发展提供新动能。数字贸易的快速发展离不开先进的通信基础设施以及信息技术手段。广州是国家首批信息产业高技术产业基地之一，信息产业基础雄厚，信息技术全国领先。广州正加快在数字贸易领域创新应用大数据、云计算、区块链和人工智能等先进技术，整合企业、海关、物流、银行、检验检测及认证机构等各国际贸易主体数据，推动各项证书、单据数字化，提高贸易效率，促进数字贸易快速发展。特色产业为数字贸易发展注入新活力。广州强大的产业基础是数字贸易发展的坚实后盾，拥有船舶、新材料和新能源汽车等极具数字贸易潜力的特色产业，声频电子、箱包、牛仔服装、珠宝、灯光音响等享誉全球的产业和产品，都是广州外贸转型升级的重要后备力量。大量互联网用户为广州数字贸易发展提供保障。广州信息技术创新氛围浓厚，电子商务市场体量庞大，数字化程度高。在新一代信息技术推动下，IAB、NEM 等领域涌现出一批新业态、新模式，为数字贸易更快实现规模经济提供可能。

2. 当前广州数字贸易仍面临多重挑战

2019 年 12 月，中美达成第一阶段贸易协定，但中美贸易摩擦依旧是广州数字贸易面临的外部最大不确定因素。美国是广州的主要出口市场之一，广州的出口严重依赖美国等发达国家。随着中美贸易摩擦不断升级，低附加值、劳动密集型企业的出口压力加大。美国对我国高新技术产品出口抑制力度加大，降低了我国产品国际竞争力，严重影响广州新能源汽车等产品出口。同时，中美贸易摩擦对中小出口企业影响巨大。与大型龙头企业相比，中小企业规模小、资金链紧张、人才少、缺乏掌握核心技术的能力、转型能力弱，规避风险能力差。而广州拥有大量中小企业，贸易摩擦下产品检验、检疫、标准、技术、环保及认证等要求成为美国变相的"打击手段"，导致企业出口成本升高，利润降低。2020 年开年以来，国内外多种不确定性因素叠加导致境外企业订单需求疲软。在双重因素冲击下，我国贸易受到影响。据中国海关总署公布的数据，2020 年 1～2 月我国外贸进出口额为 4.12 万亿元，下降 9.6%。进一步分析发现，2 月我国制造业采购经理指数中与外贸相关性较强的新出口订单、进口和主要原材料购进价格等指标均有所回落。

（三）存在的问题

1. 目前广州发展数字贸易的人力资源仍不充足

对于传统贸易来说，数字贸易是知识密集型产业。广州在传统贸易领域领先多年，但是在数字技术方面，稍落后于北京、上海、深圳等数字技术发达城市，仍然需要大量既懂数字技术，又懂贸易相关业务的专业人才。

2. 在外语、新媒体等方面短板依旧存在

目前市场上流通的中国商品的品牌知名度、认可度和美誉度仍然不及欧美发达国家的商品，在数字贸易交易过程中，交易双方通过图片、文字、视频等形式对产品进行展示和选择,买方受交易时的沟通、展示方式影响较大,信息不对称影响加大,数字贸易具有很大的随机性。

3. 相关的法律法规仍需健全

当前数字贸易发展仍存在法律法规制定速度落后于技术发展的问题,消费者的保护、信息安全和知识产权等问题仍较突出。

四　下一步发展建议

广州数字贸易发展优势明显,是我国出口贸易的旗帜。在积极迎接新一轮发展机遇的同时,广州也应该重视自身仍存在的一些短板以及面临的一些挑战。为进一步加快数字贸易发展,带动其他地区的发展,为我国出口贸易发展做出更大贡献,广州仍需加快数字贸易发展的步伐。一是加大在科研方面的投入力度,提升企业自主创新能力和规避风险的能力,加快贸易企业数字化转型升级,提高数字货物贸易竞争力。二是加强政策扶持和市场监管,不断优化发展环境,完善相关标准体系,加强知识产权保护,提高信息安全水平,多方面促进数字贸易合理有序快速发展。三是加深数字贸易与各产业融合,推动高端装备贸易,发展数字文旅、数字医疗、数字教育,促进数字服务贸易和货物贸易双提升。四是加快相关人才培育和引进。利用广州现有数字贸易优势,积极开展各类培训,引导当前传统贸易从业人员向数字贸易专业人士转型,充分发挥《广州市高层次人才服务保障方案》及各区特色人才政策作用,加快吸引国内外数字贸易领域复合型人才团队落户广州。

参考文献

贾怀勤:《数字贸易的概念、营商环境评估与规则》,《国际贸易》2019 年第 9 期。

王素:《5 年后,跨境电商将向全球数字贸易阶段跨越》,《进出口经理人》2020 年第 2 期。

马述忠、房超、郭继文:《世界与中国数字贸易发展蓝皮书（2018)》。

李钢、张琦:《对我国发展数字贸易的思考》,《国际经济合作》2020 年第 1 期。

李俊:《必须紧紧抓住数字贸易的时代机遇》,《国际商报》2019 年 5 月 28 日。

B.8
广州医疗机器人产业发展
态势与对策分析

蒋 丽*

摘 要: 医疗机器人具有手术、康复、辅助和服务功能,目前正处于发展的起步阶段,是世界各国角逐的重要科技制高点。我国虽然在核心技术方面有所落后,但也在奋力直追,很多城市都非常重视医疗机器人的发展。广州机器人制造由于长期定位"为工业服务"而以生产工业机器人为主,忽略了市场庞大的服务业机器人发展,也包括医疗机器人。广州医疗机器人制造水平远远落后于发展迅猛的北京、上海、深圳和杭州。广州医疗机器人产业要如同汽车产业一样实现弯道超车,力争在全国甚至全球医疗机器人产业中占有一席之地,这需要广州政府在发展环境、研发和人才方面给予大力支持以及积极拓展其应用领域。

关键词: 医疗机器人产业 智能装备 广州

一 广州医疗机器人产业发展 SWOTs 分析

(一)广州医疗机器人产业发展的优势和劣势

1. 广州医疗机器人应用非常广泛

国内从 2014 年开始使用医疗机器人,广州略晚,但应用非常广泛,涵

---

* 蒋丽,广州市社会科学院区域经济研究所副研究员,研究方向为区域经济。

盖手术、康复、辅助和服务四大类。在手术机器人应用方面，中山大学附属第一医院、中山大学孙逸仙纪念医院和中山大学附属肿瘤医院自 2016 年 9 月开始使用达芬奇机器人开展手术治疗，广东省中医院 2018 年 7 月首次使用"天玑"骨科手术机器人开展广州地区首例骨科机器人辅助下骨科手术。在康复机器人应用方面，广州市妇儿医疗中心在 2018 年 12 月引进了儿童步态康复机器人。在辅助机器人应用方面，中山大学中山眼科中心在 2017 年 5 月开启全球首个眼科机器人辅助诊疗。在服务机器人应用方面，广州市妇儿医疗中心自 2017 年 10 月始使用八台"诺亚"机器人运送药品、标本和手术器械，广州医科大学附属第五医院 2018 年 8 月使用赛特智能生产的配送机器人运输医疗物品。另外，广东省第二人民医院为了建设成为全国首家"智慧"医院，于 2018 年 4 月在医院内物流、智能导诊、辅助诊断、手术等领域应用了手术、辅助和服务机器人。广州医疗机器人的应用较为广泛的主要原因是广州非常重视数字医疗的建设，2019 年广州名列全国数字医疗城市前茅。

2. 广州医疗机器人制造水平落后于北京、深圳、上海和杭州

根据亿欧统计，国内 28 家医疗机器人生产企业中，北京 8 家，深圳 4 家，上海和杭州各 3 家，沈阳 2 家，其他城市各 1 家（见表 1）。而且，从产品细分来看，手术机器人制造主要集中在北京和杭州，广州唯一一家也只生产康复机器人。另外，在广东省工业和信息化厅颁布的机器人 31 家骨干企业和 50 家培育企业名单中，广州分别占 8 家和 17 家，然而基本上以工业机器人为主，只有 2 家服务机器人生产企业，没有医疗机器人生产企业。

究其原因，主要在于医疗机器人不是广州机器人行业重点发展方向。相反，工业机器人一直是广州机器人行业发展的重点。广州市政府 2014 年颁布的《关于推动工业机器人及智能装备产业发展的实施意见》提出广州要支持培育形成超千亿元的以工业机器人为核心的智能装备产业集群，可见广州的机器人发展重心在工业机器人制造而不是服务机器人（医疗机器人）制造。相反，深圳机器人制造业的发展重心则在服务机器人制造，分别在 2011 年和 2014 年颁发了《深圳市科学技术发展"十二

五"规划》和《深圳市机器人、可穿戴设备和智能装备产业发展规划
（2014～2020年）》，规划定位深圳是我国服务机器人主要生产基地，其
中也包括医疗机器人的生产和制造。因此，深圳医疗机器人制造比广州
更强。

表1　国内28家医疗机器人生产企业及产品

地区	名称	产品	地区	名称	产品
广州	一康	康复	深圳	博为	服务
北京	天智航	手术		迈康信	康复
	达闼科技	辅助		睿瀚医疗	康复
	柏惠维康	手术		桑谷	服务
	马斯克	辅助	杭州	三坛医疗	手术
	医千创	辅助		妙手	手术
	万物语联	辅助		艾米	康复
	小乔	辅助	长沙	楚天科技	辅助
	大艾	康复	安阳	神方	康复
上海	钛米	服务	重庆	金山科技	辅助
	璟和	康复	哈尔滨	HRG	康复
	尖叫科技	康复	佛山	礼宾	服务
沈阳	新松	辅助	无锡	安之卓	服务
	六维康复	康复	开封	思哲睿	手术

资料来源：亿欧（www.iyiou.com）。

（二）广州医疗机器人产业发展的机遇和挑战

1. 市场前景广阔

全球医疗机器人产业刚刚兴起，目前正处于蓬勃发展时期，拥有广阔的
应用市场。一是发展阶段决定医疗机器人市场广阔。全球医疗机器人产业起
源于20世纪80年代，现阶段正处于起步期。2019年，医疗机器人占国内
服务机器人市场的40%，超过家用和公共服务机器人。其中手术机器人市
场最为重要，中投顾问的研究显示，中国手术机器人将占全球医疗机器人
60%以上。据国际机器人联盟测算，我国智能医疗机器人市场规模到2025

年将突破百亿元，但目前我国只有40多家企业涉足医疗机器人领域，远远不能达到市场需求。二是世界人口老龄化给医疗机器人提供广阔的市场。全球人口老龄化趋势越来越明显，我国已经步入老龄化社会，2019年我国60周岁及以上人口2.54亿，65周岁及以上人口1.76亿，未来老龄化的趋势还将加剧。巨大的老龄化人群对医疗服务产生巨大的需求和压力，推进了医疗机器人的发展。三是国民收入增长推动医疗机器人发展。近年来，我国国民收入平均增长率为9%左右，使得人们有条件追求生活品质的提升，推动医疗服务向高端化发展。高端医疗的发展就是实现智能化医疗，医疗机器人是智能化医疗的重要平台。例如，人工手术在医疗机器人的辅助下，精确程度将大大提升。因此，高速发展的国民收入将为医疗机器人行业产生巨大的需求。

2. 发展竞争激烈

广州发展医疗机器人产业具有广阔的市场前景，同时也面临来自国内外医疗机器人企业的激烈竞争。一方面，国外医疗机器人发展一直处于领先地位。医疗机器人尤其手术机器人对零部件的精度要求较高，需要与医疗器械和医学等方面融合，需要与大数据和互联网融合，需要大量的资金投入，需要长时间的临床试验，科学语言转换时间长，研发周期和成本比一般服务机器人更长和更高，导致全世界医疗机器人产业都处于起步阶段。中国医疗机器人制造由于缺少核心技术和品牌、高端市场占有率低和标准规范不够完善等原因，远远落后于欧美等发达国家。全球最权威的机器人研究咨询机构《机器人商业评论》（*Robotics Business Review*）公布的2019年全球机器人50强企业中只有3家是医疗机器人企业，而且都是美国的手术机器人企业，没有一家是中国企业。另一方面，国内其他城市医疗机器人企业发展步伐加快。北京、深圳、上海和杭州等城市大力支持医疗机器人发展。在政策支持方面，北京市发布了《北京市机器人产业创新发展行动方案（2019—2022年)》，将医疗健康机器人纳入北京市机器人产业的发展格局中，而且提出加快骨科手术机器人、神经外科机器人等医疗机器人技术和产业布局，推动多功能手臂、智能轮椅及智能护理机器人的研发生产。在医疗机器人研究平台建设方面，深圳 2016 年 10 月成立了 ROBO 医疗机器人研究所并召开了首届世界医疗机器人大会，杭州 2017 年 10 月建立了医学人工智能浙江省实验室，上海 2017 年 12 月成立了交通大学医疗机器人研究院，北京 2018 年 9月建立了医疗机器人产业创业中心。这些平台都为促进当地医疗机器人研发提供支撑。

二　加强广州医疗机器人产业发展的对策措施

（一）加强发展环境支持

全球医疗机器人产业目前都还处在发展初级阶段，广州政府如果早日规划医疗机器人未来发展，加大对医疗机器人研发的支持力度，或许可以如同广州汽车产业一样实现弯道超车，奋力赶上。一是要制定加快广州医疗机器人发展的规划政策。规划政策是指导行业发展的指南针和路线图，要加快一个行业的发展，规划应当先行。然而目前全国还没有城市制定专门的医疗机器人发展规划，都只是将医疗机器人发展作为机器人总体发展规划的一部分。因此，如果广州在全国率先制定医疗机器人的发展规划，那么广州就占有领先优势。二是要加快医疗机器人行业规范建设。要积极参与医疗机器人行业发展标准的制定，甚至争取参与国际标准的制定，提升广州在国际医疗机器人行业的话语权。三是培育医疗机器人龙头企业。目前广州医疗机器人制造业产业链还没有形成，培育医疗机器人龙头企业，有助于在广州形成医疗机器人产业链，进而形成产业集聚。

（二）加强研发支持

目前国内外医疗机器人产业均有一定发展，如果广州只是借鉴国内外技术则很难赶超，那么必须加强技术突破和提升技术转化率。一是要加强自主核心技术的研发。整个医疗机器人产业都受到电子元器件、控制算法、伺服电机、减速器、传感器和实时影像远程传输等核心关键技术的限制，这是广州甚至全国和全球的医疗机器人行业发展都需要突破的关键问题。二是要加快科研转化力度。广州医疗机器人起步晚，缺少核心技术和产品，可以采取走出去的策略，加强与国内外其他研究所的合作，加大其科研成果转化力度，增强技术转化的效果和加强落地发展。三是提升产品竞争力。目前医疗机器人产品除了技术障碍，还普遍存在价格过高和使用标准限制等问题，因此医疗机器人的应用并不多。广州医疗机器人发展也可以通过改进功能和降低成本，提升产品竞争力。四是加强手术机器人研发。目前国内生产的医疗机器人以康复、辅助和服务功能为主，真正能做手术的机器人很少，但是真正能进入世界机器人排名的医疗机器人企业都是生产手术机器人的企业。无论是为了避免低端恶性竞争，还是为了提升医疗机器人生产水平，广州医疗机器人产业的发展重点都是手术机器人。

（三）加强人才支持

在广州发展医疗机器人产业需要人才的支持，尤其是复合型人才，因为医疗机器人的研发需要医生和技术人员的共同智慧。因此，首先要加强医学和工程学的复合型人才的培养。近两年国内已经陆续在20多所高校设置了智能医学工程专业，如清华大学、上海交通大学、南方医科大学等。然而，人才培养是一个漫长的过程，因此短期内很难满足国内的需求。广州所在的南部区域仅有一所南方医科大学设置了此专业，此类复合型人才更是难求。其次要加大引进人才的力度。制定优惠政策向海内外著名的高校、研究机构和企业抛出橄榄枝，引进领军人才甚至创业团队，让他们在穗创业或开展医疗机器人产业人才培养交流合作。最后要加强人才培训。鼓励有基础的职业技术学院、技工院校和相关培训机构建设医疗机器人安装维护和管理专业，支持技工院校与医疗机器人企业组建联盟，建设实训基地。

（四）拓展广州医疗机器人的应用领域

虽然各种类型的医疗机器人已经应用到广州的医院，然而数量还不到广州医院总数的1/40，因此广州未来医疗机器人应该增加在医疗机构的普及率，让更多患者接受医疗机器人服务。首先，要加大手术医疗机器人的应用。手术机器人在医生控制的基础上具有医疗事故低、出血少、更精准、恢复快的优势。目前广州只是在中山医院等三家医院中应用了达芬奇机器人进行微创手术，随着人民生活水平的提高对手术机器人的需求将日益增加，广州的医院可以根据患者的需求增加手术机器人的应用。其次，要加大康复医疗机器人的应用。相对于手术机器人，康复医疗机器人的技术和制造成本略低，它可以帮助有特殊需求的人群"正常"生活，而且，老龄社会对康复机器人的需要也将日益增加。因此，广州应该加强康复医疗机器人的推广应用。再次，要加大辅助医疗机器人的应用。辅助（采血、胶囊、看护、诊断、寻诊）医疗机器人比手术和康复机器人的技术含量更低，已经在广泛应用。由于其应用领域较为普遍，今后可以在医院常态化应用。广州医疗机构也应该加大辅助医疗机器人的应用，提高诊断水平。最后，要加大服务医疗机器人的应用。服务医疗机器人的技术含量在四种医疗机器人中最低，但消毒清洁、配送机器人具有高效和不怕传染的特点，可以减少医患交叉感染和医护人员的工作量，并提升医院整体环境，也是广州医院中应用最广的一类医疗机器人。今后广州应该继续在医院中加大对服务医疗机器人的投入，为广大患者提高服务效率和质量。

参考文献

《北京市医疗机器人产业创新中心正式成立》，《电子世界》2018 年第 4 期。

《打造科技成果转移转化示范区，闵行区创建"医疗机器人研究院"》，《华东科技》2018 年第 7 期。

韩璐：《医疗机器人在中国》，《21 世纪商业评论》2019 年第 5 期。

李扬、周岷峰：《我国医疗机器人产业发展特征分析》，《机器人产业》2018 年第 2 期。

楼逸博：《医疗机器人的技术发展与研究综述》，《中国战略新兴产业》2017 年第 48 期。

《上海交大成立医疗机器人研究院填补相关空白》，《智能机器人》2017 年第 6 期。

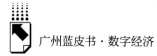
《深圳拟打造成我国服务机器人主要生产基地》,《玩具世界》2012 年第 2 期。

王晓行:《医疗机器人的实际应用及五大发展趋势》,《智能机器人》2017 年第6 期。

汪晓慧:《全球医疗机器人"婴儿期"中国如何激发产业潜能?》,《智能机器人》2017 年第 6 期。

杨振巍:《浅谈医疗机器人及发展前景》,《科技创新导报》2018 年第 12 期。

数字转型篇

Digital Transformation Reports

B.9
以数字经济推动广东产业转型
升级的路径选择

吴伟萍*

摘　要：　作为改革开放先行省和全国第一经济大省，广东充分发挥数据
　　　　　资源富集、产业基础雄厚、融合应用场景丰富的优势，加快发
　　　　　展数字经济，促进数字技术与实体经济融合渗透，有力推动了
　　　　　产业转型升级。当前，广东正处在调整优化经济结构、转换增
　　　　　长动能的关键时期，面对新一轮产业变革和粤港澳大湾区建设
　　　　　的重大战略机遇，特别是信息社会企业对数字化转型的新需
　　　　　求，广东要进一步探索数字经济驱动产业发展的新路径，根据
　　　　　不同行业的融合水平差异分类推进数字化转型，进一步优化产
　　　　　业布局，加快建设世界级新兴数字产业集群；着力改善创新生态

* 吴伟萍，广东省社会科学院经济研究所副所长，研究员，研究方向为网络经济、产业经济。

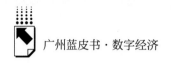

环境，提升数字技术自主创新能力；加强新型数字基础设施建设，提升产业升级支撑能力；探索多元化渠道，加快引进和培育复合型数字人才，促进数据新要素价值的释放，加快产业向全球价值链中高端跃升，推动广东经济迈向高质量发展新阶段。

关键词： 数字经济　产业转型　路径选择　广东

一　数字经济推动下广东产业转型升级的现状及特征

广东数字经济发展水平居全国前列，深圳、广州更是数字经济领先的城市。2018年，广东省的数字经济规模超过4万亿元，位居全国第一，占全省GDP的比重超过40%。数字经济赋能广东产业转型升级，成为动能转换的新引擎。

（一）广东数字产业化水平稳居全国前列，推动产业结构高度化及产业融合创新

广东大力推动数字技术产业化和创新扩散，在电子信息制造业、软件和信息技术服务业、新一代信息技术产业等多个领域连续多年保持全国领先地位，促进了产业结构的升级和新动能的培育。

1.电子信息制造业规模连续多年居全国第一，带动高技术制造业占比不断提升

广东是电子信息制造大省，得益于其多年来持续打造世界级的电子信息产业集群。2018年，广东规模以上电子信息制造业实现销售产值3.88万亿元，占全国的36%，产业规模连续28年居全国首位。其中通信设备、智能终端、集成电路等领域产品技术及规模均全国领先。据中国电子信息行业联合会发布的2019年中国电子信息百强企业名单，华为、TCL、中兴通讯、比亚迪等企业入选，其产值合计约占全国的25%。

图1 2010~2018年广东电子及通信设备制造业和电子计算机及办公设备制造业产值

资料来源:《广东统计年鉴》(2011~2019年)。

电子信息制造业已成为广东省制造业的第一大支柱产业,对全省的实体经济发展起到重要支撑作用,引领制造业加快迈向中高端。广东高技术制造业增加值占规模以上工业增加值的比重从2012年的24.1%提高到2018年的31.5%。其中,从2018年高技术制造业的六大细分行业对比来看,电子及通信设备制造业在六大行业中的比重达到82.17%,占比最高;电子计算机及办公设备制造业占比也达到10.49%,居于第二位;这两大行业在高技术制造业中的占比达到92.66%,对全省高技术制造业规模及增速的提高起到了决定性作用(见图2)。

2. 软件和信息技术服务业发展水平居全国首位,成为拉动服务业结构优化的引擎

广东省的软件和信息技术服务业发展迅猛,2019年广东全省软件和信息技术服务业收入首次突破万亿元,居全国第一(见图3)。据工信部发布的《2019年中国软件和信息技术服务业综合发展指数报告》,广东软件和信息技术服务业发展指数已连续三年位居全国首位。① 广东在境内外资本市场

---

① 工业和信息化部:《2019年中国软件和信息技术服务业综合发展指数报告》,2020年1月。

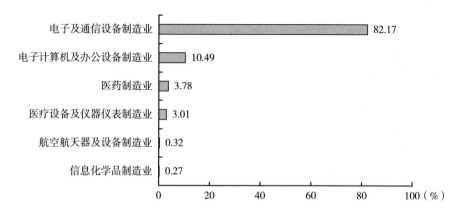

图2 广东高技术制造业主要细分行业占比情况

资料来源：2019年《广东统计年鉴》。

上市的软件和信息技术服务业企业累计超过440家，其中新三板挂牌企业177家，主要集中在广州和深圳两地。在2018年中国软件业务收入百强名单中，华为技术有限公司、中兴通讯股份有限公司位居前两位。

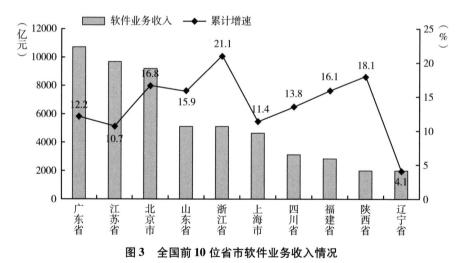

图3 全国前10位省市软件业务收入情况

资料来源：工信部《2018年软件和信息技术服务业统计公报》。

信息传输、软件和信息技术服务业已经成为广东规模以上服务业10个行业门类中营业收入占比最大、对规模以上服务业贡献率最高的行业。2019

年，信息传输、软件和信息技术服务业营业收入占广东全省规模以上服务业营业收入总量的31.9%，拉动规模以上服务业增长4.5个百分点，贡献率达38.5%①，成为现代服务业的增长极，加快了服务业的结构优化。

3. 新一代信息技术产业多领域发展水平领先全国，促进新动能加快壮大

广东在云计算、大数据、人工智能、5G产业等新一代信息技术产业领域取得诸多进展。云计算产业方面，现已拥有包括广州超算中心在内的5个国家级云计算数据中心，广州、东莞、惠州、肇庆等地建设了支撑当地主导产业发展的"工业云"平台。大数据产业规模全国领先，广东省大数据及相关产业产值从2016年的约2203亿元增长到2018年的约3766亿元，复合增长率达30.8%。人工智能产业初步形成集聚发展格局，广州琶洲、广州南沙、深圳湾等人工智能产业园区集聚了一批人工智能企业，开展智能芯片、机器人、智能医疗等产品研发与生产。5G产业研发与商用全国领先，华为、中兴等龙头企业积极推进5G通信设备、5G芯片、基站天线等关键技术研发，形成了一批突破性创新成果。新一代信息技术产业对广东产业转型升级起到了创新驱动的作用，以新业态和新商业模式加速产业价值链重构，成为广东经济新的增长点。

（二）广东产业数字化处于全国先进水平，促进传统产业效率提升及模式变革

广东作为全国经济大省，在三次产业领域拥有丰富的数字化应用场景和融合发展市场空间，通过加快数字技术在制造业、服务业、农业的应用与融合渗透，各行业的数字化、网络化进程明显加速，产业数字化水平整体上居全国前列，促进了生产方式变革和经营管理效率提升，并驱动传统产业结构优化升级。

1. 制造业数字化加快推进，推动制造业结构调整和转型升级提速

广东重点围绕制造业数字化转型展开工业互联网应用、智能制造和工业

---

① 广东省统计局：《2019年广东规模以上服务业运行情况分析》。

技改。一是以工业互联网创新应用为抓手,加快制造业数字化转型步伐。在全国首创"工业互联网产业生态供给资源池"模式,培育跨行业、跨领域"双跨"工业互联网平台、智能制造公共技术支撑平台,推动企业平台化合作;重点支持制造业领军企业率先探索,打造工业互联网标杆示范项目,目前示范效应初步形成,截至 2018 年底,全省主要公有云平台商新增企业用户超过 8 万家。二是支持工业企业以自动化、数字化、信息化为重点的新一轮技术改造,促进工业生产及装备制造数字化升级。比如美的集团通过实施数字化升级,既实现了资源优化配置,又大幅提升了生产经营效率和产品质量,企业营收增长超过 50%;维尚集团"互联网 + 定制设计 + 智能制造"成为全国家居行业大规模个性化定制的典范。三是以智能制造为主攻方向,逐步建立基于互联网的制造业的新模式。广东实施智能制造试点示范,建设了 10 个省智能制造示范基地,培育了 233 个省级智能制造试点示范项目,其中 46 个项目入选工信部试点示范项目。同时,在服装、家具等都市消费品行业逐步开展个性化、定制化模式创新;而电气机械、医药制造、电子信息制造等行业则进行智能化、信息化升级改造。

2. 服务业数字化融合发展,服务效率和质量水平明显提升

广东加快数字技术与传统服务业领域的融合渗透,电子商务、数字金融、数字旅游和数字物流等蓬勃发展,服务模式和服务效率得到有效改善。在电子商务领域,广东的电子商务交易额、网络零售交易额、跨境电子商务交易额等指标在全国名列前茅。2018 年网络零售额为 2.03 万亿元,同比增长 23.7%,占全国的 22.59%。拥有国家级电子商务示范城市、示范园区总数和示范企业数量(含深圳)均居全国第一位。在数字金融产业领域,广东的数字金融发展较快,走在全国前列。P2P 网络借贷平台起步较早,截至2018 年底,广东拥有平台数达到 238 家,占全国平台总数(1029 家)的23%。数字金融技术平台创新和智慧金融园区相继建设,如广东金融高新区正在打造"互联网 +"众创金融示范区。在数字物流领域,广东重点建设南方现代物流公共信息平台,从顶层设计入手,整合了生产、物流和消费等各个环节的供应链管理信息,降低物流综合成本,提高行业运行效率。构建

广东省级综合运输管理信息平台，推动跨领域、跨行业的信息互联共享，开展"一票到家"的旅客联程运输和"一单到底"的货物多式联运。

3.农业生产经营数字化稳步推进，带动农业现代化水平提高

广东的产业数字化出现从第二、三产业向第一产业扩张的趋势，农业数字化从群体性管控向个性化应用发展。广东大力推动农业生产智能化，"互联网＋农业"快速发展。建设农业大数据资源综合管理平台，实现农产品溯源、种子检验、疫苗供应等46项业务信息共享。目前，广东农业物联网应用云平台面向全省76个现代农业"五位一体"生产基地开展视频监控，并运用大数据开展农业监测和行情分析。农产品网络营销发展迅速。已经建立广东十大名牌、省名牌、名特优新农产品网络展示网站，设立名特优新农产品天猫体验专区，面向广东本土农产品免费开展"上网触电"培育，帮助已有网店的农产品直接对接淘宝广东馆。据商务部商务大数据监测，2018年，广东农村网络零售额665.5亿元，同比增长35.3%。

（三）广东数字生活融合型新业态多样化发展，提升了公共服务数字化水平

数字经济融合型新业态的发展为广东居民提供了诸多数字生活应用场景和新生活方式，移动支付、数字文化娱乐、数字化公共服务加速发展，大众数字生活日益多样化。

1.移动支付全面渗透，拉动了生活化、小金额的场景应用

近年来，随着4G网络的普及和社交软件的兴起，移动支付已经渗透广东居民生活的方方面面。随着"互联网＋"普惠金融的推进，以云闪付为代表的新型移动支付产品应用不断普及。2018年，广东省移动支付交易超155亿笔、金额近60万亿元，交易笔数、金额均居全国第一。

2.数字娱乐新业态不断涌现，丰富了大众的文化消费需求

广东建设了一批文化大数据、云服务平台，其中微信、QQ、酷狗音乐位居全国App安装量总榜前三名。广州网络游戏、网络文学、网络音乐、网络视频、网络广告等均处于全国前列。2018年广东移动游戏业务收入占

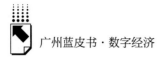

全国的78%，出口营收规模增速为23.8%。拥有腾讯、网易两个网络游戏巨头，腾讯游戏营收稳居全球第一。

3. 数字公共服务加速发展，助力提高生活品质

广东在医疗、交通、教育等领域加快公共服务数字化转型。智慧医疗模式率先铺开。广东省网络医院于2014年10月在全国上线，成为全国首家互联网医院。《数字中国指数报告2019》显示，数字医疗城市榜单十强中有四个城市来自广东。"互联网＋"交通效果明显。全省108条收费高速公路全部纳入联网收费，开通ETC车道达1700条，粤通卡用户达602万，累计撤销主线收费站72个，减少收费站129个。智慧教育布局逐步开展。广东省实施中小学网络"校校通"、优质数字教学资源"班班通"等工程，积极发展"互联网＋教育"，形成多层次、交互式的网络教育体系。

二　数字经济推动广东产业转型升级
面临的主要问题

尽管广东近年来数字经济与实体经济的融合发展已取得较大成效，但与国内外先进地区相比，广东在数字技术与产业发展的融合深度、数字科技自主创新能力、复合型数字人才等方面仍存在不少短板。

（一）数字经济与产业发展的融合度有待提高

数字经济在广东三次产业的各个细分行业领域以及大中小企业当中的融合程度仍存在差异。广东的纺织服装、家具、建材等传统制造业领域，普遍面临生产端与消费端数字化融合不均衡、供应链上下游数字化融合不均衡的问题。广东的融合型数字经济指数低于江苏和浙江，制造业企业整体仍处于工业2.0向工业3.0过渡的水平。此外，中小企业受自身技术、人才、资金的制约，主动进行数字化转型的意识不强，不少企业认为数字化转型的投入产出率低，导致其不敢、不会或是不想数字化转型，阻碍了广东产业数字化转型的整体发展进程。

（二）数字技术自主创新能力及基础支撑亟待增强

广东的数字经济尚未充分发挥对产业发展的驱动效应，其中一个重要原因在于缺乏数字化自主可控技术，"缺核少芯"问题突出。目前广东在数字经济领域的关键硬软件技术仍存在不少短板，如支撑工业互联网发展的工业控制与传感、标识解析、工控安全等关键核心技术与国际先进水平差距较大；高端新型电子信息产业的关键元器件、专用电子设备发展滞后，半导体芯片、嵌入式处理器、传感器等关键部件严重依赖进口；机器人及高端自动控制系统、高档数控机床、光纤制造装备等80%以上的市场份额被国外产品占领；数据中心、云计算等数字基础设施尚不完善。这些短板都制约着行业数字化转型和产业升级的深入推进。

（三）新兴数字产业集群化发展优势尚待形成

广东的数字产业新业态虽然发展较快，但大部分新兴产业仍处在发展的初期，还未进入快速生长的阶段，产业规模实力仍显弱小。人工智能、大数据、工业互联网、区块链等新兴领域的企业集群化发展优势不突出，产业链条不完善，产业上下游和关联产业发展仍不匹配。与国内先进地区相比，广东在共享经济、平台经济、新零售等数字经济新业态领域尚缺乏大型龙头企业。

（四）复合型数字人才结构性缺乏

随着数字经济与广东实体经济的不断融合，各个行业和企业急需既懂数字技术又理解产业痛点的复合型人才。广东省虽然汇聚了大量的数字技术人才，但数字技术人才的地区分布和行业分布亟待优化。大部分数字科技人才集中在深圳、广州、东莞等数字经济较为发达的珠三角城市，而粤东、西、北等欠发达地区的数字技术人才极为匮乏，导致地区之间的"数字鸿沟"难以逾越。而从行业分布来看，广东的数字技术人才目前多集中在金融、电信、信息服务、电子商务等服务行业领域，制造行业的数字技术人才占比较

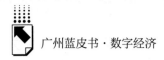

低，特别是缺乏既精通工业技术又懂信息技术的跨界融合型人才，因此制造业数字化转型的人才支撑明显不足。

三 加快以数字经济推动广东产业转型升级的创新路径

当前，全球产业与经济格局正面临大调整，以数字技术为代表的第四次工业革命不断深化。突如其来的新冠肺炎疫情使国际国内经济发展面临更大的危机与挑战，但同时也带来数字经济范式变革的新机遇。数字经济新业态、新消费的加速涌现和创新发展，为广东产业结构调整和转型升级注入新的动力源泉。广东要把握数字经济变革的战略机遇，针对产业转型升级的迫切需求，加快数字化产业发展，促进产业数字化转型，塑造广东经济高质量发展的新优势。

（一）根据不同行业的融合水平差异，分类推进数字化转型

不同行业对于数字技术的应用需求及应用方向均有较大差异，需要根据不同行业融合发展的基础和行业特点，选择不同的数字化转型路径。一是聚焦广东转型升级需求迫切、带动效应大的制造行业，包括电子信息、家电、汽车、服装、家具、建材等重点行业，深入推进工业互联网创新发展，打造一批行业云平台和"上云"标杆企业，驱动更多中小企业加快数字化转型。围绕研发设计、生产管控、产品营销、供应链管理等环节，运用工业互联网新技术新模式实施数字化网络化智能化升级，进一步降低经营成本、提升生产效率、提升产品质量。二是围绕金融、物流、零售、旅游等重点服务业，重点扶持"互联网＋"服务业新业态骨干企业（平台），鼓励跨平台融合发展，针对企业及行业需求，探索商业模式创新和服务业态创新，拉动消费需求，培育知名品牌。三是开展集成应用创新，鼓励跨界、跨行业融合发展，在广东的优势传统产业领域培育智能化生产、网络化协同、服务型制造等融合型新模式新业态。

（二）进一步优化产业布局，加快建设世界级新兴数字产业集群

根据新兴数字产业布局现状及未来发展趋势，以重大平台建设促进新兴数字产业集群化发展。发挥广州琶洲人工智能和数字经济试验区、深圳前海深港现代服务业合作区、东莞松山湖高新区等平台作用，引导重点项目、企业、技术、资金等向平台集中，带动大数据、人工智能、5G、工业互联网、云计算、物联网、区块链等新兴数字产业集聚发展。

发挥"双区驱动、双核联动"效应，特别是利用粤港澳大湾区和深圳先行示范区的政策红利，以广州、深圳为核心，在工业互联网、人工智能、5G、区块链、数字创意等新兴领域培育具有国际竞争力的数字经济发展示范园区（基地），大力发展数字新技术、新产业、新业态、新模式，努力建设国家数字经济产业中心，并打造辐射和支撑全省新兴数字产业发展的创新高地。利用"广佛肇"、"深莞惠"和"珠中江"等珠三角三大经济圈的联动效应，发挥制造业基础优势，重点发展"智能＋制造＋服务"新兴业态；引导珠三角新兴数字经济企业向粤东、西、北地区延伸拓展，结合东西两翼和粤北地区的区域特色，重点发展农村电子商务、中小企业云服务、"互联网＋旅游"等新兴业态。

（三）提升数字技术自主创新能力，着力改善创新生态环境

整合数字科技创新资源，依托粤港澳大湾区、珠三角国家自主创新示范区、广深港澳科技走廊等重大平台，建设数字技术创新平台，争取在广东布局新一代信息网络、半导体芯片、人工智能、智能制造等领域的国家重点实验室及重大科技基础设施，开展核心技术攻关，力争关键核心数字技术自主可控，抢占数字科技创新制高点。

完善"政产学研用"组合的数字科技创新机制，鼓励企业与高校、科研机构创建数字技术战略联盟，构建协同创新共同体。营造"类硅谷"的创新环境，打造多种形式的数字科技企业孵化器，支持一批数字技术原始创新成果尽快产业化。加强数字经济领域的知识产权保护力度，积极打造"产学研＋知识产权"的数字技术专利育成中心。

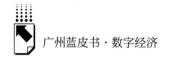

（四）加强新型数字基础设施建设，强化产业升级支撑能力

当前，以5G、人工智能、工业互联网、大数据中心为代表的数字化基础设施正成为"新基建"的重要组成部分。推动数字经济与广东实体经济的深度融合，必须加快建设完善新型数字基础设施。一是要统筹规划5G在广东全省的网络布局与商用进程，加快5G关键技术研发及产品应用，在智能制造、智慧城市、互联网金融、在线教育、在线医疗、新零售、智能家居等诸多行业推进5G技术的场景化应用。二是加快构建人工智能技术创新体系和产业生态体系，以智能机器人、智能数控机床、智能网联汽车等为重点，大力发展人工智能与实体经济融合的新技术、新业态。三是针对广东制造企业对数字化转型的网络需求，加强跨行业、跨领域的工业互联网平台建设，鼓励运营商进一步降低资费水平，为中小企业数字化改造提供网络支撑。四是依托珠三角国家大数据综合试验区建设，加快扶持深圳、广州布局建设粤港澳大湾区大数据中心，构建完善的大数据产业链条。

（五）探索多元化渠道，加快引进和培育复合型数字人才

针对广东产业发展的市场需求，实施更加开放的数字人才引进政策。优化实施广东省"珠江人才计划""特支计划""扬帆计划"等重大工程，特别是利用粤港澳大湾区的国际化人才资源配置优势，通过"靶向引才""以才引才"等方式，大力引进一批处于世界数字经济发展前沿的领军人才和高层次创新团队，尤其要重点引进工业大数据采集与分析、先进制造流程及工艺优化、数字化战略管理、制造业全生命周期数据挖掘等领域的高端复合型数字人才。在数字人才引进机制方面，除了提供多方位的保障条件，更应通过打造地方产业优势和创新环境来吸引人才，为数字人才创造良好的社会氛围，以人才集聚树立广东数字经济发展的竞争优势。

创新数字人才培养模式，强化数字人才教育和数字技能培训。建立起以行业需求为导向的数字人才培育机制，深化革新高等院校、职业技校传统人才培养方式，打通数字人才教育链与产业链之间的连接，弥补教育体系数字

化关键应用型技能人才培养与企业实际用人需求之间的差距，实现人才赋能。鼓励广东行业龙头企业设立科研工作站和创新实践基地，加快数字经济创新型、复合型人才培养。推动院地、校地、校企合作共建实习实训基地，联合培养面向产业一线的应用技术型数字人才。

参考文献

G20：《二十国集团数字经济发展与合作倡议》，2016 年 9 月。

广东省社会科学院：《粤港澳大湾区数字经济发展报告（2019）》，社会科学文献出版社，2019。

中国信息通信研究院：《中国数字经济发展与就业白皮书（2019 年）》，2019 年 4 月。

阎逸、夏谊、姚海滨：《广东数字经济发展的经验及启示》，《浙江经济》2019 年第 16 期。

B.10
数字化转型进入"深水区"的破局路径

陈 晟 陈松晨*

摘 要： 数字经济已成为驱动经济增长的核心引擎，新一代信息技术的发展促使企业数字化转型进入新的阶段，为企业转型升级提供了巨大的市场价值空间。但与此同时，市场竞争的加剧导致数字化转型的时间窗口越来越短，如何突破数字化转型中的困局，成为摆在企业面前的现实课题。笔者认为数字化转型并非单纯的技术问题，而是需要企业全面的综合性改革。本文着重分析了新形势下数字化转型的挑战，指出企业数字化转型具有智能化、模式颠覆、集成平台三大趋势，要从领导共识、路径突破、IT架构革新、数据融合等方面迎接挑战，最终形成数字化战略体系、数字化业务运营能力、数字化转型技术融合管理、数据智能化管理四个方面的破局能力，为企业数字化转型创造健康的生态环境，打造能够良性循环的数字化企业文化。

关键词： 数字化转型 变革 路径

一 引言

数字经济时代，新一代信息技术正加速与企业经营深度融合，数字化转

* 陈晟，中国移动广东有限公司战略决策支撑主管，研究方向为数字经济、电信规划、通信产业；陈松晨，中国移动广东有限公司企业战略管理主管，研究方向为数字经济、电信规划、通信产业。

型正全范围、深层次重塑企业，从业务模式、产品创新、服务能力、运营管理各个方面重构企业核心竞争力体系，助力企业实现跨越式发展。但随着数字化转型逐渐进入"深水区"，数字化转型各项深层次的问题逐渐浮现，制约着企业数字化转型步伐。在宏观经济环境下行的压力下，企业如何打破数字化转型瓶颈，推动数字化转型深入发展，培育以规模化创新为核心的发展新动能成为亟待解决的问题。

二 企业数字化转型趋势

（一）数字化转型迈入智能化阶段

技术演进正推动数字化转型由 1.0 时代向 2.0 时代加速演变。在过去 30 年，企业数字化转型 1.0 时代一直处于主导地位。在该阶段，数字化转型以管理为导向，依托传统的 IT 架构及桌面端进行信息化管理。通过构建面向局部优化的封闭技术体系，聚焦企业资源管理及流程系统的应用开发，打造软件 + 硬件一体化解决方案，来满足企业的效率提升，诸如降低成本、提升管理效率等。转型的核心价值是业务的数据化。而随着以云计算、边缘计算、物联网、人工智能、移动端等为代表的新的技术群落的形成，企业数字化转型迈入 2.0 时代。在该阶段，企业将以创新为导向，依托云架构和移动端进行智能化运营。通过构建面向全局的优化的开放体系，广泛面向需求、场景、角色，打造一套以消费者为核心的解决方案，以满足不确定性业务需求的创新迭代。转型的核心价值为业务数据化及数据业务化。预计未来 5 ~ 10 年，数字化转型 2.0 时代将占据主导地位。

（二）企业发展模式正在被颠覆

数字化转型具备的创新型技术正在从营销模式、业务模式、产品创新、服务体验、组织变革、人才转型多方面颠覆企业发展模式。一是企业经营重心及逻辑将发生改变，过去企业一直致力于追求边际效益，而数字化转型企业更侧重于追求底层业务逻辑的变革，经营焦点由成本导向转向客户体验、产品创新等业务导向，例如企业将应用更多的智能化自助服务技术来随时随地为客户提供服务，从而提升用户体验。二是企业内部管理模式将产生较大变革，数字化技术不断深入应用到企业管理过程中，从业务流程、资源管理、组织架构、策略机制各方面颠覆企业传统的管理模式，最直接地体现在数字化技术将极大地精简企业业务流程，同时利用数字化技术迅速、丰富的洞察能力，可以有效增强企业决策分析能力。根据德勤研究，部分数字化程度较高的企业在提升客户体验、优化外部流程、开拓新市场、开发新产品等方面已经获得较高的商业价值产出与收入。

（三）集成化平台将成为数字化转型最核心的基础设施

数字化转型企业正利用云计算、大数据、物联网、AI、NLP 等数字化技术，构建一个链接企业内外部资源、协同的数字化集成平台。阿里巴巴通过构建更趋创新及灵活的"大中台、小前台"组织机制和业务机制，整合集团的运营数据能力、产品技术能力，从而全面提升对前台业务的支撑能力。腾讯启动中台战略，打造数据中台和技术中台，并设立开源协同和自研上云项目组来推动公司技术的整合、公司产品的开源与云端化。华为打造沃土平台，对外通过运营支撑服务、云上 OpenLab、Marketplace 赋能客户平台建设，对内实现跨云跨网数据融合、实时数据融合、连接 OT 系统和 IT 系统；中国移动打造智慧中台，包括技术中台、业务中台、数据中台和 AI 中台，用于实现从基础能力到商业能力的升级，打通企业线上线下产品、用户、渠道数据，对运营全流程的实时注智，通过中台驱动业务协同与智能运营。总而言之，集成化的数字化平台将使能企业数据管理、运营管理、业务机制等各个方面，提升数字化转型成熟度，成为企业数字化转型最核心的基础设施。

三　企业数字化转型存在的挑战

（一）高层领导未能形成有效的数字化转型共识

数字化转型是一项长期工程，需要各业务部门、职能部门乃至整个企业长期协同合作、并肩作战，其中高层领导是数字化转型成功的关键。在实际开展数字化转型过程中，部分企业未能形成统一的方法论，使得数字化建设缺乏统一性和有序性。一方面，数字化转型短期内难以产生显著的、直接的业务价值，诸多业务部门领导在绩效考核、竞争压力下，难以坚定持续投入与配合；另一方面，数字化转型过程中面临诸多的技术限制，而业务部门领导对技术应用盲目乐观，上述二者对数字化转型认知差异导致很难达成目标上的共识。根据IDC对中国及海外360家公司业务负责人及IT负责人的调查，业务部门负责人面对数字化转型希望实现运营和管理优化、提升服务体验、支持新业务拓展等目标，而IT部门负责人希望通过改造IT基础架构，打破数据孤岛，实现数据汇聚和数据智能，最终支撑业务部门实时响应来自市场的反馈和提供解决方案。企业高层领导之间观点上的差异，导致企业在数字化转型项目上难以统一目标、统一行动，为数字化转型的成功带来极大风险。

（二）部分企业缺乏明确的转型方法和路径

数字化转型尚处于智能化探索阶段，成熟度不足限制部分数字化转型追随企业分享转型红利，其中非技术行业公司成熟度普遍较低。根据德勤调查结果，在推进数字化转型应用的企业之中，40%的企业处于良性建设阶段。其中仅有13%的企业处于领先者地位，在建设规模和收益方面取得较为可观的成果；而27%的企业处于跟随者地位，虽同样取得一定的成效和收益，但是与领先者仍有明显差距。另外60%的数字化转型企业，受内外部环境的影响，尚未建立良好的数字化转型发展路径。其中转型落后者占比22%，该类企业数字化转型缓慢,成效甚微;转型停滞者占比 12%,该类企业仅在部分项目的数字化转型上有所成果,但是无法复制推广到其他部门或业务环节;还有 26% 的企业为转型损耗者,这类企业缺乏正确转型方法和路径,因此数字化转型成为吞噬企业资源和机会的陷阱,无法为企业带来转型价值。

(三)传统 IT 架构及组织难以支撑日趋复杂的数字化技术的应用

数字化技术正呈指数级发展,云计算、大数据、物联网、AI、区块链等技术与企业经营融合程度不断加深,传统的 IT 架构与组织持续支撑新技术在企业应用面临着诸多阻碍。一是传统的 IT 架构及组织过于僵化,无法满足快速迭代的技术及业务需求,数字化转型需要部署大量的新技术,需要对传统 IT 架构进行大范围的调整和重置;二是"烟囱式"系统林立,受长期运维及更迭的影响,各系统存在紧密联系,数字技术应用或将牵动各个系统;三是数字技术在与企业经营融合中,涉及各类算法、工程技术、硬件加速技术,复杂的技术为部署带来挑战。IT 支撑系统是数字化转型重中之重,解决传统 IT 架构痛点问题,实现传统 IT 架构转型是企业数字化转型的根本。

(四)数据融合价值需要进一步激活

数据是企业数字化转型最核心及最底层的要素之一,数据攫取的广度、深度及质量将直接影响企业数字化转型能力的阈值。目前许多企业均有自己的数据系统,也尝试着将这些数据与业务进行融合管理,但在实际数字化转型过程中依旧存在诸多难点。一是诸多企业数据处在不同的数据系统之中,数据交叉现象普遍存在,数据之间的存储方式、格式不一致,数字化转型需要将这些数据统一整理;二是现有系统之中的数据都是显性数据,数字化转型更多地需要对非传统输入数据进行激活,使能业务阈值。目前企业数字化转型数据融合以现有管理系统的 10% 的数据融合为主,而 90% 的物理世界的数据尚处于"沉睡"之中。在数字化转型进入"深水区"的过程中,能否采集物理世界的全量数据（过程数据、结果数据）、能否将不同的物理世界数据融合、能否将物理世界数据与管理系统数据融合是数据融合价值的关键。

四　企业数字化转型破局路径

（一）重构数字化转型战略体系

企业数字化转型过程中出现的认知差错、协同不足、可持续性差等问题，源自企业数字化转型顶层设计存在缺陷。不同于传统企业固有体系，数字化转型更加侧重于领导层对于战略的支持，如企业是否具备数字化转型文化及思维、高层领导是否就数字化转型达成一致意见并坚持在数字化转型之中起着重要作用。因此，企业需要重新构建完整、清晰具体的数字化战略规划路径，它是企业统一数字化转型愿景与目标，统一思维，强化协同能力，致力于企业数字化转型的必要条件。一是确定数字化转型价值，充分评估企业的业务能力，分析业务转型必要性及可行性，对标业界优秀企业标杆数字化转型成果，探索新技术融合到具体业务的转型价值；二是制定数字化转型战略蓝图，包括数字化转型的总体目标与愿景、架构设定、具体行动、人员配备等多方面内容；三是做好机制架构保障，包括内部机制变革、创新机制设置等。

（二）锻造数字化业务经营及运营能力

数字化转型成功的一个重要显性特征是技术与业务及运营的深度集成，从而带来企业业务模式上的创新及运营模式上的革新。从业务经营视角来看，数字化转型需要将数字化技术应用到业务经营的方方面面，实现业务经营的范式创新，包括渠道的优化、全量触点建设、场景连接、精准营销、产品创新、增值服务、品牌打造、生态协同等各个领域。从企业运营的视角来看，数字化转型需要对企业内部管理进行深刻的变革，一方面要建立高效的制度流程，运用数字化技术全面优化流程，建立一套符合数字化企业的经营管理及业务发展的流程；另一方面，建立符合数字化转型的治理结构，包括对企业组织管理、组织结构、组织文化、工作方式等进行革新，以充分匹配企业数字化转型。

（三）构建数字化转型技术融合管理能力

随着数字化技术种类及复杂程度日趋增加，企业需要构建契合数字化企业技术管理及融合能力的体系，以提升数字化技术使能效率。一方面，区别于传统信息化技术管理，数字化转型技术体系中加入弹性基础设施、组建解耦服务、人工智能、物联网、边缘计算等复杂技术，给企业现有技术管理带来巨大冲击及管理挑战，也存在着潜在不确定性和安全风险。另一方面，面临各类数字化新技术，技术与技术、技术与业务、技术与运营管理之间衔接与融合能力对企业提出更高的要求。目前，构建以平台为核心的智能化企业架构是数字化转型企业提升技术管理及融合能力的有效途径。数字化平台本身是以云计算、大数据、物联网等新一代信息技术为核心构建的，不断整合现有 IT 技术，同时持续更新迭代纳入新技术，并将现有技术与新技术全面融合，驾驭日趋复杂的数字技术，为企业业务发展及运营提供系统支撑。

（四）提升数据智能化管理能力

数据是企业数字化转型的核心资产，企业需要着力做好数据资产全生命周期的智能化管理、全量数据处理以及数据价值深度挖掘。一是面向企业数据智能化管理，要优化企业显性非结构化数据，打通各业务系统的数据壁垒，制定满足数字化应用的数据标准，建设基于实时数据流的数据资产服务目录，建立一套数据采集、融合、存储、分析、使用、删除数据资产全生命周期管理体系，从而真正地将企业海量的数据转化为能够为各业务领域所用的资产。二是提升企业数字化转型全量数据处理能力，企业数字化转型不仅需要充分采集企业内部历史经营数据，更需要具备从外部攫取数据的能力，既包括利用新技术采集的物理世界的数据，也包括类似微信、微博、电商等各类互联网平台数据。三是充分释放数据价值，数据价值深度挖掘是企业实现数字化转型的重要途径，在数据价值挖掘过程中，要充分发挥数据的基础资源及创新驱动的作用，以业务作为指导，将业务、场景与数字化技术深度融合，利用算法及模型分析技术挖掘数据深层次价值，赋能企业经营管理。

五　小结

数字化转型 2.0 时代对企业来说机遇与挑战并存。一方面，数字化技术驱动企业全面革新，为企业创新商业模式、打破发展瓶颈提供契机；另一方面，数字化转型仅依靠技术红利是不够的，其长期性、复杂性特征要求企业从组织到文化进行全方位的重组和调整，对企业可持续发展带来极大的风险与挑战。因此，企业需要构建符合自身实际情况的数字化转型路径，从根本上推进顶层设计、运营变革、技术改造，从而把握好数字化转型机遇，抓住数字化转型红利。

参考文献

华为技术有限公司、IDC：《数字平台白皮书——数字平台破局企业数字化转型》，2019 年 5 月。

第四范式、德勤：《数字化转型新篇章：通往智能化的"道、法、术"》，2019 年 5 月。

阿里巴巴：《新一代数字化转型》，2018 年 9 月。

童向杰、郑武、谢凤玲、董丽花、汤炉鑫：《企业数字化转型中的硬件 DevOps 实践》，《价值工程》2020 年第 1 期。

B.11
数字时代金融资源配置研究[*]

覃　剑[**]

摘　要： 数字时代正在加快到来，经历货币化、资本化等阶段之后金融数字化趋势越来越明显，数字金融资源加速涌现。数字金融资源包括基础性数字金融资源、融合性数字金融资源、新生性数字金融资源和制度性数字金融资源。数字时代金融资源配置的机制主要由配置主体、配置平台、配置网络、配置方式和配置服务等协同构成，配置的效率可以从经济增长促进性、金融资源敏感性、金融资源内生性、金融结构合理性、金融投入有效性等方面进行考量。面向未来，需要关注传统金融中心和新兴金融中心、传统金融机构和新兴金融机构、传统金融监管和金融开放创新对全球金融资源配置市场格局的影响。

关键词： 金融资源　金融配置　金融效率　数字金融

当前及未来一段时期，网络化、数字化、智能化加速推进，以人工智能、大数据、区块链、云计算、物联网为代表的新技术将催生大量的金融新要素、新产业、新业态、新模式。根据安永发布的安永金融科技采纳率指

---

[*] 本研究受广东省社会科学基金项目"互联网时代区域金融资源配置时空效率研究"（项目编号：GD16YLJ01）的资助。

[**] 覃剑，广州市社会科学院区域经济研究所副所长，研究员，研究方向为城市与区域经济。

数，2015 年金融科技刚刚起步，对金融市场的影响还相当有限，但到了
2019 年，金融科技引领形成的金融科技生态圈正在赋能传统金融生态圈，
引领金融商业模式发展。全球 76% 的消费者接受或者采纳了金融科技服务，
96% 的消费者至少知道一项转账或者支付类的金融科技服务，75% 的消费者
使用了转账和支付类的金融科技服务，48% 的消费者使用了保险类金融科技
服务。可以预见，在经历货币化、资本化等阶段之后金融数字化趋势已经越
来越明显，金融资源内涵外延也将越来越复杂。在此背景下，如何主动顺应
数字时代新变化新趋势，把握数字赋能对金融资源内涵及其配置效率的影
响，对深化金融结构性改革、推动金融高质量发展、增强金融服务实体经济
发展的能力意义重大。

一 数字时代金融资源的内涵拓展

早在 1869 年，Willson 出版了《北卡罗来纳州，其债务和金融资源》
一书，其中就使用了"金融资源"（Financial resource）的概念。此后，
Goldsimith（1955）在其著作《资本形成与经济增长》中写到"本书应该
探讨金融资源和传递渠道对经济增长的速度和性质的影响……"，这被普
遍认为是金融资源研究的开端。自此以后，金融资源概念的出现频率有
所提高，一些学者开始在实践中关注和观察金融资源的流动性问题，如
Inter-American Development Bank（1976）对拉丁美洲国际金融资源流动的
分析，Islam（1996）对亚洲金融资源流动的分析等。然而，这些研究更
多是把金融资源等同于信贷资源，并未将其作为一个相对独立而完整的
金融专业名词进行解析。20 世纪 90 年代以来，我国一些金融学者开始
从不同角度对金融资源进行了较好的界定和分类，如白钦先（1998）认
为金融资源包括货币资金、金融工具、金融组织体系和功能性金融资源，
崔满红（2002）认为金融资源包括货币资源、资本资源、体制资源、商
品资源，何风隽（2010）认为金融资源包括金融资金、金融机构和金融
制度。

需要指出的是，金融发展受到经济社会发展环境和阶段的影响，金融资源内涵具有明显的时代特征，因而观察金融资源应该秉持历史和动态的眼光。比如蔡彬彬、郭熙保（2005）曾指出金融分工相继经历了货币化阶段、资本化阶段、商品化阶段和制度化阶段，在不同阶段总会产生出新的金融资源。遵循这一金融分工逻辑，在当前新一轮科技革命和产业变革的影响下，人类社会在经历农业社会和工业社会之后正在进入信息社会和数字社会阶段，金融分工也同步迈向数字化新阶段。与其他金融分工阶段相比，金融数字化分工阶段的主要特征为：数字与金融深度融合发展，推动线上金融与线下金融分工协作，催生出大量以数字金融资源为代表的新型金融资源。数字金融资源与传统金融资源组合形成金融产业结构和金融产业链，不仅使金融产业"宽度"有所增加，也使金融产业"长度"随之增加，金融空间"分布"更加灵活，进而形成金融发展的新内生机制。可以观察到，以金融科技、科技金融、数字金融、智能金融、金融安全等为代表的新兴金融企业和产业正在高速增长。

图1 金融分工阶段演进

说明：本文在蔡彬彬、郭熙保（2005）提出的金融分工经历货币化阶段、资本化阶段、商品化阶段和制度化阶段基础上，增加了数字化阶段。

与金融资源的研究历程十分相似，虽然当前"数字金融"已经成为一个热词颇受追捧，但是对"数字金融资源"的内涵构成的研究却很少。根据数字时代数字经济和数字金融发展实践特征，结合传统金融资源的定义分类，可以认为数字金融资源包括四个层次，即基础性数字金融资源、融合性数字金融资源、新生性数字金融资源、制度性数字金融资源。

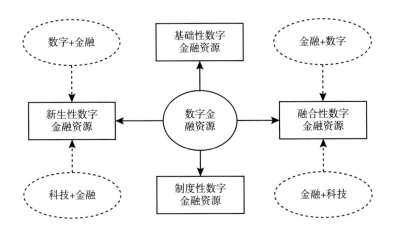

图 2　数字金融资源的构成

（一）基础性数字金融资源

基础性数字金融资源主要是指建立在区块链、人工智能、大数据、云计算、物联网等新型数字技术基础上的支付系统、结算系统、交易系统、数据系统等数字金融基础设施。回顾历史，每一波技术革命浪潮对经济社会发展的影响基本可划分为两个阶段，第一个阶段为建立在新技术应用之上的新型基础设施的安装期和建设期，第二阶段为在新型基础设施支撑下新技术经济效应显现的发展期和黄金期。从目前来看，正处在世界范围内数字金融基础设施如火如荼布局建设和传统金融基础设施数字化升级建设的叠加时期。实践中，可以观察到一些数字金融基础设施研发和运营企业出现，如近年成立的美国数字资产控股公司（Digital Asset Holdings），其主业就是依托区块链技术为金融机构的结算与清算提供分布式账本解决方案。

（二）新生性数字金融资源

新生性数字金融资源是指建立在新一代信息和数字技术基础上的金融科技、数字金融、智能金融、金融安全等高速增长的新兴金融机构、金融产品等资源。目前，可以在全球范围内观察到许多新生性的数字金融资源正在加速涌现，尤其是许多高科技企业凭借自身的数字技术和数据优势，向金融业渗透并组建新型金融机构或金融服务平台，如阿里巴巴集团依靠自身在移动互联、大数据、云计算等领域的优势，成立蚂蚁金融服务集团，致力于打造开放的互联网金融生态系统。腾讯集团发起成立我国首家互联网银行，即微众银行，开发出国内首款从申请、审批到放款全流程实现互联网线上运营的"微粒贷"贷款产品。事实上，全球范围内一些知名的大型科技公司在金融科技领域的专利申请量众多（见表1），这意味着未来依托高科技公司孵化出新生性数字金融资源的趋势将越来越明显。与此同时，在新支付、新借贷、新保险、新理财、新银行等领域正在快速涌现出一大批独具特色的初创型金融科技公司。根据 CB insights 统计，截至2019年8月8日，全球共有48家金融科技独角兽公司。亿欧公司则预测2018年全球金融科技市场规模达到55.3亿美元，2023年将达到204.5亿美元，2018~2023年的复合增长率将高达29.9%。

表1 2019年部分大型科技企业金融科技领域的发明专利申请量

企业名称	金融科技发明专利申请量(个)	国别	申请量排名
阿里巴巴	2788	中国	1
腾讯	583	中国	4
IBM	457	美国	6
京东	433	中国	8
Toshiba	376	日本	10
EBAY	274	美国	14
Google	258	美国	15
Yahoo	226	美国	17
NEC	215	日本	19
Samsung	205	韩国	21

资料来源：IPRdaily 与 incoPat 创新指数研究中心联合发布的"2019年全球金融科技发明专利排行榜"。

（三）融合性数字金融资源

融合性数字金融资源是指传统金融机构应用大数据、人工智能、物联网、云计算、区块链等技术积极投资内部数字金融创新和产品研发，加入数字金融生态系统或创建自己的数字金融生态系统，在此过程中形成的"金融＋数字""金融＋科技"产品、服务和生态可称为融合性数字金融资源。
比如目前许多传统商业银行不再仅仅依赖于传统的实体机构网点，而是依托
信息技术和数字网络作为重要工具，通过与计算机硬件/数据库服务商、金
融云服务商、IT软件及解决方案提供商、垂直行业企业和客户的合作开放
自身服务和数据，为客户提供在线开放式、定制化、互动式金融服务，努力
建设开放银行、数字银行、虚拟银行、网络银行、互联网银行和直销银行，
实现用户和经营规模快速增长，组织管理模式也更加趋向扁平化。根据
IPRdaily 与 incoPat 创新指数研究中心联合发布的 "2019 年全球金融科技发
明专利排行榜"，2019 年中国平安集团在金融科技领域发明专利申请量达到
3008 件，美国 Mastercard 公司达到 903 件，中国银行为 453 件，VISA 为 405
件，均释放出传统大型金融企业向数字金融领域转型和进军的强烈信号。伴
随着这一进程，融合性数字金融资源必将越来越丰富。

（四）制度性数字金融资源

制度性数字金融资源是指围绕保障促进数字金融基础设施建设、金融科
技研发创新、互联网金融平台建设、智能金融应用服务等形成的新金融标准
规则和新金融环境治理体系。在数字时代，数字技术将显著改变传统金融业
的组织形态、服务模式和技术路径，全方位重构金融业的市场主体、服务对
象、产品工具和运作方式，重构金融产业链、服务链、创新链和价值链，金
融创新活动将进入空前活跃期。为营造更好的数字金融生态环境，适应数字
金融发展的需要，各国对金融发展的相关制度在同步进行改革创新。比如
2015 年英国政府率先在全球提出促进金融科技发展的 "沙盒监管" 模式，
得到许多国家和地区的广泛认可和采纳应用。2018 年美国多家金融科技公
司联合发起成立数字资产市场协会（ADAM），旨在增强与政府监管当局合
作，探讨制定数字资产高效交易、托管、清算和结算的相关规定以及数字资
产市场参与者的全面标准，推动数字金融市场监管法律法规完善。总体上，
未来整个金融生态系统将从相对封闭的经营模式向高度开放的联营模式、以
金融机构为核心向以金融科技机构为核心等加速转变，并由此带动和促进各

国金融监管制度演进，形成一个更有渗透力、更有活力、更有创新力的数字金融生态系统。可以预见，未来一段时期全球范围内针对数字化金融和金融数字化的制度性资源将成为金融创新发展的重要推动者。

二 数字时代金融资源的配置机制

在数字时代，金融业发展将面临一场新的变革，金融的内涵外延都将发生深刻变化，金融的运行模式也将更加复杂。即便如此，金融作为一种资源，其配置机制也要遵循一定规律。金融资源配置机制是指推动金融资源在各行业、各部门、各地区之间流动并形成一定金融规模、金融结构、金融布局的机制。具体来看，数字时代金融资源配置机制主要由配置主体、配置平台、配置网络、配置方式和配置服务等协同构成。

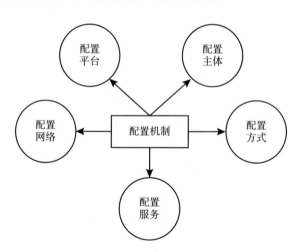

图3　金融资源配置机制构成

（一）配置主体

配置主体主要包括市场、政府和机构组织，在市场经济体制下，企业尤其是总部型金融企业是资源配置的主导力量，金融机构组织的作用日趋明显，政府对资源配置具有引导作用。在数字经济时代，就具体资源类别而言，市场在配置新生性金融资源和融合性金融资源中起到决定性作用，数字金融、科技金融、智能金融、开放金融的领袖企业对全球金融资源的外向辐射能力、影响能力和控制能力正在不断增强。政府对配置制度性数字金融资源和基础性数字金融资源往往发挥主导作用，即政府通过建立和完善适应时代发展需要的金融监管规则和金融基础设施，为市场主体发挥作用提供保护和保障。机构组织包括一些行业协会、平台型组织等则通过影响政府和市场的行为进而影响金融资源配置。

（二）配置平台

金融资源配置平台包括各种线上和线下金融资源交易市场、金融证券交易所、金融资产交易所、期货交易所、清算所、互联网金融平台等金融资源配置的重要场所和平台型企业。在数字经济时代，以数字技术为基础、以平台为驱动的协同网络型金融组织平台系统对金融资源配置至关重要。在智能技术群落的聚变与赋能下，协同网络型金融组织平台系统可以通过数据聚合效应获取平台参与方的往来数据和链条数据，利用渐趋完善的信用评价体系，为未能得到完全有效配置的传统金融资源创造出新的供给和需求，促使金融资源优化配置，更好发挥金融资源链接者、组织者、配置者、调控者的重要角色。比如位于胡润研究院 2019 年全球金融科技行业独角兽企业排行榜第二位的陆金所，其作为一家互联网财富管理平台，通过开发 KYC 2.0 系统，运用大数据技术为投资者进行智能精准投资推荐服务，实现将合适的金融产品卖给合适的人。

（三）配置网络

金融资源配置网络包括交通网络、信息网络、经贸网络、组织与机构网络等。这些网络既有实体网络，也有虚拟网络，是各类金融资源输入输出的通道。在数字时代，以知识化、信息化、网络化、数字化、智能化为特征的新技术和新经济加速改变全球金融资源的生产、组织方式，5G 乃至 6G 等通信技术的应用使得各类信息、数据的传输效率快速提升，全球各地区金融资源交互性和响应性空前增强，瞬时高效和精确精准的金融资源配置网络正在形成。因此，无论对一个地区还是一个城市而言，要提升金融资源配置能力、建设成为国际金融中心，都必须高度重视中枢式网络的建设，积极升格成为数字化全球金融资源配置网络当中的关键节点或者重要枢纽。

（四）配置方式

在数字时代，消费者数字素养不断提高，倒逼金融关键技术创新和金融服务应用创新持续深入推进。在此过程中，传统上以实体机构和网点作为金融资源配置主体力量的格局将会面临挑战。与此相比，线上金融市场和个性化金融需求将引发金融资源配置方式变革，金融市场参与者依托专业信息决策服务和系统解决方案，通过先进的数字化金融交易系统对全球金融资源进行远程调控和配置的行为将越来越普遍。可以预见，面向未来"线上配置""线下配置""在岸配置""离岸配置"等金融资源配置方式将进一步融合互补，"线上配置"和"离岸配置"将在数字金融资源配置中发挥更加重要的作用。

（五）配置服务

金融资源配置服务是指配置金融资源所需要的各种专业服务，包括法律、会计、广告、咨询、商务、知识产权、科技服务等。在数字时代，金融资源配置尤其是数字金融资源配置过程涉及底层技术、组织平台、操作系统、网络通道、智能终端和商业应用等多个彼此间具有密切关联性、配套性、互动性的环节。各个环节技术属性和专业属性都比较强，因此要完成金融资源配置就必须有与之相配套的相关专业性服务企业作支撑。综观纽约、伦敦、香港等全球著名的金融中心，其同时也是世界高端商务服务中心。面向未来，一个地区能在多大程度上掌握金融资源市场的定价权、决策权、信息发布权、技术标准权、市场引领权和规则制定权，将与该地区的金融资源配置服务能力息息相关。

三　数字时代金融资源的配置效率

在数字时代，金融资源配置的目标仍然是不断提升金融资源的配置效率。近年来，已经有少数学者关注到数字金融和科技金融资源的配置效率问题，如杨林等（2019）运用三阶段 DEA 模型对粤港澳大湾区科技金融资源配置效率进行测度。孙英杰等（2019）通过对我国的实证研究发现"互联网＋"对提升金融资源配置效率具有显著促进作用。这些研究主要是通过选择一些模型或计量方法对金融资源配置效率及其影响因素进行实证分析，但理论阐释并不够深入。考虑到数字金融资源的复杂性，对其配置效率进行定量评价并非易事，但在整体上仍可以从几个方面进行分析。

（一）经济增长促进性

进入数字社会，金融资源、创新资源、数据资源等资源对经济发展的促进作用将更加明显。现代金融的发展必须服务于实体经济的发展，形成实体经济和虚拟经济协同互促的良性发展格局。事实上，历史经验已经表明一旦金融资源错配导致金融发展和实体经济发展相脱离，过度的金融自由化和创新化极易导致金融危机的爆发，最终会反过来波及经济的持续健康发展。因此，可以利用金融资源投入对经济增长的促进程度来衡量金融资源配置的效率。具体而言，在一定的技术和制度条件下，如果经济产出增加的比例大于金融资源投入增加的比例，生产处于规模收益递增阶段，则金融资源配置具有规模效率；如果经济产出增加的比例小于金融资源投入增加的比例，则金融资源配置不具有规模效率；如果金融资源投入增加反而使经济产出下降，则金融资源配置无效率。

（二）金融资源敏感性

在理想状态下，一个有效率的金融资源配置状态应该是各类金融资源能够自由流进流出各个地区、各个行业，最终金融资源在区域内各个地区、各个行业的边际生产率一致。但是，这并不意味着金融资源在各个地区、各个行业平均分布，而更有可能体现为金融资源在地理、行业上的不均衡分布，金融生产效率更好的地区和行业将集聚更多的金融资源。在工业社会向数字社会演进的过程中，新的经济形态和产业门类不断涌现并将推动新旧产业加速更迭。在此背景下，具有效率的金融资源配置必须具有高度的敏感性，能及时跟进数字经济时代发展步伐，使资源从生产效率低的旧企业、旧部门和旧行业流出，迅速进入生产效率高的新企业、新部门和新行业，推动先进产业形态、先进生产力和生产方式发展。

（三）金融资源内生性

在数字时代，依托数字金融基础设施，在制度性数字金融环境的保障下，通过新技术和金融融合、新经济和金融融合，金融创新活动将空前活跃，新的金融机构、金融产品、金融业态源源不断产生并使得新生性金融资源和融合性金融资源加速涌现，从而形成金融资源的内生机制。与此同时，信息技术的发展正推动传统集中式、集群化空间生产模式趋向分散式、扁平化分工布局，信息空间、虚拟空间、流动空间使得全球空间向智能化、复合化、复杂化方向演进并加速金融资源的流动。在此背景下，一个地区在集聚外部金融资源变得更加容易的同时也面临着更大的金融资源流失风险。因此，金融资源的内生性将越来越成为判断和衡量一个地区金融资源配置效率高低的重要标准。

（四）金融结构合理性

在数字时代，金融和科技的融合使金融资源的外延越来越大，边界越来越模糊，金融机构、金融产品、金融制度、金融功能、金融文化等被数字赋能并呈现出新的特征，金融资源整合重组和优化升级更加活跃，金融结构必然越来越复杂。另外，在历史演进的长河中，人类产业经济发展经历了资源密集型、劳动密集型、资本密集型和知识密集型阶段，每个阶段都有不同的产业结构、技术结构和企业结构特征，对金融服务的需求并不相同，其中，最适应发展需要的金融结构即称为最优金融结构（林毅夫、孙希芳、姜烨，2009）。显然，由于处于不同发展阶段的经济具有不同的要素禀赋结构和相应的最优产业结构，因此最优金融结构也只能在动态演化中存在。一个有效率的金融资源配置格局，必须在动态发展中对标最优金融结构，实现金融结构、经济结构和社会结构协调发展。

（五）金融投入有效性

在经济社会系统中，金融资源投入的有效性体现为促进经济增长、经济社会稳定及提高社会福利等多个方面。如果把大量金融资源配置到经济生产领域并有力推动了经济增长，但对社会福利的增进没有起到很好的促进作用，那么这种金融资源配置也是无效的。此外，随着金融自由化和金融技术进步，影子银行、开放银行、虚拟银行、互联网金融不断涌现，房地产金融快速发展，过度金融创新和过高的金融杠杆也可能会导致金融脱实向虚发展，催生出新的重大社会风险。因此，金融投入有效性是金融资源配置效率高的前提条件。

四 结论与展望

在数字时代，以新技术和新需求为驱动力的金融数字变革正深刻影响金融发展理念、发展模式，数字金融资源加速涌现，数字金融产业加速发展和布局，金融资源的配置效率越来越高，金融市场活力更加充足。面向未来，在金融、数字与科技的融合发展过程中，全球金融资源配置将会呈现出一系列新变化新趋势，其中至少有三个方面的因素需要引起高度关注。

（一）传统金融中心 vs 新兴金融中心

全球金融资源配置格局将发生新变化。全球金融中心体系极有可能进入破旧立新再平衡发展的新时期，一些传统老牌金融中心的优势地位可能会被削弱，以科技金融见长的新兴城市可能加速成长并在全球金融中心体系竞争中占据有利位置。事实上，根据 Findexable 于 2020 年 1 月发布的《2020 全球金融科技指数报告》，作为全球高科技发展标杆的旧金山湾区其金融科技发展指数排在全球第一。在全球排名前 100 名的金融科技中心当中，超过 1/4 的城市来自新兴国家。同样，根据英国智库 Z/Yen 集团和中国（深圳）综合开发研究院近期联合发布的全球金融中心指数和全球金融科技中心指数报告，全球金融科技中心排名前列的城市其在全球金融中心的排行榜位次上升也较快，如上海、广州、深圳、旧金山等城市。因此，可以预见未来全球金融资源分布格局以及金融资源配置话语权极有可能会重新分配。

（二）传统金融机构 vs 新兴金融机构

全球金融资源配置市场将发生新变化。为应对数字时代的到来，传统金融机构使用人工智能、区块链、云计算、互联网技术重塑业务流程、创新产品服务进而推动数字化转型与创新。根据麦肯锡于 2020 年 4 月发布的《数字化时代的公司银行——破茧成蝶，制胜转型下半场》报告，数字化已经成为银行等金融机构赢得未来竞争的关键。然而，在实践中，金融机构数字化转型也面临传统企业文化、企业组织框架、复合人才储备、意识能力准备、技术创新应用等多个方面的挑战。在传统金融机构面临数字化转型关口的同时，各类科技金融机构、金融科技机构、金融技术机构、虚拟金融机构、开放金融机构、平台金融机构等新兴金融机构正在加速涌现，并不断创造出新的金融产品和服务，成为金融资源配置市场中的明星机构。可以预见，传统金融机构的衰亡与重生，新兴金融机构的孕育与壮大，将深刻影响未来的金融资源配置市场。

（三）传统金融监管 vs 金融开放创新

全球金融资源配置环境将发生新变化。新一轮技术创新和市场需求变化正在推动金融发展进入新一轮开放创新期，同时也倒逼传统金融监管模式的改革。根据德勤公司于 2020 年 4 月发布的《制胜数字化——金融机构应对数字化转型之九大挑战》报告，过时的法律法规和监管要求已经成为当前金融开放创新发展面临的主要挑战之一。受此影响，传统大型金融机构可能会选择相对保守的发展策略，放慢数字化转型步伐；金融机构和科技企业的协同效应还未充分显现；新生的金融科技企业在关键技术创新和商业应用创新两端也面临合规合法性条文依据的束缚，尚不能得到全面的保护和激励。因此，如何推动金融监管制度适时变革以促进金融开放创新，将直接决定金融资源配置生态环境的优越性以及金融资源配置效率。令人欣喜的是，因应时代变革之需，目前世界各国都已经纷纷行动起来主动作为推动金融监管制度变革，全球将迈向政府金融监管改革创新和市场金融开放创新双活跃、双协同的新周期、新时代。

参考文献

白钦先：《论金融可持续发展》，《国际金融研究》1998 年第 5 期。

蔡彬彬、郭熙保：《金融分工：一种新的金融发展分析框架》，《经济科学》2005 年第 4 期。

崔满红：《金融资源理论研究》，中国财政经济出版社，2002。

何凤隽：《中国转型经济中的金融资源配置研究》，社会科学文献出版社，2010。

林毅夫、孙希芳、姜烨：《经济发展中的最优金融结构理论初探》，《经济研究》2009 年第 8 期。

孙英杰、林春：《"互联网＋"对金融资源配置效率的影响——基于省级面板数据的经验分析》，《大连理工大学学报（社会科学版）》2019 年第 6 期。

杨林、震环、张仁寿、阎明：《粤港澳大湾区科技金融资源配置效率研究》，《亚太经济》2019 年第 4 期。

B.12
大数据视角下广州城市新活力的
评价与比较分析

程风雨*

摘　要： 城市新活力是指城市系统在遭遇外部冲击时，通过抵抗、吸收、适应并及时从危险中恢复过来，对冲其所受影响的能力。本课题组结合清华智库2861——DaaS数据库，利用百度指数、手机大数据综合构建新时代城市新活力指数，多维解析广州经济社会系统应对各种冲击的能力。研究发现广州经济社会活力总体处于一梯队，位居第3名，消费、交通、人流和就业项短板明显，与同期水平还有一定差距。为有效提升广州城市新活力，课题组建议：构建城市韧性，为城市新活力预留发展空间；采取更加积极的财政政策，加快推动更多企业复工复产；促进商贸业平稳健康发展，推动消费转型升级；加快新型基础设施建设，支撑广州经济社会数字化转型；加快供给侧结构性改革，优化营商环境带动全要素生产率提升。

关键词： 大数据　新活力　城市韧性　广州

一　新时期城市新活力的内涵

理解新时期城市新活力的一个重要方面，就是强调其城市系统在遭遇各

＊　程风雨，广州市社会科学院副研究员，博士，研究方向为城市经济。

类外部冲击时，通过抵抗、吸收、适应并及时从危险中恢复过来，对冲其所受影响的能力，具体包括两方面内涵：一方面，短期看城市经济社会系统可以调整自身，并具备抵御外来冲击的能力；另一方面，长期看城市经济社会系统拥有将各类危机转化为发展机遇，最终升级为优势的能力。从这一逻辑出发，新时期城市新活力主要包含四个方面：一是商贸，它是复苏城市新活力的基础，消费已成为我国经济增长的第一驱动力，被新冲击抑制的消费会率先快速释放出来，商贸业焕发出新的活力，发挥保持经济平稳运行的"压舱石"和"稳定器"的作用。二是交通，它是维系城市新活力的有机纽带，交通具有国民经济重要的基础性、先导性、服务性行业的基础地位，是城市发展的动脉，在经济社会复苏中承担着"先行官"的职责和使命，为经济社会持续健康发展提供了有力支撑和坚强保障。三是人流，它是激发城市新活力的核心动力，防控外部冲击需要适度地降低人流物流的往来，而发展经济就不可避免地要促进和便利人流物流的往来和流动，只有吸引更多劳动力流入，城市系统才能够得到充足的复苏动力。四是就业是城市新活力的重要构成要素，就业是最大的民生，事关经济发展和社会稳定大局，稳就业是需要优先保障的重点工作，因此，就业活跃也是新时期之下城市保持新活力的重要构成要素。

二 新时期广州城市新活力的国内比较

（一）相关指标构建与样本城市选择

课题组在梳理相关研究成果基础上，结合清华智库2861——DaaS数据库，从消费、交通、人流和就业4个细分维度比较国内重点一线城市应对外部冲击的能力；考虑到指标关联性以及日度城市大数据的可得性，确定"商贸业活力""交通热度""人流热度"3个一级指标，5个二级指标，并选取国内北上广深4座一线城市，以及厦门、苏州、武汉、杭州、重庆和成都6座新一线城市作为研究的样本城市，综合构建新时期城市新活力指数，

客观有效衡量新时期之下广州城市总体复工复产水平,多维解析广州经济社会系统应对冲击的能力,以期精准激发广州城市新活力。

(二)广州城市新活力分项维度评价

1.商贸业活力：CBD复苏

新冠肺炎疫情暴发至今,广州城市商贸业已经复苏六成以上,居于一线城市第一梯队。以CBD复苏为城市商贸业活力的衡量指标,选择10个一线城市前十大商业办公中心的一公里网格,每周实时测算网格中的人口数量,并通过与2019年12月同口径人口数量对比,计算出当前商业运行状态恢复程度。测算结果表明,截至2020年3月10日,广州城市CBD复苏指数值为61.8%,与北京持平,高于平均复苏水平3.8个百分点。国内主要一线城市CBD复苏变化差异明显(见图1),从低到高分成三个梯队,第三梯队为武汉,第二梯队包括苏州、深圳和杭州,其余城市为第一梯队。虽然目前广州暂时处于第一梯队末位,但从CBD日度增长率来看,广州为第一梯队平均增长率最快的城市,为3.36%,城市商贸业呈现快速复苏的强劲势头。

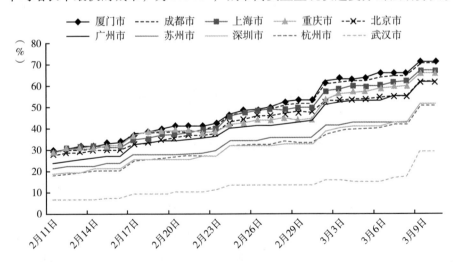

图1 国内重点一线城市CBD日度复苏

资料来源：作者根据网络大数据测算而得。

2. 城市交通热度：道路拥堵和地铁客流复苏

本研究分别选取当前每日的百度拥堵指数和城市地铁客流强度，与2019 年 12 月同口径数据对比，计算得出当前客流强度与正常状态下客流强度的百分比，以此来衡量城市交通热度。

广州城市交通恢复较快。2 月 11 日 10 个城市道路平均拥堵复苏程度为61.47%，广州与之持平，位列 10 个城市第 7 名，同期排名前三的分别为苏州、上海和厦门（见图 2）。随着应对疫情冲击进入新的阶段，新确诊和疑似的病例数量呈现下降趋势，广州相当一部分用人单位和民生急需的部门已经开工，冲击应对已从最初的应急阶段进入攻坚阶段。3 月 10 日，道路交通热度增加了 34.9 个百分点，已经恢复到往年 96.3% 的水平，高于平均水平（89.5%）（见图 3）。从地铁客流运日度强度看，为满足节后出现的大客流输送需要，广州地铁集团建立了"1 + 5 + N"联动机制，即建立地铁集团疫情防控指挥部、5 个工作组及全覆盖的一线防控网络，从加强疫情防控和优化运力调配两个方面，采取了一系列措施。2 月 24 日恢复日常运营后，广州地铁单日客流量逐步上升，截至 3 月 10 日，广州地铁客流强度已经恢复到往年的 38.8%，在北上广深中，次于深圳（40.1%）、上海（39.6%），高于北京（17.7%）。

排名	城市	道路交通复苏	
1	苏州市	71.5%	
2	上海市	65.6%	
3	厦门市	65.4%	
4	深圳市	65.0%	
5	杭州市	64.5%	
6	成都市	62.7%	
7	广州市	61.4%	
8	武汉市	57.1%	
9	北京市	53.9%	
10	重庆市	47.6%	

图 2　2 月 11 日十个样本城市道路交通复苏排名

资料来源：作者根据网络大数据测算而得。

排名	城市	道路交通复苏	
1	杭州市	116.2%	
2	成都市	104.3%	
3	深圳市	103.1%	
4	上海市	97.2%	
5	广州市	96.3%	
6	苏州市	89.7%	
7	厦门市	85.2%	
8	北京市	74.5%	
9	重庆市	70.2%	
10	武汉市	58.3%	

图3　3月10日十个样本城市道路交通复苏排名

资料来源：作者根据网络大数据测算而得。

3. 城市人流热度：出门热度和返程人流复苏度

城市人流热度主要采用出门热度和返程人流复苏度两个指标来衡量，相关数据由中国联通手机定位信息大数据获取，其中出门热度为城市每日位置变化人口总数占城市每日人口总数的百分比，而返程人流复苏度为当天抵达该城市常住人口总数占2019年12月该城市常住人口总数的百分比。

从相关测算结果来看，广州城市人流热度两项指标值均不高，出门热度排名第五，返程人流复苏度排名第八。这一方面由于广州对新冠肺炎疫情的严防严控，另一方面也与广州积极推广远程办公、电子商贸等线上方式有关，减缓了线下人口的流动程度。具体而言，截至3月10日，北上广深4个城市中只有上海出门热度超过平均值（68.0%），为77.0%，其次为北京（66.0%），广州（64.0%），深圳最低（63.0%），其余城市由于受新冠肺炎疫情冲击较小，出门热度相对较高，其中成都（75.0%）和苏州（74.0%）分别位居前两位；10个重点一线城市的返程人流复苏度不断提高，但与往年相比，仍有较大差距，其中广州返程人流复苏度为57.4%，低于北京（67.1%）、上海（64.6%），略高于深圳（56.2%）。

4. 就业：用工需求和蓝领复工率

广州企业的复工复产工作仍然面临巨大的用工挑战。2月10日以来，广州开展各项稳岗就业和复工复产服务，规模以上工业企业复工率已经达到较高水平，但中小微企业和个体商户的全面复工受到更大影响。一方面，广州用工需求旺盛。根据智联招聘发布的统计数据，广州用工需求呈上升趋势，排名第三，仅次于上海，需求指数为 100.4，成都最高（100.5），北京（99.3）和深圳（97.4）分别排在第四位和第六位。另一方面，广州蓝领复工率低于平均水平，显示劳动力缺口较大。新冠肺炎疫情冲击下蓝领复工对地方经济社会发展的重要性愈加凸显。根据 BOSS 直聘与店长直聘联合发布的《2020 春节后蓝领复工进度观察》，以蓝领就业最为集中的生活服务、供应链/物流和生产制造三大行业作为典型样本，研究发现，全国三大行业蓝领招工需求逐步回升，蓝领复工进度恢复到正常年份同期的 56%；北上广深的三大行业蓝领平均复工进度为正常年份同期的 52%，其中北京最高，为 59%；上海其次，为 57%；广州高于深圳 4 个百分点，为 48%。

（三）广州城市新活力总体水平的国内比较

课题组采用熵（Entropy）值法确定各项指标的权重。熵值法是完全根据指数数据的实际情况而定，避免了主观人为因素的干扰，可以较为客观地得到各级指标权重，从而使最终评价的基础更为科学。最终确定的发展逆商指数即新时期国内重点一线城市新活力指标体系如表 1 所示。

表 1　新时期国内重点一线城市新活力指标体系

一级指标	权重	二级指标	权重
商贸业活力	0.14	CBD 复苏	0.14
交通热度	0.36	道路拥堵	0.20
		地铁运营	0.16
人流热度	0.50	出门人口	0.37
		返程人口	0.13

资料来源：作者根据网络大数据测算而得。

通过对比分析国内重点一线城市可以得出以下结论。

第一，国内重点一线城市新活力水平整体上可以分为三个梯队。按照样本期内的测算结果，10个国内重点一线城市新活力指数发展分层较为明显，厦门、深圳和广州等城市的日度平均新活力指数为0.79，其中厦门最高（0.84），其次为深圳（0.79），广州处于第三（0.75）；杭州、成都、武汉、北京、上海和苏州的日度平均新活力指数为0.54，其值依次为0.66、0.55、0.47、0.50、0.51和0.54；重庆新活力水平排在最后，约为0.32（见图4）。相应地，我们将其分成三个发展梯队，厦门、深圳和广州为第一梯队，是目前经济社会形势下最具复苏活力和发展潜力的突出城市，杭州、成都、武汉、北京、上海和苏州为第二梯队，重庆为第三梯队（见图5）。

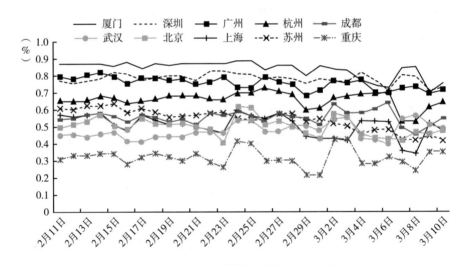

图4　国内重点一线城市新活力日度变化

资料来源：作者根据网络大数据测算而得。

第二，广州总体处于第一梯队，城市新活力指数居第三位，这将为其未来老城市新活力的快速提升提供基础。但是广州分项指标方面的短板也较为明显，均排在前三名之外（见表2）。广州作为千年商都，如何面对冲击，并使老城市迸发新活力，是广州新时代面临的一个重大课题。

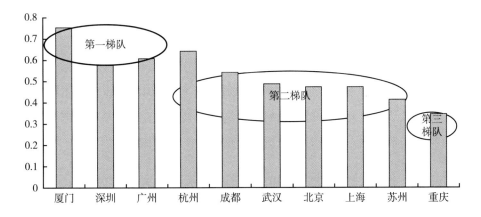

图5　国内重点一线城市新活力指数总体排名

资料来源：作者根据网络大数据测算而得。

表2　国内重点一线城市新活力分项指标排名

排名	商贸业活力		交通热度		人流热度	
	城市	活力值	城市	活力值	城市	活力值
1	厦门	0.15	杭州	0.36	武汉	0.49
2	成都	0.15	深圳	0.30	厦门	0.37
3	上海	0.13	成都	0.28	深圳	0.35
4	重庆	0.13	上海	0.28	广州	0.32
5	广州	0.12	广州	0.27	北京	0.24
6	北京	0.12	厦门	0.24	杭州	0.20
7	苏州	0.08	苏州	0.21	苏州	0.13
8	深圳	0.08	北京	0.12	成都	0.12
9	杭州	0.08	重庆	0.12	重庆	0.10
10	武汉	0.01	武汉	0.01	上海	0.07

说明：由于取小数点后两位，因此此表精度有所下降，排名是按照精确值确定的。

第三，本文所选城市都是国内重点一线城市，由于新冠肺炎疫情防控需要避免人口大规模流动和聚集，并采取必要的防控隔离措施，因此短期内商贸、交通、人流的回暖程度还有待提高，目前样本城市均没有恢复到以往水平的五成。未来随着复工复产率进一步提升，需要更加重视吸引、培养人才，培育和保护企业家精神，通过提高城市基本公共服务等举措来不断提升城市活力水平。

三 不确定性对广州城市新活力带来的冲击与影响

从前文的分析不难看出，广州目前城市活力与 2019 年的水平还存在一定差距。虽然已经有效应对一系列不确定的因素，但在境外一些国家和地区新冠肺炎疫情加剧，也将对广州造成严重的经济冲击和社会影响。

（一）经济社会发展面临的不确定性提高，宏观经济增长下行预期增加

新时期新的冲击可能造成全球经济增速下降，外部需求进一步下滑将对广州经济形成负面影响。目前发展形势比较严峻的国外经济体在广州总出口中的占比都较大。根据上海交通大学屠光绍教授课题组的模型估算，乐观情景下 2020 年全年我国出口增速将下降 5.5 个百分点，中性情景下降低 10.9 个百分点，悲观情景下降低 17.5 个百分点。2019 年广州出口占 GDP 的比重为 22.3%，从这个角度估算可以得出，三种情境下出口增速下滑将拖累广州 GDP 增速至少下降 1.0 个（乐观）、1.9 个（中性）、3.0 个（悲观）百分点。

（二）对消费短期的影响较大，中期趋于平缓，裂变出新型消费

随着居民外出的急剧减少，广州消费市场受到较大冲击，特别是 2 月受影响巨大。社会消费品零售总额同比下降明显，尤其是住宿、餐饮、美容美发、大型百货商场、购物中心这些行业和业态客流量大幅下降，相关企业的经营面临较大困难。与此同时，消费也展现出强大的韧性、活力和新的增长点，生活必需品消费稳中有增，餐馆的堂食转外卖、外出用餐变成了居家做饭，广州新型消费和升级消费不断拓展，无接触配送、无人零售、直播零售等消费新模式、新方式快速发展。人工智能、远程办公、"互联网＋医疗＋药店"等逆势发展，信息消费、防护用品、卫生健康用品这些消费显著增长，带动广州经济转型复苏。

（三）交通管制逐步解除，城市物流全面畅通指日可待

交通管制是应对社会安全事件的有效手段，2020 年 2 月 24 日广东省重大突发公共卫生事件应急响应级别由一级响应调整为二级响应。目前广州已全面取消道路通行限制，恢复正常交通运输秩序，全面取消对货运车辆、船只的交通限制，确保原料进得来、产品出得去，可以较快实现货运"零阻碍"。

（四）劳动力供给端快速回升对城市就业产生较大压力

短期来看受人员隔离、部分城市封城等因素影响，劳动人口流动减少，劳动力供给或将阶段性下降，广州就业压力也有所缓解。但受新冠肺炎疫情影响，部分建筑业、中小企业的生产经营、资金周转都将面临停滞，可能面临一定的订单、债务违约风险。新冠肺炎疫情过后，劳动力的供给端往往可以快速回升；但需求端的改善依赖于企业的生产经营走强、利润回暖，这一过程可能慢于劳动力供给的回升。因此，劳动力供给端的快速反弹可能加大就业压力。

（五）战略性新兴产业健康发展受到冲击

日韩及欧盟、美国等经济体是广州外贸的重点地区。2019 年，广州外贸进出口总额 9990.7 亿元，增长 1.8%，增速高于广东全省 2.1 个百分点，其中对欧日韩进出口均保持两位数增长。从广州自日本进口的依赖度来看，排名靠前的为机械、电气设备和化学制品；对向日本出口的依赖度来看，则为电气设备、机械和制成品。虽然广州在机电产品（尤其是汽车零部件、半导体）、化学制品（尤其是新材料）等领域对日韩敞口较大，但是随着日韩新冠肺炎疫情风险快速上升，可能冲击国内中下游半导体产业、汽车制造业。对于欧盟和美国而言，广州保持了较大的贸易顺差，若欧盟、美国等经济体发展形势进一步恶化，将对广州的机电、运输、化工、家具玩具、光学钟表、医疗设备、纺织品等行业造成较为严重的普遍性影响。

四 有效应对各种外部冲击 提升广州城市 新活力的对策建议

短期内广州仍要严防严控，有效管控制约国内经济社会发展因素的影响，稳妥有序推进复工复产，未来则须着眼于谋划经济发展增量升级，积极主动提升广州城市新活力。

（一）构建城市韧性，为城市新活力预留发展空间

广州作为一线发展城市，对于各种外部冲击仍需保持高度警惕。为避免冲击破坏和保持经济增速，建议适当降低 2020 年广州经济增速预期以应对新冠肺炎疫情冲击。要以"十四五"规划编制为契机，将韧性城市理念融入广州规划体系的各个领域，跳出防灾减灾领域的应急管理模式，更加突出对各类风险的内生性、泛在性和系统性的应对研究，加快建立同新冠肺炎疫情防控相适应的经济社会运行秩序，确保广州城市系统内经济、社会、文化、生态等各功能体系都具有恢复力、灵活性、冗余性和包容性。

（二）采取更加积极的财政政策，加快推动更多企业复工复产

将此次新冠肺炎疫情作为经济结构调整和发展模式转型的重大机遇，避免撒胡椒面和蜻蜓点水式的补贴，对机电产品、生物医药等城市未来重点培育的战略性新兴产业进行倾斜性扶持，为城市经济长远稳健发展提供政策助力。重点推进一批社会事业、城市建设、生态环保、综合交通、水利项目，特别加大对民政、医疗卫生等一批与新冠肺炎疫情相关的项目支持力度；积极争取发行专项政府债券，加大对重点领域和薄弱环节项目的支持力度，更好发挥财政资金对投资的引领和撬动作用。

（三）促进商贸业平稳健康发展，推动消费转型升级

强化对第三产业投资和政策支持，强化投资支持广州国际商贸中心建

设，增强内外需对经济的拉动力。继续推动南沙自贸区创新发展，以投资＋电子商务，强化电子商务集聚区建设。进一步减轻商贸流通企业税费和租金负担，加大商贸流通企业金融服务；支持传统零售企业提升网络营销能力，推进线上线下融合；推动城市供应链、冷链物流、智慧物流、城乡高效配送、电商与物流协同发展，进一步释放网络消费潜力。

（四）加快新型基础设施建设，支撑广州经济社会数字化转型

切实促进集成电路、高端医疗、生物医药、人工智能、大数据技术等产业投资，扩大5G与人工智能运用、大数据技术等领域投资，积极推动人工智能和智能制造等新基建项目落地，为企业数字化转型提供切实的支撑。以新型基础设施为牵引，加快补齐传统基础设施短板，推动传统基础设施优化服务和提升效能，统筹推进更多智能交通、智能电网、智慧城市等项目建设，构建适应智能经济、智能社会发展需求的基础设施体系。以公共民生领域为优先，推广物联网、人工智能等数字技术在医疗、教育、环保、交通、电力等方面的应用，运用物联网、互联网、大数据平台以及高铁网、高速公路网、航空网，促进广州与城市群、城市带、城市圈的多维融合。

（五）加快供给侧结构性改革，优化营商环境，带动全要素生产率提升

找准疫情防控中的短板和不足，狠抓重点产业发展，尤其要以打造全球生物医药产业发展新高地为抓手，开展"十四五"医疗卫生应急产业基地预研究，以项目建设补短板、稳增长、促升级。加快经济体制改革，转变政府职能，推进"放管服"改革，推行"负面清单"管理模式，精减行政审批，促进公平竞争，促进各种要素自由流动。通过加大市场导向的供给侧结构性改革，进一步发挥市场在资源配置中的决定性作用，提升资本、技术、劳动力、土地等要素使用效率，充分调动民营企业积极性，打好稳就业"组合拳"，增强广州经济发展韧性和竞争力。

附录：引入时间因素的面板数据熵值法

目前对于多因素的权重设置方法较多，大体上可分为两类，一类是通过专家赋值来确定各指标权重，这种方法较为主观；另一类是以熵值法、因子分析法或主成分分析法来确定指标权重。由于第一类方法掺杂了较多人为因素，在测评上带有较大的主观性。因此，课题组改进了传统熵值法，引入时间因素，使其能够实现不同时间节点之间的比较，所获得的测评结果更加客观且全面。相应地，改进后的面板数据熵值法评价模型如下。

（1）指标选取。设有 t 个时期，n 个样本对象，m 项细分指标，$x_{\phi ij}$ 为第 ϕ 年城市 i 的第 j 项指标值。

（2）指标无量纲化处理。由于各项指标的量纲和数量级存在差异，课题组根据各项指标性质，采用最小最大的标准化方法，进行无量纲化处理。

正向指标：$X_{\phi ij} = (x_{\phi ij} - x_{\min}) / (x_{\max} - x_{\min})$

负向指标：$X_{\phi ij} = (x_{\max} - x_{\phi ij}) / (x_{\max} - x_{\min})$

（3）确定指标权重：$Y_{\phi ij} = X_{\phi ij} / \sum_{\phi} \sum_{i} X_{\phi ij}$

（4）测算第 j 项指标的熵值：$S_j = -k \sum_{e} \sum_{i} Y_{ij} \ln(Y_{\phi ij})$。其中，$k > 0$，$k = \ln(tn)$。

（5）测算第 j 项指标的信息效用值：$E_j = 1 - S_j$。

（6）测算各指标的权重：$W_j = E_j / \sum_{j} E_j$。

（7）计算各城市发展逆商指数综合得分：$Z_{\phi i} = \sum_{j} (W_j X_{\phi ij})$。

参考文献

杨丽、孙之淳：《基于熵值法的西部新型城镇化发展水平测评》，《经济问题》2015年第3期。

张鹏、于伟、张延伟：《山东省城市韧性的时空分异及其影响因素》，《城市问题》

2018 年第 9 期。

欧向军、甄峰、秦永东、朱灵子、吴泓：《区域城市化水平综合测度及其理想动力分析——以江苏省为例》，《地理研究》2018 年第 5 期。

陈明星、陆大道、张华：《中国城市化水平的综合测度及其动力因子分析》，《地理学报》2009 年第 4 期。

蔡昉：《历史瞬间和特征化事实——中国特色城市化道路及其新内涵》，《国际经济评论》2018 年第 4 期。

高辰颖：《中国经济增长力的韧性分析》，《现代经济探讨》2016 年第 11 期。

朱鹏华、刘学侠：《城镇化质量测度与现实价值》，《改革》2017 年第 9 期。

韩增林、刘天宝：《中国地级以上城市城市化质量特征及空间差异》，《地理研究》2009 年第 6 期。

数字治理篇

Digital Governance Reports

B.13
大数据支撑公共危机应对

——科学、效率与平衡

宋昌发　刘　鸣　李琼燕*

摘　要： 随着信息技术的快速发展，数据挖掘、存储、分析、使用等推动了大数据的蓬勃发展，海量数据具有纵横交错、彼此关联、相互印证的属性，通过对大数据的分析能够发现事物之间的关联性，探寻潜在因素，预判未来趋势，特别是数据技术与人工智能、云计算、物联网等技术融合，可以对海量数据进行快速比对、分析和处理，大大提高政府应对危机的能力，使危机处置更科学、更高效。同时，数据使用与个人信息保护息息相关，涉及个人信息的收集、使用、处理等问题，

* 宋昌发，广东省通信管理局，研究方向为通信技术发展与应用；刘鸣，中国信息通信研究院，研究方向为通信技术发展与应用；李琼燕，广州空港经济区投资服务中心，研究方向为政务服务信息化实践应用。

个人信息保护成为大数据应用的一个重要关注点。在大数据应用中，要平衡好公共利益和个人利益的关系，体现合法性、合理性，通过对合理使用原则、有限使用原则、程序使用原则的遵循，建立起良性的互动关系，从而实现社会利益的最大化。

关键词： 大数据　公共危机　科学　效率　个人信息

一　引言

在应对公共危机事件中，大数据可以提供快速、精准、高效的技术支撑，进而发挥巨大作用。在信息技术不断迭代升级的趋势下，运用大数据应对公共危机，已成为推进国家治理体系和治理能力现代化的重要手段和应有内容。大数据在发挥巨大作用的同时，也需要处理好个人信息保护的问题，在利用与保护、公共利益与个人利益之间把握平衡度，从而更大程度地增进公共福祉。

二　大数据成为应对公共危机的关键支撑

随着信息技术的发展，互联网广泛渗透全社会的各个领域各个层次，深刻改变着经济产业模式和人们的生活方式，成为社会须臾不可或缺的基础设施。互联网背后的本质是数据的流动，互联网通过数据把世界连接起来，数据依托互联网渗透每一个领域，成为重要的生产因素，并以几何速度快速增长。近年来，随着移动互联网、窄带物联网、工业互联网等的广泛应用，数据规模的扩张进一步加速。正如通信专家李正茂所言，得益于研究的深入，人类的数据挖掘技术日益成熟，人类通过数据收集、数据整理、数据分析，可形成海量的信息或知识。①

信息是认识世界和改造世界的基础，人类的决策行为依赖于信息的获取，正如数学家香农指出的，"信息是用来消除随机不定性的东西"。数据广泛存在于人们的日常生活中，由于收集和处理技术的限制，很长时间里它只是一种逻辑性相对松散的存在，系统性、关联性、预见性处于经验性阶段。海量数据的收集、存储、分析和使用及其所依赖的传输、集成、分析、计算等信息技术的发展，推动了大数据技术的快速发展。较主流的观点认为，将大数据的特征归纳为大量、高速增长、多样、低价值密度、真实性五个方面。大数据首要特征就是"大"，囊括人类生活的方方面面，只要具备一定的数据资源，就可以对任何事物、活动或变化进行"数据画像"；其次是"快"，在5G、人工智能、云计算等技术的支持下，预计到2025年，全球物联数量将达到1000亿，人联网时代将迈向物联网时代，静态的、独立的、线下的物，将通过信息网络实现数据化的连接，网络空间的数据规模以高于摩尔定律的速度几何性增长；再次，是"杂"，巨量的数据是零散、破碎、片面、混乱的，不借助新的信息技术是难以在复杂的数据流动中辨识规律、发现趋势的，也就体现不出数据汇聚的价值。大数据的价值基础在于数据是基于人类活动而产生的，是人类行为在网络空间的衍射，是对客观实践正确或扭曲的反映。大数据应用就是要借助相应的手段和机制，在庞杂的数据资源中披沙拣金，通过对数据的分析，发现其中的规律，预测事物发展的趋势，从而帮助管理者做出符合客观规律的决策，因此数据被比喻成21世纪的"金矿"。2017年，国际电信联盟（ITU）曾将当年世界电信和信息社会日的主题定为"发展大数据　扩大影响力"，就是为了引起社会的关注，充分发挥大数据的潜力，使之转化为可促进社会发展的历史性机遇。

现代化的发展进程是充满不确定的风险的，学者吴忠民认为，危机是由于某项自然或社会问题的忽然出现，打乱了正常的社会秩序，对民众的基本

---

① 李正茂、中国移动通信研究院：《通信4.0：重新发明通信网》，中信出版社，2016，第47～48页。

生存状态造成或即将造成较为严重的不利影响，从而使得社会的安全运行和健康发展难以为继的状况。公共危机主要发生在公共卫生、环境生态等单项领域，如 2003 年的"非典"疫情、2020 年的新冠肺炎疫情，对社会公共安全造成严重影响。而对不稳定、不确定风险因素的把控，以及做出系统的、动态的调控策略，是克服危机的前提。通过数据挖掘和分析，可以从大量的数据中提取出隐含在其中的、具有潜在价值的信息，实现趋势的量化和具体化、可视化，进而对风险进行预测、判断，并采取针对性举措，提高危机管理的及时性、准确性和有效性，最大程度降低负面影响。在信息化时代，运用大数据预防、化解、控制社会风险，成为公共危机应对的关键。

三　大数据时代：更好地预测危机

大数据不仅数据规模巨大，而且形式多样、来源广泛、动态运行，从数据形式来看，大数据有结构化数据，也有半结构化数据和非结构化数据。海量数据纵横交错、彼此关联、相互印证，因此分析数据的过程也是一个知识发现、规律探索、关系构建的过程，进而探知事件的内外诱因、发展趋势、潜在风险，使公共危机应对的决策更全面、内容更具体、方向更明确，而不是建立在假设之上，避免了老方法、循旧例在应对突发事件和新发事件中的缺陷，从而提高了决策的科学性、可靠性。

大数据的核心是预测，《大数据时代——生活工作与思维的大变革》一书提到，"通过给我们找到一个现象的良好的关联物，相关关系可以帮助我们捕捉现在和预测未来。"近年来，在公共卫生、经济发展、安全事故等领域，大数据的预测能力已经得到体现。以互联网来说，社交媒体已成为人们时刻不离的生活工具，用户在社交媒体上的行为本质上是现实生活的延伸，一定程度上真实地反映了用户的行为特征，蕴涵着大量疫情监测和早期预警潜在而有用的信息。2003 ~ 2008 年，美国谷歌公司利用自己的搜索数据，推出"谷歌流感趋势"（GFT）系统。2009 年，谷歌公司利用大数据技术对网民的检索词条进行分析，成功预测了甲型 H1N1 流感的爆发，与美国 CDC

的官方数据相比，准确率高达97%，这成为大数据成功应用典型的案例之一。通过数学算法对全体数据进行复杂计算，能够预测发展的可能性，这种可能性超越于传统的因果认知，强调建立多种现象之间的关联性，能够极大地帮助人类获得新的认知。据媒体报道，在新冠肺炎疫情处置中，有关部门利用电信大数据通过若干个病例找到所有病例之间存在的共同点——身在武汉，其他各省区市的患者均与武汉发生直接或者间接联系，随着时间的推移，新型冠状病毒传染升级为一代、二代甚至三代，而这种联系也变得微弱，如果没有海量数据统计分析做支撑，难以洞察这种微弱的联系。近年来，相关部门通过对微信、运营商等用户分布情况的分析，形成实时动态热力图，对火车站、地铁、机场、旅游景点、广场等人群密集区域进行人群的动态分析，当人群密集度超过一定界限时，他们就发出警示启动预案，针对性地进行疏散引导，防范公共安全事件。比如地图软件可以发挥显著的作用，通过对某个时间段人流量的定位数据和用户的搜索请求量，提前计算人流量峰值，预判道路、景区人流拥挤及相关风险情况，对踩踏等安全事件起到了"察于未萌"的防范作用。

四 大数据应用与个人数据安全的平衡

大数据为公共危机应对提供了科学有力、及时高效的技术支撑，在国家治理体系和治理能力现代化中扮演着日益重要的角色。同时，大数据是以分散的数据存在为基础的，数据的规模和应用能力，与个人消费、个人属性特征等息息相关。近年来，个人信息非法获取、交易和利用已经形成黑色产业链，我们的行为、习惯、社交关系等个人信息被广泛收集利用，电信诈骗、网络诈骗、骚扰电话、虚假广告、"大数据杀熟"等现象，都利用了被违法使用的个人信息。在大数据应用中，个人信息保护成为一个伴生性的关注点。

个人信息，是指结合其他信息即能够识别个人身份的信息，个人信息附载于个人数据之上，是大数据的重要基础组成部分。个人信息在法律上体现为人格利益与财产利益的结合，是私权的一种。公共危机的应对，是国家在出现影响社会安全稳定和经济发展的事件时所采取的一系列措施，体现的是一种公共利益。由于个人数据与大数据的密切关联，个人信息保护既涉及个人权益，也关系社会公共利益，没有个人数据或信息的收集和应用，就不可能形成相关的公共管理和服务，个人拒绝让渡数据权利，就会形成"隐私悖论"，在信息化时代，不提供个人信息而要享有相应的公共服务或商业服务是有悖现实逻辑的。比如"数字政府"建设大大提高了个人和企业的办事效率，可以实现手机 App 上业务通办，社会生活便捷度显著改善，这是基于服务平台存储和关联了相关的个人数据实现的，数据接入和汇聚是其中关键。个人数据在通过匿名化、去标识化等处理后不再具备对应特定个人的特征，数据就失去了个人权益存在的基础，大数据的流动、分析和应用与个人信息保护也就不会产生冲突；经过处理仍不能完全排除个人化信息特征的，应当按照公共利益优先的原则，适当使用个人数据，确保公共安全得到有效维护。在传染性疾病防控中，有关部门对患者一定时间内的活动轨迹进行社会公布，虽然可能会使个人生活范围、居住位置等信息为他人所知，但轨迹公布有利于相关接触者及时采取防疫措施，避免疾病的蔓延扩散，造成更大的社会危害，而社会公共安全的受益者，是包括让渡个人数据权利的每一个社会成员的，是符合个人权益保护原则的。学者姜盼盼认为，在大数据时代，"个人信息的私权属性趋于弱化，随之显现的是个人信息的社会属性不断强化""对于个人信息法律属性的理解，不能仅仅局限于私人利益的属性，而忽略大数据时代个人信息的公共利益的属性"。发展大数据的目的就是要通过对数据这一基础性资源的充分利用，形成新的服务能力和新的商业模式，培育新的增长动力，促进技术创新，推动社会发展。国家"十三五"规划纲要提出："加快推动数据资源共享开放和开发应用，助力产业转型升级和社会治理创新。"作为我国网络安全领域的基础性法律，《网络安全法》第 18 条就明确规定："国家鼓励开发网络数据安全保护和利用技术，促进公共数据资源开放，推动技术创新和经济社会发展。"可以说，没有了数据的流动，大数据也就失去了发展的动力，大数据下的个人信息保护也就不再有需要了。《贵州省大数据安全保障条例》就体现了"安全与发展、监管与利用并重"的原则，保护个人信息的目的是促进大数据的可持续发展。在新冠肺炎疫情防控期间，有关部门依据法律法规授权，通过包括个人信息在内的大数据有效支撑了联防联控工作。个人信息汇聚形成的大数据为全国疫情防控工作提供了有力的帮助和重要抓手，而相应的个人信息的安全保护措施也是同步落实的。国家网信办《关于做好个人信息保护利用大数据支撑联防联控工作的通知》，为疫情防控期间大数据利用和个人信息保护工作提供了指引，体现了大数据应用与个人数据安全之间的辩证平衡，从法律层面鼓励数据利用，以进一步发挥数据在推动技术创新和经济社会发展方面的作用。

在使用大数据的同时，平衡公共利益需要和个人利益的保护，既要追求合法性，也要基于现实性。大数据使用还应遵循以下原则。一是合理使用原则。数据的价值在于收集和应用，禁止数据的流动，就谈不上数据的战略价值，有学者指出，"保护个人信息，不等于禁止个人信息的使用、开放和共享"，在应对公共危机、维护公共利益工作中，必然需要收集、汇总、分析和使用个人信息，如果都要获得同意或授权，那么必然降低效率贻误时机，造成更大的公共安全威胁，也会给个人造成本可避免的权益损害，既不符合公共利益的需要，也不符合个人利益的需要，这就对个人信息保护知情同意原则进行减损提出了客观需求，合理使用原则就具有了更强的实践价值。合理使用是基于合理的目的和用途，在未经权利人许可的情况下，为保护其他权利人合理利益和公共利益的需要，而对权利内容进行合理使用的平衡原则。国家市场监督管理总局、国家标准化管理委员会最新发布的国家标准《信息安全技术个人信息安全规范》（GB/T 35273-2020）明确规定了收集个人信息无须征得个人信息主体同意的例外情形，如与国家安全、国防安全直接相关的；与公共安全、公共卫生、重大公共利益直接相关的等情形。这是个人信息合理使用原则的法律实践，以达到对公共利益和私人权益之间的平衡。二是有限使用原则。个人数据具有公共物品和私人物品的属性，且难以对概念内涵和外延做出具体的界定，使脱敏使用难以保证不对个人敏感信息和个人隐私造成损害。因此，应当遵循有限使用的原则，包含主体有限和范围有限。对主体有限来说，就是个人信息的收集使用者限于具有相关职责的主体，在应对公共危机中，政府代表公众利益行使职权，并取得公众信任，对个人信息的使用也应当基于应对危机这一目的，并限制使用的主体范围，以最大限度避免信息被滥用和误用。有学者认为，平衡关系的本质就是划定数据流转范围。国家工信部在媒体通气会上就利用大数据技术防控新冠肺炎疫情相关情况做出说明时也指出，在数据使用方面，按照联防联控机制及卫生防控部门需要提供相关数据，数据仅限于疫情防控的需要。这就兼顾个人信息保护与利用，体现了在公共危机应对中增进公共利益与保护个人权益之间的动态平衡。对范围有限来说，就是最小化原则，信息的内容应当限于工作的需要，不收集非必要的信息。三是程序使用原则。大数据资源既是关系国家安全的战略性资源，如公民健康信息、物种基因信息、金融信息等大规模泄露就可能危及国家公共卫生安全、生物安全、金融安全、产业安全等，也与个人日常生活紧密相关，个人隐私可能会在多种关联信息的佐证下被"窥探"。没有程序的合法性也就难以保障结果的合法性，这就要求确保信息获取程序的合法性，形成对数据资源使用的法律制约。程序合法性还要明确，在数据流转、使用等环节尽到合理的防攻击、防泄露、防窃取等安全防护义务，以及采取人员管理、数据分级分类管理、日志记录等防范措施。

大数据的主要贡献在于，使人类的认知手段建立在总体数据基础之上，告别了过去随机数据、抽样数据所固有的不确定性、不完整性，拓展了人类的知识领域，重塑了人类实践的思维方式，人类在面临重大选择时更多的不是依据过往的经验，而是数据变化趋势。相关报告显示，我国互联网、移动互联网用户规模全球第一，移动通信用户数多达13.62亿，移动通信普及率114.4%，网民规模8.54亿人，互联网普及率61.2%，拥有丰富的数据资源和应用优势，大数据技术和产业的发展具有巨大潜力，2019年我国大数据产业规模就超过了8000亿元。除了可观的经济和产业价值，大数据还为应对公共危机提供了新的手段，科学预测，高效处置，实现基于数据的科学决策，为应对危机、保障人民公共利益、维护社会稳

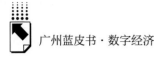
定发展提供了有力的技术支撑。同时，在大数据应用中，要处理好效率与安全的关系，把数据开发与数据保护统筹起来，实现私权利益与公共利益的良性互动，更大程度地增进公共福祉，不断推进国家治理体系和治理能力的现代化。

参考文献

李正茂、中国移动通信研究院：《通信 4.0：重新发明通信网》，中信出版社，2016。

陈军成、丁志明、高需：《大数据热点技术综述》，《北京工业大学学报》2017 年第 3 期。

吴忠民：《中国中期公共危机的可能趋势分析》，《东岳论丛》2008 年第 5 期。

姚春鸽：《大数据：疫情防控与复工复产的"加速器"》，《人民邮电》2020 年 3 月 4 日。

姜盼盼：《大数据时代个人信息保护研究综述》，《图书情报工作》2019 年第 8 期。

江波、张亚男：《大数据语境下的个人信息合理使用原则》，《交大法学》2018 年第 3 期。

朱新力、周许阳：《大数据时代个人数据利用与保护的均衡——"资源准入模式"之提出》，《浙江大学学报》（人文社会科学版）2018 年第 1 期。

迈尔·舍恩伯格、库克耶：《大数据时代——生活工作与思维的大变革》，盛杨燕、周涛译，浙江人民出版社，2012。

B.14 广州城市治理数字化研究

葛志专*

摘　要： 数字时代加快到来，城市治理方式数字化转型的内生需求更加迫切。目前广州城市治理数字化建设已有显著成效，在超大城市人口流动管控和疏导、社会治理中发挥出重要的支撑作用，但面向未来数字技术引发工业时代的生产方式、生活方式、治理方式加快变革的趋势，城市治理数字化建设仍存在不少薄弱环节。建议近中期内以广州人工智能与数字经济试验区建设为引领，重点构建城市数字化协同建设机制、构建城市数据信息系统整合机制、构建城市产业数字化升级机制、构建市民数字素养提升机制、构建城市数字安全保障机制等五个机制，加快提升广州城市治理数字化能力。

关键词： 城市治理　数字化　广州

　　数字时代加速到来，传统的工业化时代形成的城市治理方式应对数字元素全面渗透人类生产生活的新型运行模式将面临重大变革。人工智能、互联网、大数据等数字科技手段为提升城市治理现代化水平及生产生活方式转型提供了新的方式。近年来国家层面多次强调要抢抓数字革命机遇，大力发展数字经济，推动国家治理体系和治理能力现代化。广州作为超大城市、国家

---

* 葛志专，广州市社会科学院助理研究员，研究方向为城市与区域经济。

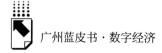

中心城市，在全力推动国际大都市建设中，更需以此为突破点，谋划城市数字化治理与经济数字转型升级的长期之策，为更好搭建城市治理体系做出全国性示范，为广州经济长期向好发展培育新支柱打好基础。

一　数字时代城市治理面临的重要挑战

（一）城市治理方式与发展理念滞后

数字技术加快融入生产生活的各方面，全球范围内城市治理能力都将需要数字化升级，而当前绝大多数城市还存在许多短板，适应不了数字社会治理的需要。例如，在重大应急事件发生或公共卫生事件突发的情况下，城市有限的管控能力还难以适应大规模的人口流动管控的需要，从而才能降低或消除人口流动带来的风险扩散和次生风险，实现从被动"管理"转变到主动"治理"；许多城市特别是中西部地区城市面临巨大的人力、物力、财力、组织资源的调配压力，当前的城市管理主要是依靠传统的人力、行政计划完成，新兴数字技术的应用还处于初步阶段；对不同群体的疏导方式简单粗暴，如对农村、城中村、流动人口等群体，加剧了应急事件和突发事件防控的不确定性；多个地方政府部门技术能力薄弱或认知落后，也会直接影响全国防控一盘棋的效果；部分区域全民动员的能力、参与主体的协同能力有限，也会影响突发事件防控的效率。我国的城镇化仍在蓬勃进行中，将有更多农村人口向城市迁移，必然需要更加完善的城市治理体系和更高的治理能力。而在全球范围内，多次突发应急事件和重大公共事件教训之一是主流舆论的引导暴露出许多短板，导致真实信息传播失效、舆论持续发酵、政府公信力下降，在部分领域几乎失序。这些都暴露出了传统城市治理方式的短板和理念的落后。

（二）传统生产方式应对突发事件冲击的抵抗力较弱

突发应急事件例如重大公共卫生事件是城市治理中的重大难题且难以预

测，一旦爆发，城市经济社会有序运转会受到极大影响，导致本处于平稳发展状态的经济面临较大的不确定性，在紧急情况下，必然需要有力控制和引导大规模人口流动、各类经济社会资源的有序流转和有效配置，市场经济正常运行"暂停"或"暂缓"，以尽可能降低突发事件的综合影响，这同时也反映出了当前的经济社会生产方式已经难以应对公共卫生等重大突发事件冲击，我国是农业和制造业大国，制造业的大部分环节和领域还处于国际中低端水平，劳动密集型、资金密集型的行业占据主导地位，这种生产模式应对危机冲击的能力较弱，在未来更加需要通盘考虑加快谋划生产方式的改变。

（三）数字化治理方式成为城市提升治理能力的有效手段

近年来，数字化、网格化等公共治理手段被广泛使用，特别是长三角、珠三角地区等东部沿海发达区域。这些地区是中国人口迁徙和集聚的重要区域，也是中西部地区人口就业的首选区域，该类区域往往需要在短时间内面对大规模的人口管控，广州、深圳、上海、杭州等城市运用大数据、人工智能、云计算等数字化技术，在重点时间段如春运期间、重大国际会议期间、重大纪念日和节日庆典期间，对人员流动、资源调配、社会管控、城市运行、服务供给等多个领域进行协同治理，带动了多种数字技术系统迅速覆盖全国的城市治理。例如，2020年上半年以来，一些以服务业为主导，互联网、数字化发展水平高的大城市、超大城市，人口规模和经济规模最大，但复工复产也最为迅速，广州、济南、厦门、青岛等城市在短时间内复工率就超过90%，广州、深圳等城市互联网、金融等行业远程办公比例达到80%以上，这些均得益于数字化技术的广泛应用。随着数字经济应用场景的不断创新与开放，城市治理中数字化方式和手段必将加快渗透和广泛使用，数字城市将开启建设热潮。

（四）数字经济成为稳固经济运行的重要动力

全球数字变革加速到来，数字经济也成为对冲突发事件影响、稳定经济社会发展的重要动力支撑，并成为生产方式重构的主要路径。在当前国内外经济发展下行压力加大的宏观背景下，数字经济成为经济增长的重要新动能。近年来，数字应用消费新场景快速拓展，阿里巴巴、腾讯、微信、美团、京东等数字平台企业相关业务爆发式增长，稳定了千万家中小企业的可持续生存能力，电商平台成为保障"菜篮子"、各类生产生活物资产品的重要渠道，在线教育、在线办公、在线医疗大范围推广。网络文娱等线上需求激增，如腾讯公司的单款游戏除夕当天销售额即达约 20 亿元。据中国信通院历年的统计和预测，数字经济已经连续多年呈现两位数增长，显著高于全国宏观经济增速。可以预见，数字变革将急剧改变生产生活方式，对经济社会发展、社会治理产生重大影响，数字成为重要的生产要素，引发全球经济格局的重塑。

二 广州城市数字治理的主要表现

数字化治理方式已经逐步渗透企业生产、城市运行、经济社会运转的多个方面，生产生活方式向数字化、信息化、网络化转变，城市治理中涉及的治理主体、治理方式、治理机制等都在发生深刻变化。

（一）数字设施广泛部署提升了应急监测能力

2020 年上半年，广州及时运用大数据技术分析人群流动特征、重点布防热点区域，利用人工智能设施对交通站点等人员大规模集散的公共场所开展快速有效的人员特征筛查，使用 5G 设施服务远程医疗、资源配送，推广了车辆识别和人脸识别卡口、门禁等物联网终端识别系统，有效实现了对人员信息、健康状况、移动路径等的数据识别，有效实现了对大规模人群流动的管控和精准监测，数字信息挖掘分析助力政府企业科学制定决策。

（二）治理主体更加多样丰富了传统治理主体结构

以往社会治理中主要是政府部门发挥主要的领导与推动作用，然而在数字化时代，数字技术贯穿各行各业，"数字"元素成为各类主体的重要标签，各类数字主体都将是城市治理的组成部分，其中以数字化企业为典型代表。它们不再单单是以利润为导向的经营者，而且将直接参与到城市治理和运转中，其作为社会治理主体的特点显著，极大程度凸显出社会公益意识、组织能力、参与能力。比如 2020 年以来，广州地区的微信、广药、广汽、立白、香雪制药、金发科技、佳都科技、金域医学等科技型企业在信息采集与发布、医药用品研发、资源紧急生产与调配以及经济活动复工复产、城市社会有序运转中发挥了重要作用，丰富了社会治理主体的构成和共同提升了社会治理能力。

（三）数字应用场景更加丰富多元

广州数字企业集聚，特别是应用型企业较多，这也直接促进了数字技术的应用场景极大拓展，如线上办公、线上教育、线上医疗、线上娱乐等广泛开展，群众生活物资购销广泛借助数字化平台和技术。例如 2020 年以来，"穗康"小程序全市覆盖，注册人数和上报健康自查信息均超千万人次，累计访问量超 6 亿次，在线问诊达到十多万人次；全市学校实现在线教学学习；金融业、软件服务业等广泛采用线上办公；物流实现无人接触配送；广州多家高水平医院开通"发热门诊"在线问诊、5G＋远程会诊等功能。越秀区运用数字技术实现线上线下 24 小时为老人提供卫生医疗及生活服务。数字技术在生产生活中的融合应用保障了市民生活需求，为广州有序复工复产发挥了重要作用，在全国都处于领先水平，表现出强大的韧性。

（四）政府数字服务协同开展有效抑制了风险扩散

数字化技术和运行系统的各层级覆盖，显著提高了政府部门的公共服务效率。广州市、区、镇、街、社区各级通力协作，充分借助数字化、网络化技术开展城市人员、交通、资源等多方面的监测防控，特别是在公共安全、人口管理、市场监管、医疗卫生、边防海关、舆论宣传、城市管理、市民服务等一线部门，大力实现信息资源共享互通、跨系统跨部门开展防控工作，能够有效形成城市治理合力。广州近年来开展的智慧城市建设效果开始彰

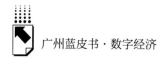

显，如在物资和设施的运行指挥调度、交通物流数据融合、人员物资数据共享、跨业务协同支撑等方面都能够反映出数字服务的广泛应用，有效支撑了政府公共治理，有效地保障社会稳定有序运行，在全国一盘棋中形成了广州示范表率作用。

三　广州数字化治理的潜在不足

城市治理数字化必然是推进城市治理体系和治理能力现代化的重要支撑手段和主要发展方向，工业时代的生产生活方式也必将广泛融入数字化特征甚至发生革命性变化。而当前还处于数字经济发展的初步成长阶段，城市治理数字化与经济社会数字化转型还有许多基础条件需要夯实。

（一）数字生态要素尚不能满足数字化治理需求

城市数字化治理的基础条件是具备数字生态构成要素，提升对城市日常运行状态监测和感知能力，建设物联网城市，可以建立简单的数字生态。广州数字生态系统还不够完善，如5G等基础设施主要在中心城区部分区域示范应用，还未全面覆盖。城市更新和旧城改造所需要搭建的云、网、端等数字化基础设施还未开展建设；广州的数字型企业主要集中在间接数字经济领域，在数字技术创新、直接数字经济方面的企业的集聚性、创新力还未形成领先优势，对经济增长的支柱作用、辐射带动作用还难以与传统工业时代的三大支柱产业相比，特别是在技术创新、直接数字经济方面的领军型企业主体、研发机构、权威组织极少，广州的全球竞争力还较弱。在数字生态环境塑造方面，产业政策已陆续推出，部分法律法规还需要全国乃至世界的共同努力。

（二）数字城市建设碎片化制约了城市统筹治理资源的能力

城市数字化治理需要在数字资源整合基础上的多元化、协同化统筹治理，但目前还面临诸多难题和挑战，在实际运行中也暴露出一些不成熟、不协同问题。在决策机制和引导方面，在数字化技术快速发展的趋势下，城市人员管控、社会治理依靠大数据的综合监测分析，推进跨部门、跨系统的综合性、平行化决策可能成为主导，而当前依靠大量的人力、物力、财力，采用垂直化决策机制和任务传导方式的模式可能要加快转型。在城市数字信息资源的管理和运营方面，广州以及大部分城市的数字信息系统呈现出分散管理、分散运营，信息化基础设施不衔接、共享程度低，技术和设施标准差异大，重复投资建设等现象，未来城市将是智慧化城市，万物互联将成为主要趋势，数字资源和设施的共享互联互通是城市治理必然的内在要求，这体现出目前与未来趋势仍有较大差异。而在商业与服务应用领域数字资源则分散在平台企业中，与万物互联的要求还相差很远。同时，法律制度建设方面还不适应数字时代要求。信息化领域技术迭代周期加快，数字安全、信息安全、市场监管、伦理道德等领域的风险与安全已经是全球最为关注的新兴领域，而目前国际范围内包括广州也都还无法完全构建完备的法律制度体系、技术体系、组织体系来应对。

（三）传统产业数字化升级改造仍有壁垒

工业经济、服务经济是广州的经济支柱。总体上，广州制造业虽快速成长，但大部分仍处于中低端水平，少部分领域进入自动化、技术驱动阶段，基本处于工业经济时代2.0、3.0阶段，传统产业利用数字技术动力不足，信息化投入大、转换成本高，企业的基础支撑薄弱，应用数字技术能力不足，外部服务体系也处于探索阶段，对于如何改造也还没有形成行业标准或规范。而且，数字技术发挥作用的时滞效应明显，需要3~10年时间才可能产生收益。从调研的十多个行业的30多家规模以上企业看，大部分企业面临业务升级和转型的现实困境，而且对于传统制造行业的企业家群体而言，数字转型的意识还未普遍形成，他们的数字技术对行业转型的意义、转型方式、流程设计、未来趋势等都还不够了解，因此很少主动寻求数字化改造。

（四）"数字+"应用场景拓展创新不均衡

数字经济的蓬勃生命力体现在应用领域，需要开放千变万化的应用场景予以数字技术的广泛应用从而促进数字生态体系持续良性循环。目前，数字应用主要侧重生活性服务业领域，且在零售、餐饮、批发等传统服务业领域应用较多，在网络娱乐、网络社交方面则成为新兴增长点，而在生产性服务业应用方面则相对较少；在公共服务领域，如医疗、城管、教育等方面则处于起步阶段，已有部分应用案例；而在制造业领域，限于流程设计、车间再造、人员培训、工艺技术创新、工业网络等环节的技术和应用模式，较少实现全部数字化生产，自动化、半自动化、人机互动还处于兴起阶段，数字化生产还面临较多阻碍。

（五）中短期数字转型潜在风险初步显现

中小微企业、制造业企业的数字化能力还有待大幅提升，短时间内转型升级的潜在风险仍然存在，传统的劳动密集、资金密集型生产方式的企业面临生存压力。一方面，传统企业面临转型压力。企业的数字化转型面临巨大不确定性，市场竞争和升级方式彻底改变，不仅需要重视产品质量、价格等终端因素，更需要重视数字化渠道、生产方式等全新产投体系对传统企业的挤出效应显现，可能引发部分实体企业退出。另一方面，劳动人口就业压力增大和就业技能亟须提升。传统的制造业、手工业、农业等技术含量相对较低的行业实现数字化转型，需要就业人口具备足够的数字化技能，当前其从业人员的数字素养显然还难以适应这一趋势，而且产业结构将发生重大调整，新兴的行业类型需要新型的技能人员，传统行业的就业人员、年老人员的就业压力显然加大。这也将倒逼教学体系、就业培训体系、再就业支撑体系转型，以增强应对"就业难"的能力。

四　以机制构建为重点努力提升广州城市数字化治理能力

数字技术正加速融入渗透经济社会的各个环节，将对传统的经济社会运行方式产生颠覆式影响。人类社会资源越来越向城市（群）集聚，城市必然是数字经济蓬勃生长的土壤，数字经济也必然是城市持续繁荣的基石。加快构建适应数字时代的城市运行机制显得尤为必要和迫切。数字化运行必然需要系统、协调、安全的发展环境，广州作为中国超大城市之一，在当前数字经济还处于发展的成长阶段，有必要也有基础率先探索构建全领域的数字城市。

（一）构建城市数字化治理协同建设机制

运用大数据、云计算、区块链、人工智能等数字技术改变城市治理方式，是推动城市治理体系和治理能力现代化的必由路径。近年来广州城市治理机制和能力成功经受住了多次重大事件和短期内应急事件的重大考验，数字化时代广州的城市治理方式、治理手段、治理主体也都更加丰富多元，未来也更加需要进一步建立系统化、协同度高的城市治理数字化格局。要汲取近年来的经验，探索构建包容创新的审慎监管制度，处理好"由谁治理"的问题，构建多元化、立体化的治理主体；明确各类治理主体之间的分工协作的关系，侧重运用大数据、云计算等技术手段，建立一套有效治理的方式，在政策支持、法律监管等方面构建一套比较完备的保障机制。优化市场公平竞争机制，破除行业壁垒和限制，健全市场退出机制。严厉打击网络不正当竞争和违法犯罪行为，加强知识产权保护和反垄断执法，强化互联网交易监管。

（二）构建城市数据信息系统整合机制

数字城市是全息感知、万物互联的，需要城市数字要素的共享互通。当前大部分城市包括广州的城市运行还没有全面数字化，已经实现数字化的领域数字资源往往是分散的、孤立的、互不相通的，需要尽快实现对各类信息平台系统的整合衔接，加强基础设施之间的互联互通，避免重复建设，确保数据的高效利用、互相交换、权威准确。保证数据的更新维护和信息安全，保护和节省公共投资。打破各部门垂直、条块管理方式以及周边城市的信息孤岛，规范统一各类软件信息系统的协议和标准。以公共民生领域为优先，

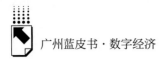

推广物联网、人工智能等数字技术在医疗、教育、环保、交通、电力等方面的应用。充分提升广州大数据设施和服务平台的辐射功能，为粤港澳大湾区数字湾区建设做好示范带动。

（三）构建城市产业数字化升级机制

随着市场主体公益性的增强，未来它们必然都是城市社会治理的重要力量，同时企业在直接数字经济、间接数字经济领域的发展也是城市高质量发展的重要方向。当前还处于数字经济发展的初期阶段，在数字技术端，还没有完全形成全方位对接各行各业的数字转型技术、工艺、流程、标准；在传统产业端，服务行业数字化程度较高，但主要侧重数字消费、网络营销、虚拟产品，工业行业主要处于手工化、机械化、电气化、半自动化并存的阶段，还难以较快实现数字转型。这必然需要构建产业数字化升级机制，打通数字端与产业端的"通道"。广州拥有产业基础优势，要大力释放建设数字经济与人工智能试验区的辐射带动功能，要在"干中学"与"学中干"，在加速创新与积累的过程中推动数字技术创新与产业数字化转型同步联动，搭建数字企业与传统企业的互动平台，促进数字生态基础要素端、平台架构主体、融合应用领域的对接，提高企业上云上平台、生产方式数字化改造的效率，提高数字企业有效创新的效率。要支持数字企业健康发展，审慎包容企业新模式新业态发展，放宽企业准入标准，支持重点平台建设，开放数据共享，开放城市数字化升级市场，以广阔的市场需求支撑企业的可持续发展。要协助传统企业降低数字化转型升级的潜在风险和成本，协助搭建上下游数字服务对接渠道和产学研合作平台。

（四）构建市民数字素养提升机制

以人民为中心是城市的发展原则。"数字鸿沟"不仅存在于行业之间、技术领域，更加体现在人的发展现代化领域，突出表现为人的数字素养还没有完全跟上数字技术发展的趋势。广州常住人口超过1490万，努力提升更多人口的现代化水平，提升市民的数字素养和能力必然会是一项长期任务，需要各类组织和行业尽早谋划，构建一整套市民数字素养提升体系。要大力培育形成数字产业人才、数字应用公民两类群体。鼓励科技企业、科研院所、研发机构建设数字技术创新相关的平台，自主培育创新人才与吸引外部高端人才相结合，重点是要培育出数量群体庞大的产业技能人才，满足未来产业升级需求，同时，要进一步增强当前教育体系中数字知识体系的内容，引导青年学生把数字知识学习作为必修课，鼓励广大市民学习数字知识，激励数字专家、教师进社区、进园区、进讲堂为广大市民讲解数字知识，激发市民坚持开展继续教育，提高适应未来的能力。

（五）构建城市数字安全保障机制

数字安全与数字技术创新和广泛运用是数字经济的一体两面，数字安全早已是全球面临的突出问题，而其依赖于不断创新的信息技术，还难以实现全面有效的安全保障，且进一步引发社会法律、伦理、道德等更多风险。广州作为国际化大都市，也难以独善其身，有必要积极参与到全球、全国安全防控体系的建设中。在立法权限内，广州可以探索加快推动相关立法进程，从法律框架、技术手段、组织架构、能力建设以及国内外合作等方面构建数据安全体系，特别是要加强对数字基础设施安全、数据传输网络、关键元器件、软件等方面的安全防控能力，加快制定数据安全保护法律规章，及早建立规则规制保障，构建安全的数字生态环境。

参考文献

葛志专、覃剑：《广州加快发展数字经济对策研究》，《广州创新型城市发展报告（2019）》，社会科学文献出版社，2019。

王远伟、师旭辉：《城市治理的数字化转型与区块链应用》，《城乡建设》2018年第15期。

中国信息通信研究院：《中国数字经济发展与就业白皮书（2018年）》，2018年4月。

附　　录

Appendix

B.15
国家数字经济创新发展试验区实施方案

中华人民共和国国家发展和改革委员会、中央网络安全和信息化委员会办公室

为深入贯彻落实党中央、国务院关于数字经济发展的战略部署，指导国家数字经济创新发展试验区建设，发挥一些地区在数字经济发展中的示范带动作用，探索解决数字经济发展的瓶颈问题，提升数字化生产力，加快经济社会各领域数字化转型，促进互联网、大数据、人工智能与实体经济深度融合，制定本方案。

一　总体要求

（一）基本思路。

国家数字经济创新发展试验区建设，要坚持目标导向，围绕国家数字经济战略任务部署，以推动经济发展质量变革、效率变革、动力变革为重点，

以促进数字产业化和产业数字化为驱动，结合各地区实际情况，综合应用产业、财税、科研、人才等政策手段，探索形成与数字经济发展相适应的政策法规体系、公共服务体系、产业生态体系和技术创新体系。要坚持问题导向，着力解决要素流通不顺畅、核心技术产业不够强、数字转型融合不深入、治理能力不到位、新型基础设施不匹配等关键问题，通过开展针对性的试验探索，推动数据要素在政府、企业、产业链上下游间充分流通和深度融合，以数据流引领带动技术流、物质流、资金流、人才流，形成一批可操作、可复制、可推广的经验做法。

（二）建设原则。

——系统设计、统筹布局。坚持战略思维，推进数字经济发展与重大区域战略、重大改革任务衔接，准确把握数字经济运行规律和未来趋势，立足当前、超前布局，创新试验工作格局。

——先行先试、改革创新。增强改革意识，着力打破不相适应的体制机制限制，以"啃硬骨头、钉钉子"的精神，开展针对性的改革探索，力争取得突破性成果。

——多元推进、深度融合。强化创新引领，深化产教融合，充分调动政产学研用多方资源和力量，协同推进要素融合、产业融合、城乡融合、区域融合。

——聚焦重点、示范引领。立足发展实际，找准试验定位，明确试验任务和预期成果，遵循规律、高效组织、科学推进、持续跟踪，力求将创新试验工作落到实处，切实发挥辐射带动作用。

（三）试验载体。

创新试验区建设组织形式，推进试验平台载体叠加、政策叠加，形成有形抓手、无形边界、立体互动的综合创新试验载体。

——政府引导。以数字政府建设作为政府数字化转型载体，探索提升政府治理和公共服务的数字化、网络化、智慧化水平；以一体化大数据中心试

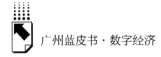

点作为数据要素载体，探索数据资源高效汇聚和有序流通。

——产业融合。以产业融合发展示范园、产业互联网平台、公共性服务平台等作为产业数字化主要载体，探索推动传统产业数字化转型；以数字产业园和集聚区作为数字产业化载体，推进数字产业创新集聚。

——多元共治。以智慧城市等作为载体，探索城市精细化管理以及数字经济新业态治理模式；以"数字丝绸之路"建设合作等作为全球数字经济交流合作主要载体，重点探索数字经济国际合作和标准规制制定。

（四）试验目标。

力争通过3年左右探索，在试验区构建形成与数字经济发展相适应的政策体系和制度环境，数字产业化和产业数字化取得显著成效，破解一批体制机制障碍，培育一批数字经济龙头企业，突破一批关键核心技术，打造一批特色优势产业，形成一批创新示范高地，总结一批创新发展经验，数字经济规模不断增长，对试验地区 GDP 贡献率不断提升，产业数字化渗透率不断深化，区域数字经济国际化水平不断提高，示范引领和辐射带动作用不断增强。

二 主要任务

（一）激活新要素，高效配置数字经济生产要素。

1. 促进数据要素有序流通。针对政务数据共享开放程度低、大数据交易模式不健全、行业公共数据被部分企业垄断、数据非法交易等问题，探索在数据交易流通、数据安全保护等方面的地方性法规和标准规范。持续深化政务数据高水平共享交换、公共数据开放利用和政企数据互通共享试点，探索数据资源确权、流通、交易规则和机制化运营流程，推进全社会数据要素资源高效有序流通和深度开发利用，释放数据红利。

2. 引导创新要素高效配置。针对创新要素流通不充分、关键技术"卡脖子"等问题，探索创新要素高效配置新模式，试点政产学研用协同创新机制，深化创新成果使用权、处置权和收益权改革，推进成果转化。集聚创新资源要素，加强数字经济人才培养，支持互联网企业、院校机构等合作建设数字技能专业培训中心，鼓励开展数字技能继续教育培训。汇聚多方优势资源，突破一批核心技术创新成果。

（二）培育新动能，着力壮大数字经济生产力，促进互联网、大数据、人工智能与实体经济深度融合。

1. 推动数字产业化。围绕数字产业化规模体量及创新质量不高的问题，充分利用现有高技术产业集聚区、信息产业相关园区资源，支持构建产业创新中心，打造一批数字经济产业集聚区，促进数字产业链上下游协同创新。培养一批数字产业龙头企业和前沿领域高成长创新企业，支持"专特精尖"中小微企业和创新团队发展，不断壮大数字经济生产力。

2. 加快传统产业数字化转型。针对传统产业数字化转型慢、质量不高，特别是中小企业"不敢转型、不会转型、不够条件转型"问题及人才、资金、技术等制约，推动三次产业数字化转型。

推动农业农村跨领域融合应用。结合实施乡村振兴战略，促进乡村产业与数字经济结合，支持在粮食生产功能区和重要农产品生产保护区开展智慧农业、数字化农业建设。支持依托现代农业产业园、产业融合发展示范园、农业农村大数据服务平台等新型载体，推进农业生产、农产品加工和流通环节的数字化转型，加快与文化旅游、教育、健康养老等领域数据整合和业务融合，推动农村一二三产业融合发展。支持农业龙头企业、互联网企业等开展网络扶贫、电商扶贫，加快贫困地区农特产品上行流通。

促进制造业高质量发展应用。支持制造业龙头企业、专业机构搭建共性技术支撑平台和公共服务平台，开放技术资源，开展设计仿真、技术咨询等技术创新、模式创新服务，赋能行业内中小企业转型升级。鼓励工业企业与互联网企业深度合作，注入互联网理念和模式，开展工业大数据采集、处理、汇聚、利用，带动产业链上下游企业数字化转型，促进产业链整体协同，提升智能制造水平。

发展消费新业态新模式。支持消费品品质提升，汇集生产、销售、管理数据，深度挖掘分析市场需求，利用大数据分析辅助产品定位、产品设计、质量提升、精准营销、定制服务。支持利用新一代信息技术加快生产线和营销渠道的智能化升级，推进个性化定制、柔性化生产与产品线创新，满足差异化、多样性需求。鼓励服务业新技术应用与商业模式创新，支持数字服务新业态。

（三）推进新治理，优化调整数字经济生产关系。

1. 加快政府数字化转型。鼓励开展地方性政策法规探索，在数据权属界定、新业态监管、灵活就业、社会保障、知识产权保护等领域不断完善与数字经济发展相适应的政策法规体系。充分利用数字化手段，提高民生保障、就业创业、交通物流等领域便利度，持续优化营商环境，着力消除"排队长、卡证多、办事难、效率低、体验差"现象，提升群众获得感。

2. 构建多元协同治理新机制。探寻数字经济发展规律，探索完善数字经济新型生产关系。加强互联网平台治理，针对平台数据垄断、个人隐私泄露、电商平台假货等问题，探索构建政府监管、平台自律、法律约束的协同治理体系和触发式监管机制。探索共享经济、平台经济等新业态的分类监管制度，鼓励开展跨平台在线监管试验。针对数字经济新的生产组织模式，研究数字经济吸纳灵活就业、影响就业结构变化的规律，探索新型劳动用工制度和灵活就业社会保障制度。

3. 积极开展数字经济国际合作。加强多边、双边数字经济国际合作，积极参与数字经济相关国际规则标准制定。建立健全数字跨境流动安全评估等管理机制，促进数据安全、有序流动。加强"一带一路"沿线国家数字经济合作，鼓励参与"数字丝绸之路"建设，服务数字经济相关企业"走出去"。

（四）夯实新设施，不断强化数字经济发展基础。

1. 加快万物泛在互联。针对基础网络速度慢资费高，部分传统产业、农村地区网络化程度低，行业领域专网不贯通等问题，适应未来网络技术发展趋势，持续深化宽带中国建设，加快农村网络基础设施建设。探索开展陆海空天一体化信息网络基础设施建设。加快公共基础设施的网络化、智能化改造，构建市政设施管理感知网络系统。推进5G行业应用试点、物联网建设应用，形成一批产业级典型应用。

2. 推动新型设施共建共享。针对大数据中心无序重复建设、数据及设施资源共享程度低等问题，统筹引导布局新型基础设施，促进共建共享。推进一体化大数据中心体系试点建设。规范发展公共云平台市场服务体系，推进产业互联网平台设施联通共享。统筹规划智慧城市、数字乡村相关基础设施建设，完善基础设施互联互通标准规范。推进新技术新装备专业试验场所建设。

三　试验布局

根据国家重大区域战略部署，综合考虑各地数字经济发展基础，选择前期工作较深入、数字化转型走在前列、代表性引领性较强的区域，开展先行先试。其中，雄安新区重点探索数字经济生产要素充分流通机制，以政企数据机制化融通利用，加快智慧城市建设，为推动京津冀协同发展和建设京津冀世界级城市群提供支撑。浙江省重点探索构建数字经济新型生产关系，加快政府数字化转型，创新数字经济多元协同治理体系，助力长三角一体化发展。福建省重点总结推广"数字福建"20年建设经验，深化政务数据与社会数据融合应用，围绕"数字丝路"、智慧海洋、卫星应用等开展区域特色试验。广东省依托粤港澳大湾区国际科技创新中心等主要载体，加强规则对接，重点探索数字经济创新要素高效配置机制，有力支撑粤港澳大湾区建设。重庆市、四川省重点探索数字产业集聚发展模式，完善新型基础设施，

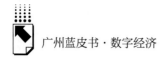
开展超大城市智慧治理，加强数字经济国际合作，以智能化应用为重点，促进互联网、大数据、人工智能和实体经济深度融合，实现成渝城市群高质量发展。在相关地方提出的试验区建设工作方案的基础上，国家发展改革委、中央网信办将组织研究论证，按照方案成熟程度，逐个启动实施。

四 组织实施

（一）建立统筹推进机制。

试验地区要建立健全省级层面统筹协调和工作推进机制。河北省（雄安新区）、浙江省、福建省、广东省、重庆市、四川省要结合试验重点及本地区已有基础、优势条件，研究制定详细的试验区建设工作方案和分年度工作计划，统筹各类数字经济试点示范，坚持问题导向，细化完善任务清单、成果清单和分年度目标。各地区发展改革、网信等部门要高度重视，做好相关统筹衔接工作。各试验区要明确建设组织和推进实施主体，加强体制机制改革创新，做好配套条件落实，引导激发社会资源投入，务实高效推进。

（二）加大政策支持力度。

针对试验区改革试验任务部署和需求，依托数字经济统筹协调工作机制，国家发展改革委、中央网信办会同有关部门，加强对试验区建设指导，统筹协调试验改革中的重大问题，强化政策协同和支持力度。创新支持方式，推进一批政策试点、设施试点、应用试点、专项工程优先在试验区域落地。试点地区各级政府要狠抓重大改革举措落实，在职责范围内加强地方性法规探索和配套政策制定，做好与相关部门衔接，切实形成合力。

（三）完善全过程跟踪监测。

各试验区根据年度工作计划，按季度向国家发展改革委、中央网信办报送改革创新举措、关键任务最新进展等材料，及时总结阶段性工作成果和存在问题，并于每年 12 月 15 日前报送本年度创新试验成效自评价报告和下一年工作计划。各试验区要基于创新试验实践，探索数字经济统计监测方法，开展区域性数字经济发展态势、规模体量（含本地区数字经济规模）、带动效应（含对本地 GDP 贡献率）、就业和产业结构影响、质量效益等关键指标监测。国家发展改革委、中央网信办会同有关部门，定期组织对试验区开展第三方评估，跟踪创新试验整体进程，监测评估创新试验实际成效，推动试验区及时调整优化试验方法，促进形成有效试验成果。

五　经验推广

（一）加强政策推广。

及时总结试验区改革举措做法，提炼形成政策，根据改革试验年度评估情况，商相关部门，按成熟程度分类制定出台改革举措政策推广清单。对试验区政策试点效果较好的，以及各地在事权范围内主动改革探索、对其他地区有借鉴意义的政策制度，商相关部门加强推广。对较为成熟的、具有基础性支撑性的重大改革举措，按程序报批后在全国范围推广。

（二）促进经验推广。

梳理总结试验区创新经验和特色亮点，引导试验区与非试点地区精准对接，开展理念、政策、技术、人才等全方位指导，促进试验区典型特色做法的整套复制、有效推广。推动试验区之间以及与非试点地区横向交流，通过组织试验区现场会、分片区座谈会、实地调研等形式，互学互鉴数字经济创新发展好经验好做法。

（三）强化成果宣贯。

利用世界互联网大会、"数字中国"建设峰会等相关领域国际国内会议、产业博览会等平台，加强各试验区传统产业数字化转型示范案例宣传，促进数字经济产业集聚成果经验推广。组织发布数字经济改革试验优秀案例集，推动政府企业数据共享、一体化大数据中心等标准在全国应用。

B.16
广州市加快打造数字经济创新引领型城市的若干措施[*]

广州市人民政府

为全面贯彻落实习近平总书记关于加快建设数字中国的重要讲话和重要指示精神，根据《粤港澳大湾区发展规划纲要》和《国家数字经济创新发展试验区实施方案》对广州的定位要求，加快数字经济创新发展，构建以数据为关键要素的数字经济新生态，在当前疫情防控及未来发展中持续扎实培育经济高质量发展新增长点，加速将广州打造成为粤港澳数字要素流通试验田、全国数字核心技术策源地、全球数字产业变革新标杆，特制定本措施。

一　聚焦国家定位，建设数字经济创新要素安全
高效流通试验区

（一）加快探索数据安全高效治理新模式。重点在数据确权、数据流动、新业态监管及知识产权运用和保护等领域先行先试，抢占数据治理体制机制新高地。（市大湾区办、市委网信办牵头）全面开展对数据确权、个人数据保护等相关法律法规的预研，开展数据确权流通沙盒实验，形成一批实验性成果。（黄埔区政府牵头）

（二）探索建立穗港澳数字经济创新要素高效流通体系。发挥粤港澳大

---

[*] 资料来源：广州市人民政府穗府〔2020〕4号，http://www.gz.gov.cn/zwgk/fggw /szfwj/content/post_ 5784608. html。

湾区区域发展核心引擎作用，争取国家支持在广州特定区域实行穗港澳三地数据跨境开放共享及安全管理，促进穗港澳地区跨境资金和商贸物流等方面便利化流动。（市大湾区办牵头）探索利用知识产权、数字版权等数字资产证券化手段，促进创新要素价值流通，提高技术成果转化能力。（黄埔区政府牵头）

（三）全力打造适宜数字经济发展的营商环境。对数字经济形态实施"包容、审慎、开放"的监管模式，实施包容期柔性监管，建立容错纠错机制，研究制定市场轻微违法违规经营行为免罚清单，对非主观故意、没有造成危害后果的市场轻微违法违规经营行为，审慎行使行政处罚裁量权。（市场监管局、司法局牵头）提供公共服务事项100%网上办理，实现开办企业全流程"一网通、半日办、一窗取、零成本"。以"区块链＋政务服务"打造高效便捷、稳定透明的营商环境，推进"减流程、减材料、减时间、减成本"，实现"零见面、零上门"，推动政务服务革命性流程再造。支持黄埔区打造政务服务区块链应用示范区，形成可复制经验在全国推广。（市政务服务数据管理局、黄埔区政府牵头）探索建立以区块链技术为核心的新型政务信息资源共享平台，制定政务信息资源目录和政务信息共享目录，逐步构建数据采集、汇聚、处理、共享、开放、应用及授权运营规则，实现信用、交通、医疗等领域政府数据集分级分领域脱敏开放。（市政务服务数据管理局牵头）

（四）加速公共数据整合应用和数字经济应用场景释放。支持企业、行业协会、研究机构等各类社会组织，利用5G、大数据、人工智能、区块链等技术开展数据整合和应用。多维释放数据和技术应用场景，在交通、医疗、教育、金融、政务等优势特色领域遴选一批具有全国影响力的应用示范场景，培育数字经济新业态新模式。首期推出超过100个技术领先的数字经济领域优质应用场景示范项目，面向全球征集解决方案。（市工业和信息化局牵头）以智慧交通为切入点推进"城市大脑"建设应用。（市发展改革委、工业和信息化局、交通运输局牵头）

二 聚焦未来技术，加快数字经济关键核心应用科技攻关

（五）加快新一代信息技术、人工智能与生物医药的交叉融合。支持有限元快速分析技术、多层压电膜制备与加工技术等 5G（第五代移动通信技术）射频滤波器的"卡脖子"核心技术攻关和研发创新，加快推动 5G 射频前端芯片产业的价值链创新发展。积极推动生物医药跨产业链延伸发展，进一步提升生物医药产业创新力和竞争力。支持计算生物、人工智能与智能诊疗、药品设计研发、基因分析、医用机器人、3D（三维）生物打印等生物医药领域重点技术的交叉融合。（市科技局、发展改革委牵头）利用互联网、物联网、区块链、云计算、大数据等技术加强医疗大数据的采集、存储、流通与挖掘，建立医疗大数据中心，支持人工智能、量子计算在医疗大数据分析和诊疗中的创新应用。大力推进利用区块链技术实现电子病历和电子处方的共享共用及医药产品溯源（市卫生健康委、工业和信息化局牵头）。建设通用软硬件适配测试中心，打造辐射全国的信息技术应用创新适配资源池，大力开展适配攻关，加速形成具有竞争力的软件和信息服务产品，力争建设成为全国领先的信息技术应用创新产业集聚区。（市工业和信息化局、政务服务数据管理局牵头）

（六）加快新型显示产业关键核心应用技术的集中攻关。以面板制造为核心，重点打通纵向原材料、设备、零部件到终端的供应链，促进产业链协同发展。加强产业生态横向协作和基础技术研发转化，突破曲面、折迭、柔性等关键技术，加强 OLED（有机发光二极管）面板制造、4K/8K 超高清视频关键设备创新研发和量产。加快量子点、超高清显示、印刷显示、柔性显示等新技术研究，提前布局激光显示、3D 显示、Micro LED（微型发光二极管）等新型显示技术。探索新型显示与 5G、物联网、工业互联网、人工智能等新一代信息技术的创新融合，积极拓展车载、医用、工控、穿戴、拼接、透明、镜面等新应用、新市场。（市工业和信息化局、科技局牵头）

（七）加快数字创意产业关键核心应用技术的研发创新。依托天河区、黄埔区数字创意新业态发展基础优势，争创国家级数字创意产业发展示范区。加速 VR/AR（虚拟现实/增强现实）、游戏交互引擎、数字特效、全息成像、裸眼 3D 等关键核心应用技术的集中攻关，持续催生一批数字创意新技术、新模式、新业态。促进粤港澳大湾区文化融通，在数字创意领域加强粤港澳大湾区合作、国际合作，引进一批国际顶尖的数字创意团队和企业，为我国数字创意产业参与国际竞争、以数字创意技术带动文化精品输出提供先行示范。（市文化广电旅游局、相关区政府牵头）

三 聚焦重点载体，形成数字产业集聚发展"一核多点"的协同发展格局

（八）全力打造广州人工智能与数字经济试验区。以广州人工智能与数字经济试验区作为广州数字经济创新发展的核心空间载体，充分发挥海珠、番禺、黄埔、天河四区优势，沿珠江东部形成协同联动发展空间格局，打造全国人工智能与数字经济发展创新源，争创国家级平台参与国际竞争。（市大湾区办牵头）海珠区（琶洲核心区）依托人工智能与数字经济广东省实验室（广州）等重大创新平台，在互联网、物联网、云计算、大数据和人工智能等新一代信息技术领域形成一批原创性技术成果和应用创新示范；大力推进数字产业龙头企业总部建设，持续引进全球领军企业，加快打造创新型数字经济总部优势集群；依托重大工程项目，持续引进高层次顶尖人才，打造数字经济人才高地。番禺区（大学城片区）充分运用大学城丰富的高校科研和人才资源，加快培养高端复合型数字经济人才；以应用为导向，全面推进广东省大数据综合试验区建设，加快产品和解决方案研发，创新技术服务模式，形成技术先进、生态完备的技术产品体系。黄埔区（鱼珠片区）加快建设以区块链为特色的中国软件名城示范区，支持企业加快对区块链底层核心技术的自主研发；加快布局工业互联网标识解析顶级节点等新型国际化信息基础设施，积极引入人工智能等数字经济领域

科研院所，强化人工智能、5G、区块链等新技术与实体经济深度融合；发挥黄埔港千年古港、良港优势，推动航运、贸易与数字经济融合发展。天河区（广州国际金融城片区）以金融贸易等现代服务业资源优势为基础，大力发展数字金融、数字创意以及各种消费新业态、新模式。（相关区政府牵头）

（九）联动发挥各区域型数字经济集聚区支撑作用。支持越秀区加快建设花果山超高清视频产业特色小镇，突破一批核心关键技术，注入超高清影视、动漫、电竞等新一代信息技术特色产业，推动超高清视频产业与垂直行业深度融合，打造千亿级超高清视频内容制作产业基地。支持南沙区加快建设粤港澳全面合作示范区，对接全球高端科技创新资源，推动基础研究和产业技术创新融通发展，探索数字技术在海洋经济、人工智能产业、生物医药产业链、社会公共服务等领域的应用与创新，打造粤港澳大湾区产业和社会公共服务数字转型示范区。支持天河区加快建设广州软件谷和中央商务区，重点布局发展5G、高端软件、工业软件、人工智能、虚拟现实等，打造国家级软件产业示范基地和国家数字服务出口基地，提升广州软件研发和数字服务的国际影响力。支持白云区加快建设白云湖数字科技城，以数字产业研发创新、数字产业化等为重点，深化数字技术、金融、产业的深度融合，推进产业发展质量跃升。支持荔湾区、番禺区、花都区、增城区、从化区加快建设白鹅潭沿江总部经济带、广州南站商务区、中电科华南电子信息产业园、新型显示价值创新产业园、明珠工业园等重点载体，通过发挥各区域型集聚区主体作用，全面支撑数字经济创新发展，为数字经济带动城市焕发新活力发挥重大示范作用。（相关区政府牵头）

四　聚焦设施完善，推进新型数字基础建设和高效共享

（十）大力布局推动"新基建"项目建设。加快5G基站建设，打造全国领先的5G网络。推进国家超级计算广州中心等高性能计算中心建设，面

向人工智能和5G应用场景，建设基于GPU（图形处理器）的人工智能、区块链算力中心。积极规划布局高密度数据中心、边缘数据中心等下一代数据中心建设，提升数据感知、数据分析和实时处理能力。支持跨行业、特定行业、特定场景的工业互联网平台建设，实现工业大数据汇聚和挖掘，打造高端工业软件服务体系。（市工业和信息化局牵头）加快推进城际高速铁路和智慧城市轨道交通建设，打造粤港澳大湾区数字轨道枢纽城市。（市发展改革委牵头）

（十一）加快布局建设国家重大科技基础设施。围绕粤港澳大湾区国际科技创新中心建设，聚焦海洋、生物、空天、信息等领域，积极引进重大科技基础设施，加快开展预先研究。高水平建设南沙科学城，提高设施建设数字化程度。探索建立重大科技基础设施多方共建共享机制，引导具备条件的高校、科研机构和企业共同参与重大科技基础设施建设，保障共建方用户对重大科技基础设施的使用需求。（市发展改革委、相关区政府牵头）

（十二）建立数字基础设施安全高效共享机制。加强公共服务、互联网应用服务、重点行业和大型企业云计算数据中心的统筹高效利用，率先建立跨区域数据资源共享机制。依托5G网络和工业互联网，促进工业企业设备、系统、平台之间的互联互通和数据共享。加强区块链技术应用，支持安全运维、安全咨询、安全认证等安全服务商协同推进设备安全、控制安全、网络安全、平台安全、数据安全能力建设。（市工业和信息化局、市委网信办牵头）

五　聚焦产业支撑，加速重点领域数字化转型

（十三）优化工业互联网发展环境。加快工业互联网标识解析国家顶级（广州）节点和面向船舶、高端装备、新一代信息技术、生物医药、家居等行业的二级节点建设，构建高效稳定的标识注册和解析服务能力。对国家级、省级工业互联网产业示范基地，按照与国家、省资助额最高1：1比

例给予资金配套。推动组建特定行业工业互联网供应商联合体，开展产业集群工业互联数字化转型试点。支持服务机构为工业互联网产业发展提供协同研发、测试验证、咨询评估、培训推广、创业孵化等服务。（市工业和信息化局牵头）

（十四）加速数字技术与制造业融合发展。以汽车制造、高端装备、家居、生物医药等行业转型为重点，大力发展芯片设计、封装、制造和高端工业软件，推进智能制造升级，重点支持智能汽车整车、核心关键零部件研发创新及产业化。培育推广个性化定制、网络协同制造、远程运维服务、众创众包等智能制造新模式，推动"工业互联网＋供应链"创新发展。开展工业互联网应用示范，强化产品设计、制造、应用等产业链上下游各环节的合作与协同，重点深化汽车制造、智能家居等优势产业应用。每年择优遴选一批工业互联网示范工程，给予最高500万元奖励。对依托工业互联网实施数字化升级的应用企业，按省"上云上平台"服务券相关政策给予奖励。（市工业和信息化局牵头）

（十五）支持新兴数字化服务发展模式。支持大数据、人工智能、云计算、物联网、区块链、5G和移动互联网、北斗卫星导航等新技术在服务业领域的创新应用，促进新业态、新模式发展壮大。重点支持信息技术研发和应用、业务运营服务、设计服务及医药研发、检验检测、节能环保、现代农业等领域数字服务发展，加快发展众包、云外包、平台分包等新模式和服务型制造等新业态。加速文化旅游、交通出行、商业零售、医疗卫生等场景与区块链等数字技术融合应用，支持企业整合产业链上下游，打造数字化运营平台，重点推动交通出行、酒店餐饮娱乐、养老、托育、家政、旅游票务等领域"互联网＋"和平台经济发展，催生新岗位新职业（市商务局、发展改革委牵头）。

（十六）打造全国区域智慧轨道交通产业标杆示范。加快轨道交通产业数字化转型和智慧化升级，实现有轨电车、地铁、城际等轨道交通多制式覆盖，助推粤港澳大湾区轨道交通基础设施互联互通，打造产业链纵向延展、横向协作的轨道交通数字化产业集群。重点开展前瞻性技术研究与创新场景应用落地，率先推动互联网、物联网、人工智能等新兴技术与轨道交通运营实景的跨界融合，形成全智慧型的轨道交通产业生态链，打造广州模式和全国范例。重点支持穗腾联合实验室建设，着力打造轨道交通智慧平台，充分发挥产业生态链的资源汇聚功能、轨道交通智慧平台数据支撑和能力扩展作用，实现轨道交通业务供需精准对接、要素高质量重组和多元主体融通创新，为轨道交通行业上下游企业创造更大发展机遇和更广阔市场空间。持续推进轨道交通建设与运营提质、降本、增效，提高市民出行满意度，打造全国区域智慧轨道交通数字化标杆示范（市发展改革委、广州地铁集团牵头）。

六　聚焦国际开放，推动技术研发与成果转化交流合作

（十七）加强数字经济领域国际交流合作。在人工智能深度学习核心算法、分布式云、高并发区块链等领域加强技术研发，支持数字经济企事业单位、研究机构、行业协会与国际顶尖企业、高校和研究机构合作，共同组建联合研究中心、联合实验室、国际合作实验室等创新载体（市科技局牵头）。支持5G、高端工业软件、边缘计算等领域软件研发和基础设施建设等开展国际合作，对重大国际合作项目落地给予政策支持（市商务局牵头）。持续发挥广州国际创新节等高层次国际科技创新交流展示平台作用，加强数字经济领域国际合作与交流（天河区政府牵头）。支持数字经济企事业单位、研究机构、行业协会与国际顶尖企业、高校和研究机构联合举办世界顶级数字经济大会、企业家高端论坛、国际型学术交流会议等活动，经认定，按广州市商务发展专项政策给予奖励（市商务局牵头）。

（十八）支持"高精尖缺"创新成果转化。开展数字经济领域创新成果转移转化区域试点，优化成果转移转化市场化服务体系，提高成果转移转化主体内生动力，全面提升核心技术供给和支撑能力。对"高精尖缺"领域技术创新成果转化项目，根据项目知识产权属性、创新程度，按广州市

科技成果转化政策给予奖励（市科技局牵头）。发挥广州（国际）科技成果转化天河基地、黄埔区创新成果转化试点工程的辐射带动作用，实现数字经济领域政产学研用协同创新，推动一批短中期见效、有力带动产业结构优化升级的数字经济创新成果转化应用，推动创新链、资金链、产业链三链深度融合，探索形成全国领先、具有粤港澳大湾区特色的数字经济创新成果转化新机制新模式（天河区、黄埔区政府牵头）。

七　聚焦关键要素，建立健全数字经济发展重点保障体系

（十九）引导数字经济企业和人才分类集聚发展。吸引全球数字技术、数字产业、数字服务相关领域的企业和人才，精准聚焦"一核多点"空间布局落户成长，支持重点企业参与数字经济相关领域建设，加快区域协同集聚发展。对于新引进落户的数字经济领域总部企业，按广州市总部企业落户政策给予奖励；对数字经济产业发展具有重大带动作用的企业，可在落户奖励等方面享受政策支持。对数字经济领域存量总部企业加大支持力度，促进企业做大做强，重点培育一批数字经济领域龙头企业和单打冠军（市发展改革委、工业和信息化局牵头）。对于新引进的数学模型、计算机科学等基础理论研究型人才和5G应用、区块链、芯片、网络安全、金融科技等复合型技术人才，符合条件的，按广州市人才政策给予奖励（市委组织部、市科技局牵头）。

（二十）优先保障数字经济重点载体平台建设项目用地。以"一核多点"重点载体为依托，重点发挥广州人工智能与数字经济试验区的平台作用，加大土地储备和出让力度，重点支持解决重大项目、企业总部、技术研发、成果应用等方面用地问题，通过加强土地空间配置支撑形成产业集聚发展。加速为数字产业发展拓展空间，推进先租后让、租让结合方式使用土地，实行弹性年期出让，支持用于研发、创意、设计、中试、检测等环节及其配套设施的新型产业用地加快落地，优先保障数字经济企业发展和创新人才空间需求。加大项目报批容缺受理、告知承诺、信任审批等实施力度，对

重大项目开设审批绿色通道，实现专人指导、综合服务、并联审批、同步出证。对生物医药数字化领域特别重大项目，以市场评估地价为基础，充分考虑项目特点综合拟定出让起始价格（市规划和自然资源局、各区政府牵头）。

（二十一）加大对数字经济企业融资支持和金融创新力度。支持各类风投创投机构设立数字经济领域投资基金，投向初创期数字经济企业。支持社会风投机构与政府性引导基金开展合作，依托产业集聚发展，引导社会资本加大投入数字经济产业领域（市地方金融监管局、工业和信息化局牵头）。发挥企业债直通车政策优势，争取通过专项债券等多种形式支持较大规模的企业进行直接融资（市发展改革委牵头）。支持银行机构通过银团贷款、联合授信等形式成立专项贷款，发挥规模放贷优势，整合形成低成本专项信贷资金。支持符合条件的银行业金融机构开展融资服务模式创新，面向数字经济企业推出知识产权质押等多种专属信贷产品，为轻资产、未盈利的数字技术企业提供有效的金融服务。探索实施"人才投""人才贷""人才保"项目，创新人才金融服务（市地方金融监管局牵头）。充分发挥科技型中小企业信贷风险补偿、普惠贷款风险补偿等中小微企业融资风险补偿机制的作用，支持商业机构加大对初创期和成长期数字经济企业的信贷支持力度（市科技局、地方金融监管局牵头）。

（二十二）强化政策落地和责任落实。各有关牵头部门加快研究制定具体操作细则，细化责任分工，主动对接市场和企业，积极推送和解读政策，加快推动政策条款落地见效。各区切实履行属地责任，围绕重点产业布局，研究出台数字经济系列政策，形成市、区政策联动，释放迭加效应。涉及资金奖励的具体条款纳入对应责任部门管理的专项资金实施细则、管理办法、申报指南等文件中执行。（市各职能部门、各区政府牵头）

本措施自印发之日起施行，有效期3年。

广州人工智能与数字经济
试验区建设总体方案[*]

广东省推进粤港澳大湾区建设领导小组

为贯彻落实《粤港澳大湾区发展规划纲要》（以下简称《规划纲要》）和《国家数字经济创新发展试验区实施方案》（以下简称《实施方案》）部署，根据《中共广东省委广东省人民政府关于贯彻落实〈粤港澳大湾区发展规划纲要〉的实施意见》研究建设琶洲数字经济试验区的要求，打造以琶洲为核心、以珠江为纽带、以产业融合发展联动周边区域的广州人工智能与数字经济试验区（以下简称"广州试验区"），制定本方案。

一 总体要求

（一）指导思想。以习近平新时代中国特色社会主义思想为指导，全面贯彻党的十九大和十九届二中、三中、四中全会精神，坚持新发展理念，深入实施创新驱动发展战略，将发展数字经济与建设粤港澳大湾区紧密衔接，加强规则对接，探索数字经济创新要素高效配置机制，推动数字产业化和产业数字化，培育发展新技术新产业新业态新模式，形成经济发展新动能，将广州试验区打造成广州实现老城市新活力和"四个出新出彩"的重要支撑区、粤港澳大湾区数字经济高质量发展示范区，在全国数字经济创新发展中走在前列。

---

[*] 资料来源：省推进粤港澳大湾区建设领导小组粤大湾区〔2020〕1号 http://drc.gd.gov.cn/ywtz/content/post_ 2899440. html。

（二）发展目标。到 2022 年，广州试验区基本构建形成与数字经济、人工智能发展相适应的政策体系和制度环境，建成一批国内领先的人工智能开放创新平台和成果应用转化基地，在人工智能、物联网、大数据、云计算等领域取得一批具有国际影响的原创性技术成果，培育一批数字经济龙头企业，数字经济规模不断扩大，产业数字化渗透率不断提升，区域数字经济示范引领作用不断增强。

到 2025 年，广州试验区人工智能与数字经济集聚发展水平显著提升，在人工智能基础理论与核心算法、关键技术与器件、行业应用等方面攻克一批关键核心技术，形成一批创新示范高地，总结一批创新发展经验，数字经济对 GDP 的贡献率大幅提升，信息技术与实体经济融合催生的新产业新业态新模式成为推动数字经济发展的重要动能。

到 2030 年，广州试验区人工智能与数字经济基础理论和关键技术创新实现重大突破，建成人工智能理论与技术体系，在多领域的技术研究和应用能力达到世界领先水平，建成数字领域产业集聚发展高地，为数字丝绸之路建设提供有力支撑，成为人工智能与数字经济发展全球优选地。

（三）功能布局。围绕打造成为人工智能与数字经济技术创新策源地、集聚发展示范区、开放合作重点区、制度改革试验田的战略定位，沿珠江东部（珠江前航道广州大道到南海神庙段）选择人工智能与数字经济发展基础较好和应用场景广泛的连片区域，构建广州试验区"一江两岸三片区"空间格局，总面积约 81 平方公里。

珠江南岸人工智能与数字经济产业创新集聚区，即琶洲核心片区（含广州大学城）（西起广州大道，东至珠江前航道与官洲水道交汇处，北至珠江前航道，南至新滘路－赤沙涌－官洲水道，约 30 平方公里；广州大学城小谷围岛，约 18 平方公里），总面积约 48 平方公里。依托人工智能与数字经济广东省实验室（广州）等重大创新研发平台以及华南理工大学、中山大学等丰富的高校科研和人才资源，在互联网与云计算、大数据、人工智能、新一代信息技术等领域形成一批原创性技术研发成果，集聚人工智能与

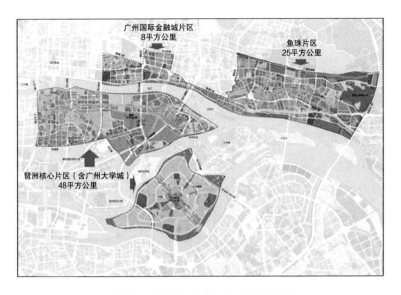

广州人工智能与数字经济试验区示意

数字经济领域知名企业总部，重点发展互联网与云计算、大数据、人工智能、新一代信息技术等数字技术产业，形成一批人工智能与数字经济领域的原始应用创新示范。

珠江北岸人工智能与数字经济产业融合发展区，包括广州国际金融城片区（西至华南快线，东至科韵路，北至黄埔大道、中山大道，南至珠江，约8平方公里）和鱼珠片区（西至鱼珠，东至东二环高速，北至广园快速，南至珠江，约25平方公里），总面积共33平方公里。

——广州国际金融城片区发挥金融、贸易等现代服务业资源优势和新一代信息技术赋能作用，大力发展数字金融、数字贸易、数字创意以及各种消费新业态、新模式，推动现代服务业出新出彩。

——鱼珠片区布局工业互联网标识解析顶级节点等新型国际化信息基础设施，强化人工智能、5G、区块链等新技术与实体经济深度融合，打造以区块链为特色的中国软件名城示范区。发挥黄埔港千年古港、良港优势，推动航运、贸易与数字经济融合发展。

二　主要任务

（一）高效配置人工智能与数字经济创新要素。

1. 建立创新要素高效配置规则体系。打破数据壁垒，促进数据要素有序流通，探索在数据交易流通、数据安全保护等方面的地方性法规和标准规范。探索设立数据交易中心，建立数据资源开放共享和交换监管制度，完善数据资源确权、流通、交易规则和机制化运营流程。试点公共数据开放利用和政企数据互通共享，推动数据要素在政府、企业、产业链上下游间充分流通和深度融合。聚焦人工智能与数字经济发展，加强与港澳和国际通行规则及先进标准的对接，促进数字创新要素跨境安全高效配置。

2. 提升技术创新策源能力。推动一批重大科技基础设施落地集聚，高标准建设人工智能与数字经济广东省实验室（广州），联合国家超级计算广州中心、中科院自动化所广州人工智能与先进计算研究院等科研院所和优势高校，加强人工智能基础理论与核心算法研究，着力突破类脑智能、智能互联与大数据关键技术，推动人工智能专用芯片设计及应用，围绕智慧城市、智慧金融、智能制造等重点领域开展共性技术攻关，推动关键部件和系统研发，支持实验室在条件成熟时创建国家实验室。鼓励产学研合作，创建一批人工智能与数字经济领域重点实验室、新型研发机构、工程（技术）研究开发中心等公共创新平台，促进人工智能前沿核心技术和应用技术研发。完善科技成果转化处置和收益分配政策，试点赋予科研人员职务科技成果所有权和长期使用权，推进成果转化。

3. 打造协同创新应用平台。支持龙头企业创建开源开放服务平台，集聚中小企业和开发者共建产业技术创新联盟，引导更多中小企业参与协同创新，争取构建产业创新中心。依托国家超级计算广州中心加快建设一批深度学习计算服务平台，发挥中国电信广州云计算数据中心作用，强化算法研究和算力建设，为高校、企业等开展研发提供数据存储、算法服务和整体解决方案。加快推进智慧轨交研发平台、智能语音创新平台等重点项目建设,在优势领域实现标准数据集输出。

4. 集聚高层次创新人才。加快推进中国广州人力资源服务产业园(琶洲园区)建设,打造琶洲互联网创新人才集聚区。依托"珠江人才计划""广东特支计划"等重大人才工程及平台,引进人工智能与数字经济领域高层次人才,构建一站式人才服务平台。加强数字经济人才培养,探索跨界人才联合培养制度,支持互联网企业、院校机构等合作建设人工智能与数字技能专业培训中心,鼓励开展人工智能与数字技能继续教育培训。鼓励建筑规划师、注册会计师等行业港澳专业人士经批准后在广州试验区内执业。完善城市功能配套,对人工智能与数字经济领域高端紧缺人才在住房、落户、教育、医疗等方面给予倾斜支持。

(二)打造人工智能与数字经济产业集群。

1. 培育壮大新一代人工智能产业。全力建设好琶洲核心片区省级人工智能产业园,采取省市区联合培育方式,在图像语音识别、机器翻译、虚拟现实与增强现实等重点领域建立人工智能企业培育库,培育一批具有全球竞争力的人工智能龙头企业。鼓励科技企业孵化器和众创空间将人工智能作为优先引进和支持领域,推进人工智能科技成果转移转化,孵化培育人工智能创新创业企业。加快建设智慧法庭、智慧会展、智慧交通、智能家居、智慧园区、智能商务等人工智能应用试点示范场景,探索建立人工智能复杂场景下规则体系。加快推进国产自主可控替代计划,构建以工业软件为特色的信息技术创新基地。

2. 推动数字产业集聚发展。大力推进数字产业龙头企业总部建设,持续引进全球数字经济领域知名企业,加快形成电子商务、云计算、大数据、高端软件等产业集聚发展态势。高水平建设国家集成电路设计高新技术产业化基地和国家级工业互联网产业示范基地,打造工业互联网产业集群和数据安全产业集群。创建国家新型工业化产业示范基地(大数据),支持企业研发大数据技术产品、服务和应用解决方案。全面深化名企名院名校战略合作，支持和推动龙头企业开放优势资源，构建生态圈，培育一批高成长高创新的数字经济"独角兽"和"瞪羚"企业。打造风险投资和新兴金融产业集聚高地，支持广东股权交易中心在琶洲核心片区设立"天使板"等特色板块，搭建符合数字经济领域特点的创新创业资本对接平台。

3. 推动区块链产业创新发展。对标中央要求和国家标准，研究制定区块链产业发展专项政策，研究出台区块链行业标准，设立区块链产业基金，推动区块链产业高质量发展。大力引进区块链底层技术、场景应用、资产数字化、安全监管等领域领军人才，强化区块链基础研究，提升原始创新能力，推动区块链核心技术突破，强化区块链领域安全监管。加快建设广州区块链国际创新中心、中国软件 CBD 等一批区块链创新载体，探索建设粤港澳大湾区区块链离岸孵化器，形成以区块链为特色的高端软件产业集群。实施"区块链＋"计划，促进区块链底层技术在智能制造、供应链管理、市场监管、政务服务等多场景应用发展，打造区块链应用标杆城市。

4. 推动重点产业数字化转型。推动新一代信息通信、大数据、人工智能与专业服务、金融、会展、文化创意等服务业重点优势产业融合发展，吸引大型企业信息化部门在琶洲核心片区集聚发展。大力发展数字金融，鼓励传统金融机构开展数字化转型，应用人工智能、区块链等技术整合内部数据资源，探索数字经济信用评价新模型，创新金融产品和服务供给模式，改进对实体经济金融服务供给效率。大力发展数字贸易，加快港澳跨境电子商务标准研究，建设现代港航集装箱物流信息化平台，规划建设黄埔国际邮轮城，推动智慧物流、跨境电商、数字贸易、航运服务等产业发展。大力发展数字会展，依托中国进出口商品交易会平台优势，加快推动"线上数字经济＋线下实体会展"融合转型，利用人工智能、大数据、5G、VR 等技术，提升会展场馆、服务智能化水平，打造"永不落幕"的网上、掌上会展平台，推动会展对数据资源价值的深度挖掘，实现商业模式升级。大力发展数字文化，推动网络直播、数字出版、手机媒体等新型业务发展，促进动漫游戏消费，建设数字创意产业基地。推进工业互联网创新应用，加快培育具备国际竞争力的工业互联网平台商和服务商，开展工业大数据采集、处理、汇聚、利用，带动产业链上下游企业数字化转型。

5. 引领培育数字经济新业态新模式。以新一代信息通信、大数据、人工智能等领域技术发展引领创造新的消费需求，培育发展服务新业态。发展线上到线下（O2O）、消费者到企业（C2B）和移动电商、跨境电商、社交电商、近场零售、无人零售等消费新业态新模式，支持新零售业开展城市配送和选址布局，打造线上线下融合的新零售标志性街区。发展面向物流、娱乐、搜寻等领域的消费型智能无人运载设备和面向教育、家政、医疗保健、餐饮服务等领域的智能机器人。深化琶洲"移动支付智慧岛"建设，拓宽移动支付覆盖领域，打造信用免押金之岛。加快中试验证、检验检测、信息服务、咨询策划等生产性服务平台建设，鼓励服务业新技术应用与商业模式创新，发展数字服务新业态，拓展分享经济、共享经济、定制经济应用领域，发展生产资料、生产技术、生产服务分享模式。

（三）深化人工智能与数字经济领域开放合作。

1. 深化与港澳的合作交流。深化琶洲核心片区粤港澳服务贸易自由化省级示范基地建设，创建粤港澳信息化合作区。推动广州试验区与香港科技园、香港应用科技研究院、数码港，以及澳门大学智慧城市物联网国家重点实验室深度合作；加强与港澳优质高校和顶尖科研团队的技术交流，开展人工智能与数字经济领域的科研及成果转化运用。办好粤港澳大湾区数字经济大会等国际交流合作活动，展示数字经济创新产品，交流数字经济前沿技术，研究数字经济企业跨境合作新模式。

2. 建设数字丝绸之路重要承载区。推动广州试验区企业加入数字经济国际产业联盟，参与"网上丝绸之路经济合作试验区"建设，服务数字经济相关企业"走出去"。鼓励企业、机构参与人工智能与数字经济领域国际规则标准制定，增强在人工智能与数字经济领域的国际话语权。鼓励企业发挥技术优势，加强与"一带一路"沿线国家在电子商务平台建设、信息服务、技术交流等方面合作，共同拓展大数据、智慧城市等领域的新兴市场。

积极引进"一带一路"沿线国家人工智能与数字经济创新成果，吸引一批知名企业、科研机构、智库入驻。

（四）优化人工智能与数字经济发展环境。

1. 营造良好的法治环境。推动在琶洲核心片区设立省人大常委会立法联系点，发挥广州试验区在制定相关领域地方性法规和地方政府规章方面的试验功能。探索完善广州互联网法院案件管辖、证据规则和审判制度，适时扩大案件管辖类型，涵盖人工智能、数字经济相关前沿法律问题。利用区块链技术推动政府部门、司法机构、互联网企业联合构建数字经济一体化监管平台，建立健全协同治理体系和触发式监管机制。探索适应数字经济新业态发展的分类监管模式，实施包容审慎监管。研究数字经济吸纳灵活就业、影响就业结构变化的规律，探索新型劳动用工制度和灵活就业社会保障制度。依托广州互联网法院和仲裁机构，探索建立诉讼、仲裁、调解有机衔接的境内外争端解决服务机制。推动建立互联网法治研究中心，开展人工智能与数字经济领域伦理规范、法律问题研究，加强对人工智能潜在危害与收益的评估，提升安全管控能力。

2. 优化政府管理和服务。深化数字政府建设，推进政务服务"一网、一门、一次"改革，提供商事登记"即照即营直通车"服务，全程电子化手段实现行政审批"零见面"。试点一般商事登记确认制，深入实施"证照分离"改革。深化首席服务官体系标准化建设，为企业全生命周期提供"个性化＋全流程"的高品质服务。在琶洲核心片区建设 5G 智慧政务创新实验室，推进 5G 新技术在政务服务领域的研究和应用。在图像识别、自动驾驶、智能机器人、智能家居、物联网等重点领域建立知识产权服务平台，促进创新成果的知识产权化，推动人工智能和数字技术专利协同运用。建立与行业特色相适应的知识产权保护和综合行政执法体系。率先试点全覆盖的信用信息归集和共享机制、"红黑名单"和信用联合奖惩制度。探索在广州试验区开展集成改革试点，集中实施"放管服"改革试点试验。

3. 完善公共基础设施配套。推动琶洲港澳客运口岸项目建设，开通琶洲至港澳水上航线。加快建设穗莞深城际轨道琶洲支线、广佛环线城轨，打造与大湾区主要城市 1 小时点对点的工作圈、生活圈。争取国家支持构建安全便利的国际互联网数据专用通道、工业互联网标识解析顶级节点、国际互联网根服务器镜像节点，优先安排高速光网、IPv6、5G 等新一代信息基础设施建设，提升宽带接入能力、网络服务质量和应用水平。加快人工智能、区块链等技术在智慧灯杆、交通道路、停车场等传统基础设施数字化改造中的应用，构建智慧互联"新基建"。

4. 高水平建设"广州城市大脑"。加强智慧城市规划建设，以"广州城市大脑"统筹引导布局新型基础设施，促进共建共享。利用传感器技术、地理空间信息技术、卫星定位与导航技术、5G 等新一代信息网络技术，加快公共基础设施的网络化、智能化改造，加大数据资源汇聚力度，建设包含城市治理、公共服务、产业发展、技术研发等领域的大数据资源池，构建"万物互联、无时不有、无处不在"的城市大脑神经感知网络。

三 保障措施

（一）加强组织协调。

广州市要切实发挥建设主体作用，做好与数字经济创新发展试验区建设工作的衔接，合理调配资源力量大力推动广州试验区建设。省大湾区办要将广州试验区纳入省推进粤港澳大湾区建设重点平台予以统筹指导，协调推进方案落地实施工作，遇重大问题及时向省推进粤港澳大湾区建设领导小组报告；省有关单位要加强对广州试验区建设的业务指导，推动建立省市区共同参与的重大事项协调机制，指导支持广州试验区加强与国家有关部委的汇报对接，推动广州试验区成为国家级重点创新平台。

（二）加强财税支持。

充分发挥广东省创新创业基金、广东省产业发展基金等政府出资的各类

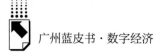
基金作用，支持广州试验区科技创新、产业发展、项目建设。探索实施更加积极、符合国际规则的人工智能与数字经济创新产品政府首购制度。落实粤港澳大湾区个人所得税优惠政策，支持符合条件的人工智能与数字经济企业享受研发费用税前加计扣除等科技创新税收优惠政策。

（三）加强风险防控。

落实《网络安全法》和国家网络安全等级保护制度，强化底线思维和风险意识，完善风险防控和处置机制，防范系统性风险，鼓励和支持企业、科研机构和相关行业组织开展行业安全相关标准的研究、制定和协同攻关，加强行业自律。注重网络安全技术研发，加强大数据环境下防攻击、防泄露、防窃取的监测、预警、控制和应急处置能力建设，保障数据安全。

B.18
广州市加快5G发展三年行动 计划（2019～2021年）*

广州市工业和信息化局

为贯彻落实2019年度中央经济工作会议关于加快5G发展的会议精神，加快实施《广州市加快IAB产业发展五年行动计划（2018～2022年)》和《广州市信息基础设施建设三年行动方案（2018～2020年)》，实现网络领先、应用丰富、产业集聚的5G发展目标，特制定本行动计划。

一 基本思路

全面贯彻党的十九大和十九届二中、三中全会精神，以习近平新时代中国特色社会主义思想为指导，深入贯彻落实习近平总书记对广东重要讲话和重要指示批示精神，以5G网络建设夯实广州智慧城市基石，推动5G应用加速向各行各业渗透，实现5G产业集聚发展，推动新时代广州实现老城市新活力，在实现"四个走在全国前列"、当好"两个重要窗口"中勇当排头兵。

二 发展原则

需求导向，网络支撑。以应用和需求为导向，强化统筹，整合资源，系

---

* 资料来源：广州市工业和信息化局 http://gxj.gz.gov.cn/gkmlpt/content/5/5304/post_5304264.html#96。

统谋划 5G 网络建设，按照"重点部署，连片覆盖"的建设原则，优先在重点、热点区域部署 5G 网络，实现 4G 向 5G 的平滑演进，有序推进规模组网，建设全国领先的 5G 网络。

示范带动，应用引领。以智慧医疗、智慧政务、智慧交通、工业互联网等领域的典型应用示范为切入点，加强 5G 与云计算、大数据、物联网、人工智能等行业应用融合。

产业融合，集聚发展。推动 5G 与实体经济深度融合，引进 5G 龙头企业，强化 5G 产业强链补链，打造 5G 发展的良好生态环境，推动 5G 产业集聚发展。

三　总体目标

2019 年完成 5G 试验验证并在主城区实现商用。力争用 3 年时间，将我市建设成网络设施完备、应用场景丰富、产业集聚明显的 5G 领先城市，在 5G 发展上走在全国前列，到 2021 年，实现：

——网络建设全面升级：全市建成 5G 基站 6.5 万座，实现主城区和重点区域 5G 网络连续覆盖，建成全国领先的 5G 网络。

——应用示范全国引领：积极支持并推进 5G 与行业应用实现深度融合，重点打造若干国家级应用示范项目，率先实现智能网联汽车、4K/8K 超高清视频、智能制造等方面的全国引领示范作用。

——产业集聚效应凸显：推动并支持 5G 应用创新和产业孵化，实现重点领域的 5G 产业集聚，带动电子制造、软件与信息服务业、人工智能等重点产业发展，实现产值（营收）超 8000 亿元。

四　重点任务

（一）加速网络部署，推进规模组网建设

贯彻落实《广州市信息基础设施建设三年行动方案（2018～2020

年）》，强化政府在站址规划、共建共享、公共资源开放等方面的引导作用，全面布局5G网络建设。

加强基站规划引领：编制5G网络建设专项规划，推动通信专项规划的滚动修编和规划成果纳入全市多规合一平台。（牵头单位：市工业和信息化局，配合单位：市规划和自然资源局、广州铁塔）

加快试验验证：支持广州电信、广州移动、广州联通、珠江数码等电信运营企业开展5G试验网建设，布局建设NB-IOT基站，在基站、管道、传输机房等基础设施建设方面提供支持和保障，推动5G试验网关键验证尽快突破。（牵头单位：广州电信、广州移动、广州联通、广州铁塔、珠江数码，配合单位：市工业和信息化局、规划和自然资源局、广州供电局）

加速城区规模组网：在白云机场、广州南站、花城广场等重要交通枢纽以及市区主要行政、文化核心和热点区域快速部署1.48万座5G基站，2019年实现主城区重要区域内网络连续覆盖，2020年起实现5G网络从核心区域逐步向外发展。（牵头单位：广州电信、广州移动、广州联通、广州铁塔、珠江数码，配合单位：市工业和信息化局、交通运输局、省机场集团、广铁集团、广州城投集团、广州交投集团）

加快推广智慧灯杆：制定智慧灯杆建设规范及标准，将智慧灯杆作为重要公共基础设施纳入新（改）建道路、大型场馆、公园、绿道、产业园区等建设工程统一设计、统筹建设。分批开放重点、热点区域内的杆塔资源建设智慧灯杆。2019年征集并开放一批主要干道，采取公开招投标的方式引进优质社会资源，逐步形成智慧灯杆建设社会化参与的共赢格局，创新可持续发展运营机制，为5G网络解决站址难题。（牵头单位：市工业和信息化局、住房城乡建设局，配合单位：市公安局、交通运输局、城市管理综合执法局、各区政府）

加强与重点项目及园区建设的协同：优先在广州南沙国际邮轮码头及综合体项目、华南国际港航服务中心、广州南沙国际物流中心、思科（广州）智慧城、富士康超视堺科技小镇、花果山互联网＋传媒小镇等广州重点项目部署5G网络。加速琶洲粤港澳大湾区人工智能和数字经济创新试验区、新一代信息技术价值创新园、天河软件价值创新园、白云湖数字科技城、黄埔港粤港澳大湾区现代服务创新区等重点园区 5G 网络的建设部署和个性定制。结合广州十大价值创新园区建设、村级工业园改造工程，支持通信运营商与应用方根据不同应用场景开展 5G + 工业园区等定制化网络建设。（牵头单位：广州电信、广州移动、广州联通、广州铁塔，配合单位：市工业和信息化局、各区政府、各重点项目主管部门）

推动网络基础资源共建共享：编制通信管网共建共享实施方案，建立各管网资源单位的共享机制，加强全市通信管网建设、使用的统筹力度（牵头单位：市工业和信息化局，配合单位：广州市城投集团）。联合运营商与基站建设企业、供电企业，实现跨行业合作推进基站共建共享，制定基站建设标准，大力开展 5G 基站系统基础设施建设，实现基站系统建设规模化。（牵头单位：广州电信、广州移动、广州联通、广州铁塔，配合单位：市工业和信息化局、交通运输局、市场监管局、广州供电局、各基站建设企业）

加大公共资源开放：落实《广东省通信设施建设与保护规定》《广州市信息基础设施建设三年行动方案（2018～2020年)》，市、区政府率先开放本单位及下属企事业单位的办公大楼、公交场站、地铁站点等政府投资为主的公共资源用于信息基础设施建设；编制公共资源开放目录，纳入目录的公共资源免收场地租赁费。积极支持民用建筑（含住宅）开放支持信息基础设施建设。（牵头单位：市工业和信息化局、各区政府，配合单位：市住房城乡建设局、交通运输局、教育局、体育局、卫生健康委、国资委、林业园林局、文化广电旅游局等市直单位、广州交通集团、广州地铁集团）

（二）开展应用示范，促进行业融合

重点推进 5G 在 4K 高清视频、远程医疗、车联网、智慧城市、工业互联网等方面的典型应用，形成重点突破、梯次接续的 5G 应用示范格局。

提升 5G 软实力：加快推进"中国软件名城"建设，依托天河软件园、琶洲粤港澳大湾区人工智能和数字经济创新试验区等重点软件载体，积极引导软件企业加强 5G 核心技术研发，培育发展一批具有核心竞争力的 5G 相关软件企业，持续提高软件产品质量和服务水平。加快中国移动南方基地、黄埔中国软件CBD、白云黄金围产业园、白云湖数字科技城、番禺金山湖等软件产业新载体建设，引进5G行业龙头企业，集聚产业链上下游资源，推动形成我市软件产业发展新动能。（牵头单位：市工业和信息化局，配合单位：各相关区政府）

推动5G+智慧交通应用：依托生物岛、天河智慧城、番禺汽车城、花都汽车城，建设以5G应用为突出特点的广州市智能网联汽车与智慧交通示范区。支持以车载5G移动通信为主的自动驾驶技术示范应用，加快建设广州市智能网联汽车示范区运营中心。打造广汽智联新能源汽车产业园、天河智联新能源汽车产业园。规划建设智能网联汽车电子产业综合基地，发挥汽车电子优势企业和整车企业龙头带动作用，重点发展车载光学系统、车载雷达系统、高精定位系统、车载互联终端、集成控制系统等软硬件产品，在激光雷达、毫米波雷达、高性能计算控制器、V2X设备、高精度地图、人机交互、车路协同系统、智能汽车系统、高性能智能悬架系统等领域有所突破。加强行业联合，积极探索5G智能车联网解决方案、标准的制定和落地。（牵头单位：各相关区政府、广汽集团，配合单位：市工业和信息化局）

推动5G+4K/8K应用：加快推进中国电信大视频创新实验室、中国联通超高清视频技术研发中心建设，开展前端视频内容生产、传输端5G传输测试、终端核心芯片和显示器件联合实验，打造贯穿内容制作、传输、显示的链条。推动高清视频应用，在广州国际投资年会、广东海丝博览会、世界港口大会、世界超高清视频（4K/8K）产业发展大会等重大活动现场和白云国际会议中心、海心沙、中山纪念堂、广州塔、天河体育馆、北京路步行街、二沙岛、生物岛等重要活动场所部署5G+超高清摄像头，实现对犯罪、交通等城市行为的智能感知、超高清视频监控和精准室内外轨迹研判。（牵头单位：市工业和信息化局，配合单位：市公安局、商务局、港务局、各相关区政府）

推动5G+智慧政务应用：推广5G在数字政府方面的应用，加强5G技术与智慧政务等政务及社会治理领域应用的结合。构建"粤省事、越省心"顶层与基层全体系衔接的架构,进一步打通政务内部的数据收集和存储,破除"信息孤岛",打造统一安全的政务云平台、数据资源整合和大数据平台、一体化网上政务服务平台,实现互联网和政务服务深度融合,推动越秀争当全省基于5G技术的政务服务最高效行政中心,成为湾区数字政府建设的亮点示范工程。(牵头单位:市政务服务数据管理局,配合单位:各相关区政府)

推动5G+智慧医疗应用:依托中山大学中山医学院、省人民医院、广州市妇幼医院等一批医疗机构,打造广州健康医疗中心。全面推进智能传感器、大数据等技术在医疗设备、诊疗系统上的协同应用,到2021年底实现区一级以上医疗机构远程医疗全覆盖。(牵头单位:市卫生健康委、各相关区政府,配合单位:中山医科大学、中心医学院、省人民医院、市妇幼医院等)

推动5G+工业互联网(智能制造)应用:发展5G与以区块链为特色的嵌入式工业集成软件、CPS(信息物理系统)等软件产业相结合,发挥5G在制造业转型升级上的关键作用,集聚和升级工业级芯片、智能机床、工业机器人、工业软件产业等工业互联网核心技术,建设以区块链为特色的中国软件名区、广东省工业互联网示范基地。依托广州南沙国际人工智能高级研究院、亚信数据全球运营总部、晶科电子智慧创新产业基地等重大项目,推动5G+智慧工厂等工业互联网领域应用。(牵头单位:各相关区政府,配合单位:市工业和信息化局)

推动5G+智慧城市应用:落实《工业和信息化部广东省人民政府框架合作协议》,依托5G网络、产业、应用、技术创新等成果,以越秀、荔湾、天河等区"互联网+"小镇,唯品会人工智能产业集聚区、国家超级计算广州中心、琶洲粤港澳大湾区人工智能和数字经济创新试验区为重点,建设面向5G技术的物联网与智慧城市示范区。支持在"两岛两城"即生物岛、长洲岛、中新知识城、科学城打造5G应用创新园,重点发展5G+无人机/车/船、工业机器人、VR/AR等通用型应用,以及智慧园区、智慧城市管理

等特色行业应用。（牵头单位：市工业和信息化局，配合单位：各相关区政府）

推动5G＋智慧农业：探索建设广州市增城区5G智慧农业实验区，构建以5G、物联网、大数据为核心技术的综合性智慧农业应用系统，有效整合现有资源，加快推动信息技术与农业产业对接、融合发展。（牵头单位：各相关区政府，配合单位：市农业农村局、工业和信息化局）

（三）抓好企业主体，促进产业集聚

通过引进5G龙头企业、培育本地传统优势企业、打造5G产业集聚区等手段，开展通信产业强链补链，推动5G产业集聚发展。

引进5G龙头企业：瞄准世界500强、大型跨国企业和行业领军企业，编制广州市5G产业重点"引进一批"企业名单，加强市区联动、部门联动，开展靶向招商、以商引商和补链招商，引进一批5G龙头企业，带动上下游产业链聚集。重点推动华为、中兴、紫光与广州在5G网络建设、产业生态发展及5G生态创新方面的全面合作。（牵头单位：市发展改革委、工业和信息化局、商务局、科技局，配合单位：市财政局、各相关区政府）

做大做强一批本地优势企业：深入调研我市通信产业，摸清产业底数，梳理形成5G优势领域和优势企业清单，遴选一批具有良好创新能力和高成长性的骨干企业纳入5G培育计划，按"一企一策"予以重点扶持，重点培育一批5G新型智能硬件、小型化基站设备、应用服务等细分领域的"单打冠军"。（牵头单位：市发展改革委、工业和信息化局、商务局、科技局、统计局、市场监管局，配合单位：市财政局、各相关区政府）

推动5G产业的强链补链：发挥富士康等龙头企业作用，紧抓5G产业上游集成电路、新型显示等方面的发展机遇，做优做强核心基础产业；发挥海格通信北斗导航、中电科七所通信系统与设备研制、京信通信在基站系统研制、泰斗微电子与风华芯电在电子元件及组件的比较优势，加强5G网络

设备、应用终端等关键工艺生产能力建设，支持5G大规模天线系统、射频芯片及元器件、通信设备智能化制造、基础及应用软件等关键技术研发能力建设；鼓励电视机、手机等终端企业前瞻性布局5G，填补我市5G产业链条空白。与中国东方红卫星公司等龙头企业合作，重点发展国产高精度测量型天线等基础元器件产品、高精度卫星定位产品和空间信息数据采集装备。（牵头单位：市发展改革委、工业和信息化局、商务局、科技局，配合单位：市财政局、各相关区政府）

打造5G产业集聚区：推动科学城加快建成技术先进、配套完善、产业协同的5G产业集聚区。以海格通信、泰斗微电子、通导信息、拓思软件、工信部电子五所、中海达、南方测绘、广州北斗导航、广州润芯等企业为龙头，开拓北斗卫星应用市场，打造"基本数据与器件—终端—系统—运营"产业链及产业集聚区。建设量子通信产业园区，启动"量子通信产业创新基地"项目，培育以国盾量子、国科量子为龙头的产业集群。规划香港科技大学南沙分校周边的产业区块，引入澳门大学"智慧城市（物联网）、集成电路"国家实验室，力争打造若干个综合性产业科技园。（牵头单位：市发展改革委、工业和信息化局、商务局、科技局，配合单位：市财政局、各相关区政府）

（四）夯实创新载体，构建良好产业生态

深入推进产学研协同创新，聚焦产品创新和科技创新，推动5G领域科学发现、技术发明、产业生态的一体化发展。

推动5G核心技术攻关：围绕5G无线技术、5G网络与业务、5G测试与仪器仪表等重点方向，开展关键核心技术攻关。加快重点工程建设，掌握射频器件核心关键技术，打破国外垄断市场，提高国产化率。推动5G主设备厂家的技术、产品创新，降低5G设备对功耗、杆塔等配套设施的要求，同时积极推动动力、能源配套创新方案。（牵头单位：市科技局，配合单位：市财政局）

推动参与5G标准研制：配合国家信息化标准体系建设，鼓励企事业单

位积极参与国际、国内各级 5G 应用标准的研究与制定，鼓励学会、协会、商会和产业技术联盟开展 5G 应用领域的团体标准工作，强化市场主体在标准化建设工作中的作用，鼓励企业将自主创新技术形成技术标准并开展评估、验证和推广应用。（牵头单位：市工业和信息化局、市场监管局，配合单位：市发展改革委、科技局、公安局）

加强 5G 检测认证服务建设：依托中国赛宝实验室、国家检验检测高技术服务业集聚区等第三方检测认证机构建立完善的检测认证体系，推动高等院校、科研院所及龙头企业内设检测认证平台，实现 5G 相关的标准、检测、认证同步推进。（牵头单位：市市场监管局，配合单位：市工业和信息化局、各相关区政府）

建设 5G 创新载体：支持高等院校、科研院所、龙头企业、投资机构等共同建立 5G 产业技术研究院、5G 联合实验室、技术创新联盟等技术研发联合体，加快新一代通信和网络创新研究院等新型研发机构建设。建设一批 5G 众创空间和孵化器（牵头单位：市科技局，配合单位：各相关区政府）。加快广东省 5G 示范区及 5G 黄埔智慧城市、紫光天河区 5G 研究院、白云 5G 产业应用集聚区、华为越秀区 ICT 联合创新中心建设，依托大型企业、通信运营商、科研院所、高等院校和投资机构等，推动成立广州 5G 应用产业联盟。（牵头单位：市工业和信息化局，配合单位：市科技局、各相关区政府）

搭建 5G 交流合作平台：举办推动 5G 发展的高水平国际活动，提升广州 5G 产业影响力。（牵头单位：市商务局、工业和信息化局、科技局，配合单位：市地方金融监管局等市直部门、各区政府）

推动 5G 产学研一体化：支持以企业为主体的产学研用协同，推动华南（广州）技术转移中心、粤港澳大湾区科技成果转化基地建设，建立国际化 5G 领域科技成果转化信息库，遴选一批高校、科研机构开展科技成果转移转化示范机构建设，每年遴选一批 5G 重大项目予以支持。推进"广州—深圳—香港—澳门"科技创新走廊广州段建设，引导广州与港澳地区高校、国家级重点实验室等研发机构开展合作交流，共建大学科技园和创业创新平

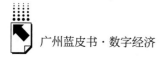

台，推动研发成果在广州转移转化。（牵头单位：市科技局，配合单位：各相关区政府）

五 保障措施

（一）加强组织领导

成立以市分管领导为组长，市委网信办、市工业和信息化局、发展改革委、科技局、财政局、规划和自然资源局、住房城乡建设局、交通运输局等相关部门，各区政府为成员单位的广州市推进信息基础设施发展工作领导小组，加强网络建设、行业应用、资源配置等方面的联动。各区政府参照市的做法成立区一级的推进信息基础设施发展工作领导小组。（牵头单位：市工业和信息化局，配合单位：市委网信办、市发展改革委、科技局、财政局、规划和自然资源局、住房城乡建设局、交通运输局、各区政府）

（二）加强建设保障

优化信息基础设施建设的审批流程，压缩审批环节和时间。设立基站用电报装绿色通道，按照集团客户统一受理共性资料，提高用电报装效率。公变区域基站原则上采用直供电，具备条件的存量基站三年内分批次改造为直供电基站。研究降低基站用电成本的有效措施。（牵头单位：市发展改革委、工业和信息化局，配合单位：市公安局、规划和自然资源局、交通运输局、林业和园林局、水务局，供电局）

（三）加强宣传推广

各部门、各通信运营企业要多渠道多形式广泛开展宣传，营造全社会关注、支持5G建设和应用发展的良好氛围；宣传普及5G通信技术，消除公众关于基站辐射、环保和健康等有关疑虑；引导相关行业与5G融合创新发展。支持创建5G用户体验中心，引导公众积极参与5G应用创新体验，奠定良好的5G应用推广群众基础。（牵头单位：广州电信、广州移动、广州联通、广州铁塔，配合单位：市委宣传部、市工业和信息化局）

（四）加强网络安全

建立健全市、区各级网络安全协调工作机制，协调关键信息基础设施的运营者对本单位（企业）关键信息基础设施安全负主体责任，履行网络安全保护义务，承担社会责任，保障关键信息基础设施和用户信息安全。（牵头单位：市委网信办，配合单位：市工业和信息化局、公安局、各电信运营企业）

（五）加强督办落实

各相关单位根据重点任务进一步细化任务分工，制定工作计划，明确各项关键工作节点时限、考核标准，构建职责清晰、协调有序的责任体系，并将相关工作列入市政府督办事项，确保各项工作有序开展。（牵头单位：市工业和信息化局、各区政府，配合单位：市各相关职能部门、各相关企业）

B.19
广州市深化"互联网 +先进制造业"
发展工业互联网的行动计划[*]

广州市人民政府办公厅

为贯彻落实《国务院关于深化"互联网 + 先进制造业"发展工业互联网的指导意见》（国发〔2017〕50 号）和《广东省人民政府关于印发广东省深化"互联网 + 先进制造业"发展工业互联网实施方案及配套政策措施的通知》（粤府〔2018〕23 号）等文件精神，深入实施工业互联网创新发展战略，推动互联网与制造业深度融合，促进制造业转型升级，特制定本行动计划。

一 总体要求

（一）指导思想。

以习近平新时代中国特色社会主义思想为指导，全面贯彻党的十九大和十九届二中、三中全会精神，深入贯彻习近平总书记重要讲话精神，坚持新发展理念，按照高质量发展的要求，落实国家和省发展工业互联网决策部署，以供给侧结构性改革为主线，以全面支撑"广州制造 2025 战略"、制造强市和网络强市建设为目标，着力建设先进网络基础设施，构建标识解析体系，发展工业互联网平台体系，同步提升安全保障能力，加快汇聚工业互

---

* 资料来源：广州市人民政府穗府办规〔2018〕29 号 http://gxj. gz. gov. cn/gkmlpt/content/5/5290/post_ 5290038. html#108。

联网资源，促进行业应用创新，打造工业互联网生态体系，推动我市互联网与先进制造业融合发展水平迈上新台阶。

（二）主要目标。

到 2020 年，率先形成国内领先的工业互联网基础设施和产业体系。

——初步建成低时延、高可靠、广覆盖的工业互联网网络基础设施。加快构建工业互联网标识解析体系，建成标识解析国家顶级节点，建设一批标识解析二级节点及以下其他服务节点。

——初步形成各有侧重、协同集聚发展的工业互联网平台体系。引进和壮大一批具有全球影响力的龙头企业，培育形成 5 家左右具备较强实力、国内领先的工业互联网平台服务商，50 家以上技术和模式领先的工业互联网解决方案服务商，推动 2000 家以上工业企业运用工业互联网新技术、新模式实施数字化、网络化、智能化升级，带动 4 万家以上企业"上云上平台"，提升企业信息化能力，形成一批具有国内先进水平的工业互联网解决方案和工业 App（应用程序）。

——初步建立工业互联网安全保障体系，建立健全安全管理制度机制，全面落实企业内部网络安全主体责任。

力争用 3 年左右时间，培育 1 ~ 2 家达到国际水准的跨行业跨领域工业互联网平台，以及一批具备国际竞争力的行业性、功能性工业互联网平台，基本建立较为完备可靠的工业互联网安全保障体系，加快汇聚工业互联网信息流、技术流、人才流、资金流，将我市建设成为国内领先和具有全球影响力的工业互联网生态枢纽。

二　重点任务

（一）网络基础设施改造行动。

1. 升级建设工业企业外部网络。推动基础电信运营商加快宽带网络基础设施建设改造，扩大 4G（第四代移动通信）网络覆盖广度和深度，通过改造已有网络、建设新型网络等方式，建设低时延、高带宽、广覆盖、可定制的工业互联网企业外部网络。加快推动5G（第五代移动通信）、NB‒IoT（窄带物联网）、SDN（软件定义网络）、NFV（网络功能虚拟化）等新一代网络通信技术应用部署。鼓励重点工业园区建设高质量工业互联网网络基础设施。（责任单位：市工业和信息化委、各区政府、中国电信广州分公司、中国移动广东有限公司广州分公司、中国联通广州分公司。列在首位的为牵头单位，下同）

2. 加快企业内部网络建设改造。支持企业内部网络进行IP（互联网协议）化、光网化、无线化、扁平化和柔性化改造。加快TSN（时间敏感网络）交换机、工业互联网网关等新技术关键设备应用推广，开展IPv6（互联网协议第六版）设备、软件和解决方案应用部署。加强工业互联网领域无线电频谱等关键资源保障力度。（责任单位：市工业和信息化委、各区政府、中国电信广州分公司、中国移动广东有限公司广州分公司、中国联通广州分公司）

3. 推动网络提质降费。鼓励基础电信运营商降低企业专线和数据流量资费，在广东省降低网络资费标准的基础上，为我市工业企业再降低费用或免费提供网络保障增值服务。（责任单位：市工业和信息化委、中国电信广州分公司、中国移动广东有限公司广州分公司、中国联通广州分公司）

4. 加快标识解析体系建设。部署建设工业互联网标识解析国家顶级节点（广州），建设公共标识解析服务平台，形成标识注册、解析、查询、搜索、备案、认证等公共服务能力。在汽车、船舶制造、生物医药、高端装备、都市消费工业、新一代信息技术、新材料、新能源等重点行业，建设和运营一批标识解析二级及以下其他服务节点，开展关键产品追溯、供应链管理、大规模个性化定制、产品全生命周期管理等标识解析集成创新应用示范。（责任单位：市工业和信息化委、各区政府）

支持方式：对取得良好应用效果和显著社会经济效益的企业内外网改造项目、工业互联网标识解析集成创新应用项目，按照不超过项目总投资额的30%给予补助，单个项目最高不超过500万元。

时间节点：到 2020 年，基本建成满足工业互联网网络覆盖及业务发展需要的企业外部网络；完成一批重点企业内部网络改造；建成标识解析国家顶级节点（广州），建设和运营 5 个左右标识解析二级服务节点。

（二）平台体系培育行动。

1. 加快平台建设。积极推动国内外优质工业互联网平台落地建设。支持制造业企业、信息通信企业、互联网企业、基础电信运营商、自动化企业、科研院所等各类主体协同合作，建设资源富集、多方参与、合作共赢的跨行业跨领域工业互联网平台，支持建设一批面向特定行业、垂直领域的行业性、功能性工业互联网平台。支持平台不断扩大终端设备接入规模。支持平台加大研发投入，不断完善平台功能，面向不同行业和场景开发提供即插即用、低成本、易推广的应用服务。（责任单位：市工业和信息化委、科技创新委、各区政府）

2. 推动企业"上云上平台"。落实广东省工业企业"上云上平台"有关扶持政策，推动企业使用公有云平台提供的计算、存储、数据库等信息基础设施，推动企业核心业务系统、生产设备以及产品"上云上平台"，实现生产资源优化配置、制造能力精准交易和供应链高效协同。推动基础电信运营商与各类工业互联网服务商加强合作，推出满足不同场景、不同业务的云网套餐，降低企业"上云上平台"成本。鼓励各区通过财政支持、购买服务等方式，出台配套政策支持企业"上云上平台"。（责任单位：市工业和信息化委、各区政府）

支持方式：支持跨行业跨领域工业互联网平台、行业性工业互联网平台、区域级工业互联网平台以及企业级工业互联网平台建设，对取得良好应用效果和显著社会经济效益的项目，按照不超过项目总投资额的 30% 给予补助，单个项目最高不超过 500 万元。

落实广东省工业企业"上云上平台"服务券奖补政策，在获得省"上云上平台"服务券奖补基础上，对已通过两化融合管理体系贯标评定、且未获得市财政贯标评定奖补资金的企业，额外奖补 20 万元。

时间节点：到 2020 年，培育 5 家左右国内领先、跨行业跨领域多类型的工业互联网平台，推动 2000 家以上工业企业运用工业互联网新技术、新模式实施数字化、网络化、智能化升级，带动 4 万家以上企业"上云上平台"。

（三）产业支撑强化行动。

1. 加快关键技术研发。实施重大科技专项，支持龙头企业、科研院所、各类新型研发机构面向未来应用需求，开展时间敏感网络、确定性网络、低功耗工业无线网络等新型网络互联技术研究，加快可视化编程、复杂系统建模、工业 App 开发工具等关键共性技术和产品研发，推进边缘计算、深度学习、增强现实、虚拟现实、区块链等新兴前沿技术在工业互联网的应用研究。加快高性能网络设备、工业芯片与智能模块、工业互联网网关、智能传感器、机器人及智能装备、工业软件等工业互联网软硬件产品研发与产业化，形成一批具有自主知识产权的核心关键技术和产品。（责任单位：市科技创新委、工业和信息化委、知识产权局、各区政府）

2. 推进测试验证平台建设。依托省市共建工业互联网创新中心，建设工业互联网关键技术联合测试实验室，加快试验验证环境建设、仿真与测试工具开发，免费提供相关技术、产品测试验证服务；建设多类型的工业互联网平台测试环境和测试床，开展工业互联网平台、网络、安全等关键技术功能性、可靠性、安全性、兼容性测试验证服务。结合创新中心的检测服务，开展工业互联网应用能力评测分析。鼓励行业领先企业结合优势技术领域，制定工业互联网基础共性标准和行业应用标准，推动优秀企业标准向行业标准、国家标准和国际标准转化。支持企业开展标准试验验证、标准专项申报、标准应用部署。（责任单位：市工业和信息化委、科技创新委、质监局、各区政府）

3. 培育一批工业 App。面向重点行业以及"工业四基"（关键基础材料、核心基础零部件/元器件、先进基础工艺和产业技术基础）等重点领域，支持企业、科研院所开发应用一批基础共性、行业通用、企业专用的多种类型工业 App，覆盖研发设计、生产制造、经营管理、运维服务等核心业务环节。推动工业 App 向工业互联网平台汇聚，支持研发设计工具和运营管理软件加速云化改造，实现工业技术、知识、经验、能力软件化应用和平台化共享。支持创新中心、科研院所、研究机构等建设工业 App 检测和评价公共服务平台，开展工业 App 检测、绩效评价等工作。（责任单位：市工业和信息化委、科技创新委、各区政府）

4. 扶持一批工业互联网服务商。围绕汽车、新一代信息技术、新材料、新能源、生物医药、高端装备、都市消费工业等优势行业，打造软硬兼备的工业互联网解决方案，培育集聚一批以工业互联网集成方案、咨询服务、数据服务等为主要业务的工业互联网服务商。建设广州市制造业工业互联网应用创新需求库和工业互联网能力供给库，不定期举办全市各行业领域制造业企业、工业互联网企业、咨询企业间的交流互动和精准对接等活动。（责任单位：市工业和信息化委、科技创新委、各区政府）

支持方式：对取得良好应用效果和显著社会经济效益的创新成果转化项目、工业互联网解决方案，按单个项目不超过项目总投资额的 30% 给予补助，最高不超过 500 万元，或给予直接股权投资支持，单个企业扶持金额最高不超过 1 亿元。对拥有工业 App 软件著作权和相关发明专利的企业，按不高于前三个首版次软件产品销售合同累计金额的 30% 给予补助，单个项目最高补助不超过 500 万元。

时间节点：到 2020 年，建立 2 ~ 3 个技术标准与试验验证系统。培育 50 家以上技术和模式领先的工业互联网解决方案服务商。

（四）应用创新试点示范培育行动。

1. 开展大企业创新应用示范。支持龙头企业加快工业互联网集成创新应用，提高设备联网、数据采集以及数据集成应用能力，开展大数据智能管理，鼓励构建跨工厂内外的工业互联网平台和工业 App，打造互联工厂和全透明数字车间。鼓励发展基于工业互联网的众包、众创、众享等新模式，支持龙头企业创建"双创"平台，推动发展高效协同研发、质量精细管理、协同供应链、产品全生命周期服务等新业务新模式，提升

内部孵化、裂变能力，形成新的竞争优势。（责任单位：市工业和信息化委、国资委、科技创新委、各区政府）

2. 加快中小企业工业互联网应用普及。支持云化软件应用，鼓励各类工业互联网服务商积极对接中小企业，开展供需对接、软件租赁、能力开放、众包众创、云制造、电子商务等创新型应用，加快低成本、模块化、快部署的工业互联网设备和系统在中小企业的推广应用。（责任单位：市工业和信息化委、各区政府）

3. 打造工业互联网产业示范基地。以在广州开发区建设的广东省工业互联网产业示范基地为核心，在海珠琶洲互联网价值创新园、天河软件价值创新园以及番禺、花都、增城等互联网与信息技术基础好、制造业实力强的园区，结合产业特色与基础优势，形成一批以工业互联网创新、服务、应用为特色的示范园区。积极推动广州开发区成为国家级工业互联网产业示范基地，形成"一基地多园区"的工业互联网产业集聚发展新格局。（责任单位：市工业和信息化委、各区政府）

支持方式：对取得良好应用效果和显著社会经济效益的工业互联网应用创新试点示范项目，按照不超过项目总投资额的30%给予补助，单个项目最高不超过500万元。

对列入国家、省级的工业互联网产业示范基地，在资金扶持、工业互联网应用推广、生态创新发展等方面予以重点支持。对国家级和省级工业互联网产业示范基地，按照与国家、省资助额最高1∶1比例给予资金配套。

时间节点：到2020年，重点打造50个左右工业互联网示范工厂和试点项目，形成具有示范和推广价值的典型经验和通用解决方案。

（五）产业生态融通发展行动。

1. 促进大中小企业融通发展。推动龙头企业通过工业互联网向产业链上下游企业开放能力和共享资源，通过资源出租、服务提供、产融结合等方式，向产业链上下游中小企业开放数据入口，实现数据信息、计算能力、创新资源共享，带动中小企业开展应用创新。鼓励大中小企业跨界融合、优势互补，实现多维度、深层次、嵌合式融通发展，形成智能化生产、网络化协同、个性化定制、服务化延伸等新模式。（责任单位：市工业和信息化委、科技创新委、各区政府）

2. 打造开源开放共享生态。充分发挥政府主导作用，推进政府与工业领域的数据对接，丰富政府数据来源。推动政府数据清洗与脱敏，在保障安全的前提下，分级分域推进政府数据开放，推动形成工业互联网企业参与、利益共享、激励创新的公共数据生态，充分挖掘数字经济红利。支持制造业龙头企业、工业互联网服务商开展开源社区、开发者平台和开放技术网络建设，提供开发环境、工具和工业数据，广泛汇聚第三方开发者，举办面向工业 App 开发、特定行业、特定场景的开发者大会、应用创新竞赛等活动。（责任单位：市工业和信息化委、发展改革委、科技创新委、各区政府）

3. 构建创新服务生态。成立具有广州特色的市级工业互联网产业联盟，打造工业互联网融合创新服务生态。依托省市共建工业互联网创新中心，搭建工业互联网供给侧能力发布平台，展示广州市各工业互联网服务商的微服务应用、工业 App、解决方案和应用案例等。建设工业互联网创新中心等各类新型研发机构，引进和整合高校、科研院所、企业创新资源，打造协同研发、测试验证、数据利用、交流合作、咨询评估、创业孵化等公共创新服务载体，推动多领域融合型技术研发与产业化应用。建设集企业体检、示范产线、赋能生态、能力培训为一体的"广州工业互联网企业医院"，形成工业企业从工业互联网建设需求到解决方案供给的闭环体系，提升企业核心竞争力。（责任单位：市工业和信息化委、科技创新委、各区政府）

支持方式：采取"一事一议"方式对创新中心建设予以支持。鼓励各区对创新中心建设用地、办公场所、人才引进等方面予以优先保障。

时间节点：到 2020 年，创建一批工业互联网新型研发机构，每年举办一次工业互联网应用创新竞赛。

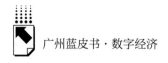

（六）安全保障行动。

1. 建立多层次的安全保障体系。建立覆盖设备安全、控制安全、网络安全、平台安全和数据安全的多层次工业互联网安全保障体系。以关键基础安全产品、新兴领域安全技术的研发创新及产业化为核心，打造高端可信计算系统等自主网络与信息安全生态体系，建设工业互联网安全监测与评测平台，大力发展相关技术和产业，推动工业互联网实现自主、安全、可控。（责任单位：市工业和信息化委、科技创新委、各区政府）

2. 建立安全评估与监督机制。完善信息保护、数据流通、数据公开、安全责任等相关制度，构建安全、可信、公正、透明、专业的工业互联网规则体系，建立工业互联网设备、网络和平台的安全评估与监督机制。（责任单位：市工业和信息化委、科技创新委、市委网信办、各区政府）

3. 提升安全服务能力。推动工业互联网数据接入安全、平台安全、访问安全等相关核心技术发展，促进工业防火墙、工业网闸、加密隧道传输、平台入侵实时监测、网络威胁防护等技术的成果转化和推广应用，支持安全咨询、运维、技术研发等相关服务企业形成产业规模。推动安全可靠、自主可控的软硬件企业在穗落地，加快产业链上下游企业集聚发展，建立本地化服务体系。（责任单位：市工业和信息化委、科技创新委、各区政府）

时间节点：到2020年，推动工业互联网信息和数据的安全保障产品大范围应用，培育形成2~3家具有核心竞争力的安全企业。

三　保障措施

（一）加强组织保障。

坚持政府引导、市场主导，加大政策支持力度。在广州市推进"中国制造2025"试点示范城市建设联席会议制度下设工业互联网发展专项工作小组，研究推进产业发展重大事项，协调解决政策落实、重大工程建设、资金安排等工作。搭建各类公共服务平台，为企业提供规划指导、研发设计、融资服务、管理咨询、检测认证、知识产权保护等服务，为政府决策和企业经营提供支撑。（责任单位：市工业和信息化委、发展改革委、科技创新委、财政局、质监局、知识产权局、金融局、各区政府）

（二）加大资金扶持。

广州市"中国制造2025"产业发展资金、广州市科技创新发展专项资金、广州市专利资助资金等市级财政资金重点向工业互联网领域倾斜，加大资金扶持力度，重点支持一批工业互联网研发、发明专利、产业化、推广应用等项目。鼓励各区设立工业互联网产业发展专项资金。（责任单位：市工业和信息化委、发展改革委、科技创新委、知识产权局、各区政府）

（三）创新金融服务。

充分利用现有的政府投资基金，设立百亿级广州工业互联网产业发展子基金，引导社会资本加大对工业互联网领域的投资，支持符合条件的工业互联网企业在境内外多层次资本市场上市、挂牌，实现融资发展。鼓励各区依照各自的产业特色，设立工业互联网相关产业发展基金。支持开展金融创新，鼓励金融机构、社会资本开展基于工业互联网的供应链金融、融资租赁等新型金融服务，降低企业融资成本，缓解中小企业融资难融资贵问题。（责任单位：市工业和信息化委、金融局、发展改革委、财政局、各区政府）

（四）强化人才培育。

落实加快集聚产业领军人才政策，推进引资引技引智，用好各类引才平台，引进工业互联网高水平研究型科学家和具备产业经验的高层次领军人才，建立工业互联网高端人才引进绿色通道。推动院校、科研院所、企业等机构依照产业转型升级和工业互联网发展需求，形成全日制高等教育、职业教育和在职教育等类型的人才培养体系，培养IT（信息技术）、IE（工业工程）、IOT（物联网）和AI（人工智能）等多类学科相结合跨领域复合型人才。支持在穗高校将工业互联网相关学科专业纳入重点发展学科专业。支持创新中心、产业联盟、协会等机构，采用会议、专题讲座、慕课、微课等方式培训企业人员，共同打造我市工业互联网人才培育体系。（责任单位：市教育局、人力资源和社会保障局、工业和信息化委、各区政府）

（五）加强合作交流。

每年在广州召开具有全国影响力的工业互联网大会。加强与国内外工业互联网相关机构在技术、应用、管理、安全等方面开展经验交流，积极参与工业互联网标准体系制定。鼓励企业借鉴国际先进经验，突破关键技术，开展产品研发和应用创新。支持广州市各行业协会、商会和联盟等社会组织，召开多种类型的工业互联网宣贯会和培训会，营造工业互联网发展的良好氛围。支持本地高校与国内外高校开展工业互联网相关科研交流，学习新技术、新理念、新模式，强化相关学科基础，进一步支持产学研协同创新。（责任单位：市工业和信息化委、科技创新委、商务委、质监局）

四 其他

（一）本行动计划涉及具体政策的实施细则按照有关政策文件（资金管理办法、实施细则和项目申报指南等）执行，各支持项目根据每年财政预算及工作实际可以适当调整。

（二）本行动计划自印发之日起施行，有效期3年。

社会科学文献出版社

皮 书

智库报告的主要形式
同一主题智库报告的聚合

❋ 皮书定义 ❋

皮书是对中国与世界发展状况和热点问题进行年度监测，以专业的角度、专家的视野和实证研究方法，针对某一领域或区域现状与发展态势展开分析和预测，具备前沿性、原创性、实证性、连续性、时效性等特点的公开出版物，由一系列权威研究报告组成。

❋ 皮书作者 ❋

皮书系列报告作者以国内外一流研究机构、知名高校等重点智库的研究人员为主，多为相关领域一流专家学者，他们的观点代表了当下学界对中国与世界的现实和未来最高水平的解读与分析。截至2020年，皮书研创机构有近千家，报告作者累计超过7万人。

❋ 皮书荣誉 ❋

皮书系列已成为社会科学文献出版社的著名图书品牌和中国社会科学院的知名学术品牌。2016年皮书系列正式列入"十三五"国家重点出版规划项目；2013~2020年，重点皮书列入中国社会科学院承担的国家哲学社会科学创新工程项目。

中国皮书网

（网址：www.pishu.cn）

发布皮书研创资讯，传播皮书精彩内容
引领皮书出版潮流，打造皮书服务平台

栏目设置

◆ **关于皮书**

何谓皮书、皮书分类、皮书大事记、
皮书荣誉、皮书出版第一人、皮书编辑部

◆ **最新资讯**

通知公告、新闻动态、媒体聚焦、
网站专题、视频直播、下载专区

◆ **皮书研创**

皮书规范、皮书选题、皮书出版、
皮书研究、研创团队

◆ **皮书评奖评价**

指标体系、皮书评价、皮书评奖

◆ **互动专区**

皮书说、社科数托邦、皮书微博、留言板

所获荣誉

◆ 2008 年、2011 年、2014 年，中国皮书
网均在全国新闻出版业网站荣誉评选中
获得"最具商业价值网站"称号；
◆ 2012 年，获得"出版业网站百强"称号。

网库合一

2014 年，中国皮书网与皮书数据库端口
合一，实现资源共享。

权威报告·一手数据·特色资源

皮书数据库
ANNUAL REPORT(YEARBOOK)
DATABASE

分析解读当下中国发展变迁的高端智库平台

所获荣誉

- 2019年，入围国家新闻出版署数字出版精品遴选推荐计划项目
- 2016年，入选"'十三五'国家重点电子出版物出版规划骨干工程"
- 2015年，荣获"搜索中国正能量 点赞2015""创新中国科技创新奖"
- 2013年，荣获"中国出版政府奖·网络出版物奖"提名奖
- 连续多年荣获中国数字出版博览会"数字出版·优秀品牌"奖

成为会员

　　通过网址www.pishu.com.cn访问皮书数据库网站或下载皮书数据库APP，进行手机号码验证或邮箱验证即可成为皮书数据库会员。

会员福利

- 已注册用户购书后可免费获赠100元皮书数据库充值卡。刮开充值卡涂层获取充值密码，登录并进入"会员中心"—"在线充值"—"充值卡充值"，充值成功即可购买和查看数据库内容。
- 会员福利最终解释权归社会科学文献出版社所有。

数据库服务热线：400-008-6695
数据库服务QQ：2475522410
数据库服务邮箱：database@ssap.cn
图书销售热线：010-59367070/7028
图书服务QQ：1265056568
图书服务邮箱：duzhe@ssap.cn

S 基本子库
SUB DATABASE

中国社会发展数据库（下设 12 个子库）

整合国内外中国社会发展研究成果，汇聚独家统计数据、深度分析报告，涉及社会、人口、政治、教育、法律等 12 个领域，为了解中国社会发展动态、跟踪社会核心热点、分析社会发展趋势提供一站式资源搜索和数据服务。

中国经济发展数据库（下设 12 个子库）

围绕国内外中国经济发展主题研究报告、学术资讯、基础数据等资料构建，内容涵盖宏观经济、农业经济、工业经济、产业经济等 12 个重点经济领域，为实时掌控经济运行态势、把握经济发展规律、洞察经济形势、进行经济决策提供参考和依据。

中国行业发展数据库（下设 17 个子库）

以中国国民经济行业分类为依据，覆盖金融业、旅游、医疗卫生、交通运输、能源矿产等 100 多个行业，跟踪分析国民经济相关行业市场运行状况和政策导向，汇集行业发展前沿资讯，为投资、从业及各种经济决策提供理论基础和实践指导。

中国区域发展数据库（下设 6 个子库）

对中国特定区域内的经济、社会、文化等领域现状与发展情况进行深度分析和预测，研究层级至县及县以下行政区，涉及地区、区域经济体、城市、农村等不同维度，为地方经济社会宏观态势研究、发展经验研究、案例分析提供数据服务。

中国文化传媒数据库（下设 18 个子库）

汇聚文化传媒领域专家观点、热点资讯，梳理国内外中国文化发展相关学术研究成果、一手统计数据，涵盖文化产业、新闻传播、电影娱乐、文学艺术、群众文化等 18 个重点研究领域。为文化传媒研究提供相关数据、研究报告和综合分析服务。

世界经济与国际关系数据库（下设 6 个子库）

立足"皮书系列"世界经济、国际关系相关学术资源，整合世界经济、国际政治、世界文化与科技、全球性问题、国际组织与国际法、区域研究 6 大领域研究成果，为世界经济与国际关系研究提供全方位数据分析，为决策和形势研判提供参考。

法律声明